FRANK VIVIANO

Sizilianische Vendetta

W0178397

Buch

Als Frank Viviano, preisgekrönter Reporter und Schriftsteller, während des Bosnien-Kriegs gekidnappt wird und infolge dieses Traumas eine Auszeit vom Reporterdasein nehmen will, drängt sich ihm ein Thema aus seiner eigenen Familiengeschichte auf, das bald sein ganzes Interesse auf sich zieht. Kurz vor dem Tod vertraut ihm nämlich sein Großvater, der Anfang des 20. Jahrhunderts in die USA ausgewandert war, ein über achtzig Jahre ehern bewahrtes Geheimnis an: Dessen eigener Großvater war nicht nur ein berüchtigter sizilianischer Bandit, bekannt als »der Mönch«, da er im Geistlichenornat nächtliche Raubzüge unternahm. Sein Tod war auch die Folge einer Blutrache. Frank Viviano macht sich auf in das Fischerdorf Terrasini bei Palermo, um endlich nähere Einzelheiten über das damalige Geschehen zu erfahren, stößt aber anfangs auf unverbrüchliche Omertà – das Schweigegebot ist auch nach über einem Jahrhundert noch intakt. Vivianos Recherche zieht sich über mehrere Jahre hin, bis er den Schleier über seiner Familiengeschichte zu lüften vermag und in deren Spiegel auch sein eigenes berufliches Umhergetriebensein und das familiäre Immigrantenerbe endlich angemessen zu verstehen lernt.

Autor

Frank P. Viviano, mit zahlreichen internationalen Preisen ausgezeichneter Journalist, berichtete als Sonderkorrespondent des »San Francisco Chronicle« von zahlreichen Kriegsschauplätzen (u. a. aus Nicaragua und Bosnien) und verfasste insgesamt sieben Bücher, darunter »Depeschen aus dem pazifischen Jahrhundert« (1996).

Frank Viviano

Sizilianische Vendetta

Dem Geheimnis meiner Familie auf der Spur

Aus dem Amerikanischen
von Hans-Joachim Maass

GOLDMANN

Die Originalausgabe ist 2001
unter dem Titel »Blood Washes Blood«
bei Century, London, erschienen.

Der Goldmann Verlag ist ein Unternehmen
der Verlagsgruppe Random House GmbH.

Deutsche Erstausgabe März 2002
Wilhelm Goldmann Verlag, München,
in der Verlagsgruppe Random House GmbH
© 2001 by Frank Viviano
Umschlaggestaltung: Design Team München
Umschlagfoto: W. Huber
Satz: Uhl + Massopust, Aalen
Druck: Elsnerdruck, Berlin
Titelnummer: 15149
AM · Herstellung: Sebastian Strohmaier
Made in Germany
ISBN 3-442-15149-X
www.goldmann-verlag.de

1 3 5 7 9 10 8 6 4 2

Für Alicia und Rosa
und ihre Engel in der Wüste

»Und so machen wir weiter, fahren mit den Booten gegen den Strom und werden so unablässig in die Vergangenheit zurückgetrieben.«

F. Scott Fitzgerald, *Der große Gatsby*

Lu sangu lava lu sangu, »Blut wäscht Blut«

Sizilianisches Sprichwort, in Anspielung auf den nie abreißenden Strom unerbittlicher Rache, den ein unverzeihliches Verbrechen nach sich zieht.

DIE DREI FRANCESCOS

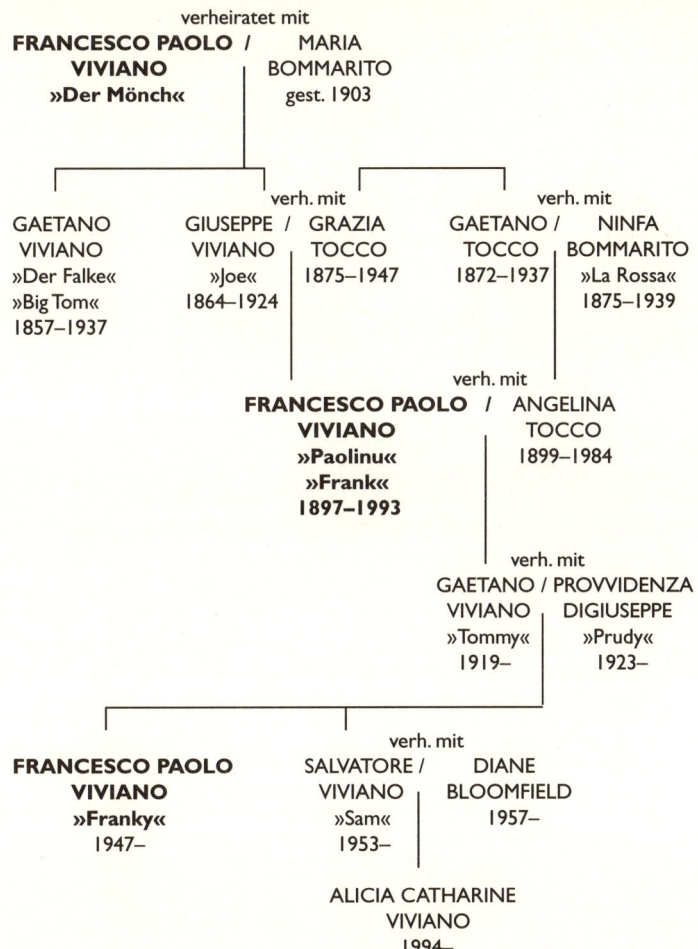

verheiratet mit
FRANCESCO PAOLO / MARIA
VIVIANO BOMMARITO
»Der Mönch« gest. 1903

verh. mit verh. mit
GAETANO GIUSEPPE / GRAZIA GAETANO / NINFA
VIVIANO VIVIANO TOCCO TOCCO BOMMARITO
»Der Falke« »Joe« 1875–1947 1872–1937 »La Rossa«
»Big Tom« 1864–1924 1875–1939
1857–1937

verh. mit
FRANCESCO PAOLO / ANGELINA
VIVIANO TOCCO
»Paolinu« 1899–1984
»Frank«
1897–1993

verh. mit
GAETANO / PROVVIDENZA
VIVIANO DIGIUSEPPE
»Tommy« »Prudy«
1919– 1923–

verh. mit
FRANCESCO PAOLO SALVATORE / DIANE
VIVIANO VIVIANO BLOOMFIELD
»Franky« »Sam« 1957–
1947– 1953–

ALICIA CATHARINE
VIVIANO
1994–

INHALT

Prolog 11

I

1 Der Fremde im Dorf 23
2 Das System 35
3 Mike 43
4 Das Rätsel eines alten Mannes 51
5 Ano in der Wüste 60

II

6 Eine Karte 81
7 Die rote Schärpe 93
8 Der Mönch 104
9 Der Heilige und die Bestie 111
10 Ein Einbruch in Paternella 119
11 Der dunkle Franky 133
12 Der Palast des Franzosen 145
13 Risorgimento 161
14 Ein Gleichnis 169
15 Tod auf einer Landstraße 185

III

16 Das Banditenreich 197
17 Die Fabel von der Kichererbse 210
18 Antonina Randazzo 224
19 Das Fest der Junggesellen 231
20 Ein paralleles Universum 237

IV

21 Familienporträt 253
22 »Mafia« 263
23 Domenico Valenti 274
24 Ein geheimes Leben 283
25 Blut wäscht Blut 298
26 Quattro Vanelle 305

Epilog 315
Danksagung 319

PROLOG

Zu Beginn, vor dem Rätsel, gibt es den Mord. Zwei Schüsse an einer menschenleeren Kreuzung. Einen Straßenräuber im Gewand eines Mönchs. Ein Gesicht, das er in der Dämmerung wieder erkennt.

Und da ist sein Name, mein Name, der in das Totenregister einer Landkirche auf Sizilien gekritzelt ist: »*Francesco Paolo Viviano, Sohn von Gaetano, wurde an diesem Tag begraben.*« Da ist die nackte Tatsache, die zu einer Fabel wird, ein Vorfahr und Bandit mit einer roten Schärpe um die Taille. Die Geburtswehen eines unheimlichen Reiches.

Da ist das elementare Drama, da sind Verrat und Mord, die mein Großvater mehr als achtzig Jahre lang mit Schweigen umhüllt, bis er mir an einem Novembermorgen in Detroit einen anderen Namen zuflüstert.

Ich bin Amerikaner sizilianischer Abstammung. Erbe der Trivialliteratur einer Nation, die von dem letzten Seufzer *Little Caesar's* bis zu den Taufen, Hochzeiten und Beerdigungen des *Paten* reicht. Ich bin der Säugling auf einem Schwarzweißfoto aus dem Jahr 1947 von meiner eigenen Taufe in der Holy Family Church in Detroit. Ein eingewanderter Priester benetzt mir die Stirn mit Wasser. Ich trage dasselbe spitzenbesetzte weiße Taufkleid, das mein Großvater fünfzig Jahre zuvor anhatte. Auf dem Foto steht er neben meiner Großmutter Angelina und meinem Vater Gaetano. Großmutter hat zu singen begonnen. Meine Mutter blickt sie besorgt an. Ich schreie, als kaltes Dezemberwasser meine Haut berührt.

»*In nomine Patri*«, psalmodiert der Priester, »taufe ich dich auf den Namen Francesco Paolo Viviano.« Auf den Namen meines

Großvaters und *dessen* Großvaters, auf den Namen im Totenregister. Auf den Namen des Mönchs, dessen Echo ein Jahrhundert lang tonlos blieb.

In der Zeit davor gab es kein Rätsel zu lösen, weil es keine Vergangenheit gab, in der man es hätte unterbringen können, keinen Mord und keinen Mörder. Was unsere Familie betrifft, begann die Geschichte, als Großvater 1910 im Battery Park in New York an Land ging. Sizilien war konturloses Gewimmel von Generationen. Die Geister der Insel waren jedoch immer bei uns, da sie in den Fabeln von Großmutter Angelina lebendig waren. Sie begann sie den Enkelkindern mit ihrem Singsang vorzutragen, als wir noch Kleinkinder waren. Sie sprach in einem dunklen Sprechgesang, der immer noch das Metronom meiner Träume ist.

»Figghiu miu, miu cori«, sang sie, »mein Kind, mein Herz«, und dann spann sie ihre Geschichten.

Von einer dieser Geschichten war sie besessen. Sie verfolgte sie während der ganzen Zeit unseres Heranwachsens und kehrte viele Jahre später, als sie in eine grausame und anhaltende Senilität verfallen war, in dem gleichen verzaubernden Singsang zu ihr zurück. Für uns Kinder wurde dies die Geschichte von »Ano in der Wüste«.

In der Darstellung meiner Großmutter gab es einmal einen Mann namens Ano, der sich eines Tages ohne Nahrung oder Wasser in einer weitläufigen Wüste wieder fand:

»Er war auf einer viele Jahre währenden Reise gewesen, unter einer Sonne, die so heiß war, dass sie seine Gedanken wegbrannte, einen nach dem anderen. Ano vergaß fast alles: Woher er gekommen war. Wer seine Familie war. Wie er sich in die Wüste verirrt hatte. Er konnte nichts weiter tun, als ziellos weiterzukriechen, bis seine Seele zu zerbrechen begann und sich sein letzter Gedanke in Asche verwandelte. Dieser letzte Gedanke war sein Name. ›Ich bin Ano‹, sagte er immer wieder. ›Ich bin Ano…‹«

An dieser Stelle machte Großmutter oft eine Pause und sah von der Mangel hoch, an der sie drei Generationen von Bettlaken und Windeln mit einer eigentümlichen Intensität in den Augen bügelte, die uns sagte, dass wir nicht sprechen dürften. Der Singsang intensivierte sich auch einige Augenblicke lang und verharrte bei Anos letzten Worten.

»Ich bin Ano. Ich bin Ano. Ich bin Ano.«

Mein Bruder Sam und ich befürchteten manchmal, sie würde nie mehr über diesen Satz hinauskommen. Anos kärglicher Ruf aus der Fabel unserer Großmutter machte uns Angst. Er war ein Vorbote ihrer letzten Monate, als sie sich ebenfalls an nichts mehr außer an ihren Namen erinnern konnte und ihn immerzu wiederholte: »Ich bin Angelina. Ich bin Angelina.«

Irgendwann klemmte sie eine Windel in die Mangel und fuhr mit der Erzählung fort.

»Ano war jetzt dem Tod nahe, und der Klang seines Namens war nur noch ein Seufzen. ›Ahhhhhhnooooo.‹ Dieser Seufzer brachte sogar die Jungfrau Maria zum Weinen, weil dieser Ano kein gewöhnlicher Mensch war. Sogar als der Tod zu ihm kam, sprach er seinen Namen ohne Furcht. Folglich bat Maria Gott, einen schönen Engel mit einem Kelch voll kühlen Weins auf die Erde zu schicken.

›*Vivi*, Ano! Trink!‹, rief der Engel, als er über dem sterbenden Mann schwebte.

Der Engel rettete ihm das Leben, *miu cori*, und seitdem heißt die Familie zu seinen Ehren einfach ›Viviano‹. Denn Ano war euer Vorfahr und der Grund dafür, dass ihr am Leben seid und euch nie, nie der Verzweiflung ergeben dürft.«

Viele Jahre vergingen, bevor mir aufging, dass Großmutter sich selbst als den Engel sah; dass wir in der Geschichte von Ano die Flucht meines Großvaters aus der Wüste von Verwirrung und Verlust sehen sollten. Dass wir einen Neubeginn wagen sollten. Und die Vergangenheit begraben sollten.

Doch die Vergangenheit stimmt nie wirklich. Familiengeschichte brodelt und gärt unter der Oberfläche der familiären Wiedergeburt. In einer Haarlocke oder dem Neigungswinkel einer Nase sehen wir die Vererbung am Werk, selbst wenn das Modell, das uns zu unserem Gemälde inspiriert hat, für uns nur ein Name ist, ein Geist, der in einer von Großmutters Fabeln auftaucht. Warum nicht auch ein Vermächtnis bei Charakter, Gemüt, Temperament?

Wir werden in ein vielfältiges Drama hineingeboren, sind Geschöpfe von Erinnerungen und Leidenschaften anderer. Dann kommt das Delirium der Bewusstwerdung, die notwendige Illusion, die in der ersten Person Singular spricht – der kühle Äther der unmittelbaren Gegenwart, der die Erinnerung einhüllt, sie aber nie ganz zum Schweigen bringt.

Die Vergangenheit ist kein anderes Land. Sie ist das Land in uns, beherrscht von einem Banditen im Gewand eines Mönchs.

Als ich fünfzehn Jahre alt war, fragte ich meinen Großvater zum ersten Mal nach dem Mann, den er *lu Monacu* nannte. Der Name wurde nur in seinen vertraulichen Unterhaltungen mit Großmutter Angelina genannt, und auch dann nur sehr selten. Doch ich schnappte ihn auf, und eines Tages konnte ich meine Neugier nicht mehr bezähmen.

»Dieser Mönch, von dem du sprichst, Großvater. Wer war er?«

Wir waren auf dem Weg zum Gemüsegroßmarkt und versuchten an einem kalten Januarmorgen durch die beschlagene Windschutzscheibe die Mittellinie auf der Gratiot Avenue zu erkennen. Mehrere Minuten lang hörte ich keine Antwort. Ich starrte nach vorn in die Dunkelheit. Der Zuschlag bei der Obstauktion in Detroit erfolgte kurz nach Tagesanbruch. Mein Großvater kam gern früh, damit er in die Lastwagen hineinklettern und ein paar Kisten mit Orangen und Zitronen öffnen konnte. Auf dem Großmarkt ging das Gerücht, dass Frank Viviano den Wert einer Orange schon daran erkennen konnte, dass er sie einfach in die Hand nahm, sie in der Hand wog und ihr mit den Fingern über die Schale strich. Er war der Gründer und Patriarch unseres Familienunternehmens, eines Großhandels für Obst und Gemüse, in dem seine sämtlichen vier Söhne und ein Schwiegersohn beschäftigt waren.

Er beugte sich auf dem Fahrersitz vor und sprach sehr sanft. »*Lu Monacu fu miu nannu.* Er war mein Großvater, Franky, so wie ich deiner bin. In der Kirche gaben sie ihm den gleichen Namen wie dir und mir. Aber als er ein Mann war, nannte ihn in Sizilien jeder ›den Mönch‹.«

»Warum haben sie ihn so genannt?«, wollte ich wissen.

Ich erinnere mich, dass mein Großvater wieder lange Zeit schwieg, bevor er mir antwortete. »Weil er Priesterkleidung trug«, sagte er.

Als wir an einer Verkehrsampel hielten, wurde das Innere des Buick im Scheinwerferlicht von Wagen, die nach Osten zu den Fabriken von General Motors und Chrysler unterwegs waren, in grelles weißes Licht getaucht. Mein Großvater wartete gar nicht erst, bis ich die nächste Frage stellte.

»Er hat einfach reiche Leute ausgeraubt, Franky. Er begab sich nachts in Priesterkleidung auf die Straßen und legte die Leute herein, die nichts taugten.«

Das war das Einzige, was mir mein Großvater bis zu einem Novembermorgen im Jahre 1992 über den Mönch erzählte.

Ich war an jenem Morgen ein Auslandskorrespondent mittleren Alters, ein fünfundvierzigjähriger Junggeselle. Meine gesamten Habseligkeiten passten in ein paar Koffer, und ich besaß keine feste Adresse. Selbst in meinem wurzellosen Beruf war meine Wurzellosigkeit übermäßig und der personifizierte Widerspruch zu allem, was mein Großvater für sinnvoll hielt.

Er war 1910 im Alter von zwölf Jahren mit einer zweiten Garnitur Kleidung und einem Weidenkorb in New York angekommen. Zwei Jahre lang ging er mit Fisch in diesem Korb hausieren und durchwanderte Harlem zu Fuß vom East River bis zum

Hudson. Der Korb führte 1912 in Detroit zu einem Karren mit Obst und Gemüse, der Karren zu Pferd und Wagen, das Pferd zu einem Republic-Lastwagen. So erinnerte sich mein Großvater daran. Der Fortschritt seiner Pilgerfahrt von Battery Park – die amerikanische Genesis unserer Familie – war eine methodische Reise durch die Neue Welt, die durch einen Ausruf von der Alten getrennt war.

Als er im März 1916 bei einer Reise nach New York die hundertsechzehnte Straße entlangging, strahlte die Sonne ein Gesicht im letzten Wagen der Hochbahn der Third Avenue an. Mein Großvater kannte dieses Gesicht: Angelina Tocco erwiderte seinen Blick und rief seinen Namen durch ein offenes Fenster. Sie war eine Cousine aus Terrasini, seinem Dorf, eine sechzehnjährige Näherin in einer Fabrik in Brooklyn. Ihre Blicke begegneten sich für einen Augenblick, der achtundsechzig Jahre währte.

Dies waren die Bilder, die sich aus der Erinnerung meines Großvaters meldeten: der Korb, der Karren, das Pferd und der Lastwagen. Großmutter Angelina in der Hochbahn der Third Avenue. Ihre sechs Kinder und achtzehn Enkelkinder in einem großen, lärmenden Haus in Michigan. Der zweite Francesco Paolo, »Paolinu« für die Freunde seiner Kindheit, war ein besessener Erbauer. Er umgab sich mit Nachkommen und grub sich tief und dauerhaft in seine neue Heimaterde ein.

Der dritte Francesco – ich, der Amerikaner »Franky« – war ein einsamer Wolf, ewig auf Reisen. Die Dämonen, die mich trieben, waren zwar schattenhaft, aber unwiderstehlich.

Sie waren das Erbteil des Mönchs, wie mein Großvater glaubte. Ein Echo, das er zum ersten Mal vernahm, als ich noch ein Junge war, und das ihn in späteren Jahren immer mehr heimsuchte. Ein Echo, das er bis zu seinem letzten Lebensjahr für sich behielt. Wie der Mönch war auch ich ein Wanderer und auf meine Art auf der Flucht. Ich war sogar ein Dieb gewesen. Als ich zwölf war, hatte man mich bei den Pfadfindern hinausgeworfen, weil ich eine Tankstelle ausgeraubt hatte. Als ich vierzehn war, nahm man mich wegen Einbruchs und eines tätlichen Angriffs fest. Ein Jahr später stahl ich den Lincoln Continental eines Auftragskillers. Nachdem ihm der Wagen zurückgegeben worden war, habe ich ihn ein zweites Mal gestohlen.

Ich war schon über vierzig und immer noch allein und auf der Flucht, ohne Familie oder ein Zuhause, als mich ein Flüstern nach Sizilien schickte. Auf der Suche nach dem Banditen, der mir meinen Namen gegeben hatte. Auf der Suche nach seinem Mörder.

Ich sah meinen Großvater zum letzten Mal in einer kleinen Wohnung in einem östlichen Vorort von Detroit. Er bewohnte dort zwei Zimmer mit einem Klappbett, einem Resopaltisch und vier Stühlen sowie einer Kochnische. Er war im vorigen April dorthin gezogen. Seine Töchter hatten ihm seit Jahren in den Ohren gelegen, das große Haus mit seinen Erinnerungen an Großmutter zu verkaufen. Außerdem habe es zu viele Zimmer, die in dem langen Winter von Michigan geheizt werden wollten. Bis 1992 war er nicht einmal bereit, über diese Frage auch nur zu diskutieren. Dann verkündete Großvater plötzlich, dass er bereit sei auszuziehen. In der Woche, in der ich in Detroit ankam, wurde er fünfundneunzig.

Mein Großvater war ein sehr stämmig gebauter Mann, der weit größer wirkte, als seine 1,80 Meter aussagten. Auf den Fotos, die seine Entwicklung von dem halbwüchsigen Fischhändler bis zum Familienpatriarchen festhielten, schien er über weite Strecken des zwanzigsten Jahrhunderts unverändert geblieben zu sein. Schon im Alter von vier Jahren stand er auf dem Studioporträt mit seiner Mutter und seinen beiden Schwestern, seiner einzigen Erinnerung an Sizilien, steif wie ein Ladestock da. Diese Haltung hob Frank P. Viviano auf Schnappschüssen des Großmarkts im Jahre 1928 ebenso vor anderen hervor wie bei der Hochzeit meiner Eltern 1946 und beim fünfzigsten

Hochzeitstag meiner Großeltern 1967. Sein Haar war inzwischen silbergrau geworden, und er ging jetzt mit langsamen Schritten, vor allem morgens, und bemühte sich, die Schultern gerade zu halten. Sein Verstand war aber noch so glasklar wie eh und je.

»Franky, *figghiu miu*«, sagte er, als er die Tür aufmachte. Wir blieben in der Türöffnung stehen und hielten uns mehrere Minuten in den Armen.

Im Juni hatte er damit begonnen, Dinge zu verschenken. Großmutter Angelinas mit Seidenbrokat bezogene Couch war an eine meiner Cousinen gegangen, ihr Esstisch aus Mahagoni an eine andere. Er wollte, dass ich seinen Ring nahm, einen in Gold gefassten Brillanten. Ich lehnte ab. Ich wollte nicht zuhören, als er mir in die Augen sah und mir sagte, wir würden uns vielleicht nie mehr wieder sehen.

»Setz dich«, sagte er. Seine Stimme zitterte leicht. Es war etwas mehr als das Zittern des Alters. Wir nahmen an je einem Ende des Tischs Platz, und er sprach über Großmutter, über ihre gemeinsam verbrachten Jahre.

Er schob sich eine Locke aus der Stirn und wandte das Gesicht ab, sodass er die Wand anblickte. Dann drehte er sich wieder zu mir um und begann, über den Mönch zu sprechen. »Er war immer allein. Er blieb nie an einem Ort. Du bist auch zu sehr wie er, Franky. So kannst du nicht leben. Hör mich an, Franky. Ich will nicht, dass du so stirbst wie er.«

Mein Großvater kannte meine Welt nicht. Er konnte keine Zeitung lesen. Ich bezweifle, dass er je von Nicaragua oder dem Platz des Himmlischen Friedens in Peking gehört hatte, geschweige denn von der fernen Stadt am Fluss auf dem Balkan, wo ich im August nur um Haaresbreite dem Tod entronnen war und die Orientierung verloren hatte. Aber er kannte mich. Er wusste, dass bei mir nicht alles in Ordnung war. Früher einmal war er Ano gewesen, und jetzt war ich es.

»Wie ist der Mönch gestorben?«, fragte ich.

Großvater ließ ein fast lautloses Seufzen hören. »*Aiutu di Diu.*« Gott steh mir bei. »Der Boss befahl seinen Leuten, ihn zu töten«, flüsterte er. »Der Boss, Domenico Valenti.«

Der Name sagte mir nichts.

Sechs Monate später starb mein Großvater. Diese wenigen Worte im Jahre 1992 und die Geschichten Angelina Toccos waren alles, was ich nach Sizilien mitnahm.

I

I DER FREMDE IM DORF

Terrasini, Sizilien
April 1995

Der Geburtsort meiner Großeltern, des Banditen Francesco »der Mönch« und der im Nebel der Geschichte verschwimmenden Generationen vor ihm ist ein Fischerdorf an der Bucht von Castellammare, rund vierzig Kilometer westlich von Palermo. In der flirrenden Mittagshitze am Mittelmeer spielen vier ältere Männer unter einer Zeltplane Karten, als ich langsam durch den Hafen fahre. Ihre Blicke folgen meinem Wagen aufmerksam, doch niemand spricht. Im Rückspiegel kann ich sehen, dass sie mich immer noch beobachten, nachdem ich vorbeigefahren bin. Die Cafés unten am Hafen sind um diese Stunden menschenleer. Ein Trawler schaukelt sanft auf einer nördlichen Dünung. Die Frühlingsluft duftet nach Salzwasser, Zitronenblüten und wildem Fenchel.

Seit dem Tod meines Großvaters sind zwei Jahre vergangen, und seit seinen rätselhaften Worten in einer Küche in Detroit fast drei. Es gibt eine Geschichte, über die ich Klarheit gewinnen muss, ein Rätsel, das zu lösen ist. Davon abgesehen kann ich mir nicht wirklich erklären, weshalb ich hierher gekommen bin, in ein Dorf am fernen Rand Europas, in dem ich niemanden kenne und keine eigene Vergangenheit habe. Es gibt nur dieses Rätsel mit meinem Namen darauf, einem toten Mann und seinem Mörder.

Im Rückspiegel sehe ich, dass die Kartenspieler ihr Spiel wieder aufgenommen haben. Ich parke den Wagen und spaziere mit einer Touristenbroschüre in der Hand auf einem betonierten Kai entlang. Vom Meer her ist Terrasini ein kubistisches Gewirr pastellfarbener Häuser auf einem Felsen über dem Hafen.

Der Kai ruht auf Blöcken bernsteinfarbenen Kalksteins, der auf dem Monte Palmeto gebrochen worden ist, einem kahlen Bergkamm gut drei Kilometer landeinwärts, der sich gut fünfhundert Meter zu einem gezackten Mosaik aus Gipfeln und Schluchten erhebt. Steinbrecher, so lese ich, haben die Kuppen von Palmeto seit dreißig Jahrhunderten bearbeitet, seit ein Volksstamm der Bronzezeit am Rande des heutigen Terrasini seine Hauptstadt baute. Die Kalksteinblöcke im Hafen sind vielleicht die Überreste einer Stadt oder der antiken römischen Siedlung *Terrasinus*, des »Landes an der Bucht«. Die Fischer des Dorfs, die ihre Boote an den gewaltigen alten Steinblöcken festmachen, halten unbeirrt daran fest, dass sie die Ruinen von Atlantis seien.

Mein Großvater verbrachte seine Kindheit im Hafen von Terrasini. Der Mönch muss beobachtet haben, wie die Schatten in der Zeit der heißen Mittagssonne vom Monte Palmeto flüchteten. Ich erkenne, dass ein Schauplatz sich entwickelt, dass Handlung und Personen meiner Geschichte in dieser Landschaft verborgen sind.

Das rechteckige Straßennetz unmittelbar über dem Hafen ist das Viertel der Fischer, ein Dutzend Straßenblocks mit kleinen Häuschen, die dicht gedrängt und voller trocknender Netze auf einer Hügelkuppe hinter der Kapelle von Maria Santissima della Provvidenza stehen, der Beschützerin der Seefahrer. Auf einer vor der Kapelle befestigten Karte wird das Viertel als *Contrada Marina* bezeichnet, als Stadtviertel am Meer, aber seine Bewohner nennen es seit Alters her »Favarotta«, wie es auch bei meinen Großeltern hieß.

Das ist eine Anspielung auf die geheime Sprache, die unter der sichtbaren Oberfläche des sizilianischen Lebens murmelt, ein Vokabular kodierter Wörter und Symbole, die einer wechselvollen Geschichte mit vielen Höhen und Tiefen entsprungen sind. Die Insel Sizilien ist von fast allen Eroberern geplündert worden, die im Lauf von dreitausend Jahren durchs Mittelmeerbecken zogen. Vor zehn Jahrhunderten, als die jüngsten Eindringlinge Nordafrikaner waren, waren arabische Galeeren an den bernsteinfarbenen Steinblöcken im Hafen vertäut. »*Favarotta*« ist von dem arabischen *fawar* abgeleitet, »Brunnen«; damit ist eine Quelle kühlen Wassers gemeint, die aus rosafarbigen Schieferplatten hervorsprudelt, von wo die Jungfrau Maria auf die Boote blickt, die auf Thunfischfang gehen.

Favarotta bedeckt das schmale Ende eines länglichen Keils, der die Dorfgrenzen bezeichnet. Diese haben sich seit der Geburt meines Großvaters kaum verändert. Zweiundzwanzig Straßen steigen zum Fuß des Monte Palmeto hinauf, während zehn weitere Straßen sie durchschneiden, die parallel zum Strand der Bucht verlaufen. Blickfang auf der Karte ist die weitläufige Piazza Duomo, die sich an einer Ost-West-Achse einen ganzen Straßenblock lang zwischen den Fischerhäuschen und dem Rest des Dorfes erstreckt. Der Platz wird von schattigen Feigenbäumen und den langsam verfallenden *palazzi* des niederen Adels gesäumt. Maria Santissima delle Grazie, die Hauptkirche von Terrasini, markiert das obere Ende der Piazza mit zwei Glockentürmen.

Offiziell wohnen 1995 elftausend Menschen in Terrasini und der angrenzenden Umgebung. Um zwölf Uhr mittags am Tag meiner Ankunft ist das Gesicht des Dorfes eine von der Sonne ausgebleichte Maske: schmale Straßen mit Kopfsteinpflaster, dazwischen barocke Kirchen und Plätze, Häuser mit Fensterläden, die zum Schutz vor der Mittagshitze geschlossen sind, das Ganze eingerahmt von Meer und Zitrushainen. Die Seele des Dorfs ist die Erinnerung an die Ahnen, eine dunkle Grotte geflüsterter Namen und archaischen Einvernehmens, das in einem fast unentschlüsselbaren Kode eingeätzt ist.

Sizilien war mir von gelegentlichen Besuchen bekannt, die bis in die späten siebziger Jahre zurückreichen. Damals hatte ich damit begonnen, als Rundfunkreporter über das organisierte Verbrechen zu berichten. Ich kannte die Geschichte in groben Zügen, einige wenige der lokalen Legenden sowie eine Menge von dem, was in direktem Zusammenhang mit den Mordprozessen und politischen Skandalen stand, denen ich die Auftragsarbeiten auf Sizilien zu verdanken hatte. In Terrasini hatte ich jedoch nie mehr als einen Nachmittag verbracht.

Im Jahr nach dem Tod meines Großvaters hatte die Idee nach und nach Gestalt angenommen und sich zu einem vorläufigen Plan entwickelt. Ich wollte mir am Geburtsort meines Namensvetters eine Wohnung nehmen, in einem Dorf, in dem drei meiner Großeltern ebenfalls zur Welt gekommen waren. Ich würde erfahren, wer den Mönch getötet hatte und warum. Ich würde herausfinden, was die Worte meines Großvaters bedeuteten.

Sie waren mir in zweieinhalb Jahren mit Reporteraufträgen nicht mehr aus dem Kopf gegangen. Ich hatte diese Reise immer wieder verschoben und sie gleichzeitig vorbereitet. Ich muss meinen Lebensunterhalt verdienen, sagte ich mir; ich konnte nicht alles andere fallen lassen, nur um einem Rätsel nachzujagen. Doch im Grunde war mir bewusst, dass es nur noch eine Frage der Zeit war.

Ich kaufte alle Bücher über Sizilien, die ich in die Hand bekam, Touristenführer und obskure akademische Studien auf Englisch, Französisch und Italienisch, bis ich eine respektable Bibliothek zusammengetragen hatte. Ich hortete Urlaubstage und ließ ihre Zahl anwachsen, bis ich mir für ein paar Monate frei nehmen konnte. Dann schloss ich mein Büro in der Pariser Redaktion des *San Francisco Chronicle*, fuhr durch Frankreich nach Süden und dann zum italienischen Genua, wo ich eine Autofähre zu dem eintausendzweihundert Kilometer entfernten Palermo nahm. Nicht gerade der umgekehrte Verlauf der Reise meines Großvaters, aber eine symbolische Annäherung.

Drei Stunden nach meiner Ankunft in Terrasini nahm ich mir ein Zimmer in einer staubigen Pension gleich hinter Maria Santissima delle Grazie. Mein Zimmer hatte ein durchhängendes, kunstvoll vergoldetes Ehebett, einen kleinen Schreibtisch aus Holz und einen Stuhl sowie eine Dusche, deren Temperatur unvorhersehbar von kochend heiß zu eiskalt wechselte. Es gab kein Telefon. Die Fenster führten auf einen schmalen Balkon direkt unter den Kirchtürmen; deren Glocken schlugen alle fünfzehn Minuten, und das rund um die Uhr, zudem in dröhnenden Baritonschlägen, welche die Fensterrahmen erzittern ließen. Vier Schläge um vier Uhr nachmittags. Ein Schlag alle Viertelstunde, zwei Schläge zur halben Stunde, drei nach einer Dreiviertelstunde.

Die Glockentürme beherrschten das westliche Ende von Terrasinis *passeggiata*, der Abendpromenade auf der Piazza. Durch eine stillschweigende Übereinkunft wurde sie von fünf Uhr nachmittags an zwei Stunden lang von Teenagern beherrscht. Sie stolzierten in ausgelassenen Gruppen dahin. Gruppen von jungen Männern riefen einander Beleidigungen zu, während Gruppen junger Mädchen den Jungen schöne Augen machten. Schlag sieben Uhr verschwanden die Teenager urplötzlich und wurden durch junge Familien und ältere Spaziergänger ersetzt. Die Männer waren immer noch mit Männern zusammen, die Frauen mit Frauen. So schlenderten sie Arm in Arm an der Kirche, den fünf Cafés und den drei Vereinen der Piazza vorbei.

Es herrschte ein strenges Protokoll. Als ich mich zum ersten Mal der Passeggiata anschloss und von einer Welle von Teenagern mitgetragen wurde, als die Glocken sechsmal schlugen, bemerkte ich, dass die Männer, die vor dem *Circolo Contadino* und Di Maggios *Caffè* ihren *Amaro* nippten, wie festgeklebt auf ihren Stühlen sitzen blieben. Eine Stunde später erhob sich einer der Gäste von Di Maggio von seinem Stuhl, stellte sich auf Englisch vor und begleitete mich auf mehreren Rundgängen über die Piazza, bei denen er mir die Regeln erklärte. Er hatte siebzehn Jahre in Michigan und New York verbracht und durch eigene Erfahrung gelernt, wie man in den Vereinigten Staaten über die Runden kommt, und drückte mir sein Mitgefühl aus. Sein Name war Michele Cortese, aber er sagte, er wäre dankbar, wenn ich ihn Mike nennen würde.

»Das erinnert mich an Amerika«, erklärte er.

Mike wurde mein engster Freund in Terrasini, mein Reiseführer. Ich brauchte beide. Ich war ein Fremder im Dorf mit einem Koffer voller Bücher und einem Gewimmel unausgegorener Pläne.

Mir fehlten schon die einfachsten biographischen Daten, als ich mit der Suche nach dem Mönch begann. Ich wusste, dass er mindestens zwei Söhne hatte, meinen Urgroßvater Giuseppe und dessen älteren Bruder. Ich hatte aber keine Ahnung, wo unsere Familie in Terrasini gewohnt hatte, keine Vorstellung davon, wann der erste Francesco geheiratet hatte, keine Ahnung, ob es noch weitere Kinder gegeben hatte.

Tatsächlich hatte ich nicht einmal eine Vorstellung, wann er geboren oder wann er gestorben war – nur dass sich der Mord nach Giuseppes Taufe 1864 ereignet hatte, der sein Vater beigewohnt hatte. Das wusste ich nur, weil die Taufurkunde aus der Kirche Maria Santissima della Grazie unter den vergilbten Dokumenten lag, die Großmutter Angelina während der frühen Stadien ihrer Altersdemenz in der Polsterung ihrer Möbel versteckt hatte. Wir fanden sie nach ihrem Tod 1984 zusammen mit einer Reihe unbezahlter Rechnungen des Kaufhauses J.L. Hudson und Noten von Liebesliedern, die sie auf dem Klavier gespielt hatte.

Mein Großvater nahm die Antworten, um die ich mich bemühte, mit ins Grab und ließ mich mit der unwahrscheinlichen Hoffnung zurück, dass der Mönch und sein mutmaßlicher Mörder an der Bucht von Castellammare nicht vergessen waren.

Folglich machte ich einen Schritt zurück und begann, wie es ein Reporter tun sollte, erkundete das Gelände, machte mir Notizen, stellte weitere Fragen. Es ging mir um das *wer, wo, wann* und *warum*, wodurch das Rätsel einem zusammenhängenden Bericht, einem Mord und seinem Motiv näher gebracht werden konnte.

Die Geschichte war in Sizilien noch frischer, was den Schauplatz, wenn auch nicht die Zeit anging. Das ging klar aus meiner ersten Erwerbung in Terrasini hervor, einem Telefonbuch. Dem wichtigsten Werkzeug des Reporters. Auf seinen Seiten waren dreiundsechzig Familiennamen aufgeführt. Wie ich schon bald herausfand, waren dies die gleichen Namen, die schon 1850 im Einwohnerverzeichnis des Dorfs gestanden hatten. Es konnte in Europa kaum eine Ecke geben, in der das Tempo des Wandels lethargischer war als hier. Die Fülle direkter Verbindungen mit der Vergangenheit, aufrechterhalten durch dreiundsechzig ungebrochene Familienbande, machten sich bei jeder Unterhaltung mit ihrem drückenden Gewicht bemerkbar. Sizilien war in dieser Hinsicht die Antithese von Amerika. Der Erinnerung an die Ahnen kann auf Sizilien niemand entrinnen.

Zwei Tage nach meinem Einzug in der Pension stellte ich mich im Palazzo La Grua vor, einem strengen Herrenhaus aus dem achtzehnten Jahrhundert, in dem heute die Stadtverwaltung von Terrasini untergebracht ist. Meine Empfehlungsschreiben waren ein Brief Mikes, mit dem ich am Vorabend gegessen hatte und der mich jetzt kurz vorstellte, sowie die 1864 ausgestellte Taufurkunde von Giuseppe Viviano.

Die Nachforschungen hätten einfach sein sollen: Ich brauchte aus den Unterlagen der Stadt nur einen vollständigen Stammbaum zusammenzustellen und die Biographie des ersten Francesco, des Mönchs, mit den entsprechenden Daten ergänzen müssen. Sobald ich sein Geburts- und sein Todesdatum kannte, konnte ich mich an die weit kompliziertere Aufgabe machen, seinen buntscheckigen Lebenslauf auf den Seiten von Polizei- und Gerichtsakten des Staatsarchivs in Palermo zu untersuchen und damit zu beginnen, die Akten über Domenico Valenti aufzuspüren.

»Grundsätzlich kein Problem«, wie mir die Dorfarchivarin erklärte.

Sie hieß Marianna Trappeto und war eine ehemalige Detroiterin Mitte dreißig. Wie Mike hatte sie viele Jahre in Amerika verbracht und wollte mir gern helfen.

»In der Praxis aber«, fügte sie hinzu, »gibt es ein bestimmtes Hindernis.«

Grundsätzlich waren Geburt, Eheschließung und Tod jedes in Terrasini geborenen Menschen von Marianna und ihren Vorgängern vier Jahrhunderte lang in die Einwohnerregister eingetragen worden. In der Praxis sieht es jedoch so aus, dass man in dem Nebengebäude auf der gegenüberliegenden Seite des Rathausplatzes, der Piazza Municipale, in dem die Einwohnermeldeakten untergebracht sind, aus der Zeit vor 1890 so gut wie keine Unterlagen über Todesfälle oder Eheschließungen mehr findet. Somit wäre dies ein Pfad gewesen, der mich kaum weitergeführt hätte als bis zu der Abreise meines Großvaters nach Amerika. Die ältesten Geburtsurkunden in diesem Gebäude stammten aus den 1850er Jahren, einem Jahrzehnt, in dem die spanischen Könige und die Bourbonen, die Sizilien sechshundert Jahre lang beherrscht hatten, die letzten Zuckungen ihrer Macht erlebten.

Die restlichen Akten seien nicht verloren gegangen, wie mir Marianna versicherte. »Sie sind irgendwo in Kisten verstaut…«

Sie versprach, sie werde versuchen, mehr herauszufinden, und begleitete mich quer über die Piazza zu dem Nebengebäude. »Tanti auguri«, sagte sie und verabschiedete sich mit einem Gesichtsausdruck, den ich als »viel Glück« deutete und der wohl sagen sollte, dass ich es brauchen würde.

Die zugänglichen Akten waren im Hinterzimmer des Nebengebäudes in zwei offenen Bücherschränken gelagert. An der hinteren Wand war ein Kopiergerät unter Stapeln von Zeitungen und Zeitschriften begraben, daneben saß an einem Schreibtisch der Verwaltungsbeamte in einem zerknitterten Baumwollanzug, der sorgfältig die *Gazzetta dello Sport* vom Tage studierte und dabei die restlichen Zigaretten einer Schachtel Marlboro aufrauchte. Das Telefon läutete, verstummte und läutete dann wieder. Er ignorierte den Anruf, bot mir einen Stuhl an, machte eine neue Schachtel Zigaretten auf und warf die *Gazzetta* auf den Stapel.

»Im Augenblick funktioniert das Ding nicht, fürchte ich«, sagte er und zeigte mit einem nikotinbraunen Finger auf das unter Zeitungen begrabene Kopiergerät. Er zuckte die Achseln. Es war nicht nur an diesem Tag außer Betrieb (auch an jedem anderen Tag im Lauf des nächsten Jahres), und so musste ich das gesamte Material, das mir nützlich schien, in ein Notizbuch übertragen. Die Akten der Stadt durften den Raum nicht verlassen.

Nachdem wir uns miteinander bekannt gemacht hatten, schüttelte mir der Beamte jeden Morgen bei meiner Ankunft mit geschäftsmäßiger Höflichkeit die Hand, ebenso abends, wenn ich ging, und wenn wir einander während der Passeggiata begegneten, nickte er mir zu. Wochenlang wechselten wir jedoch kein weiteres Wort mehr miteinander.

Die Hauptbücher mit den Einwohnerdaten, riesige, in Leder gebundene Bände im Atlasformat boten ein weiteres Beispiel für den Unterschied zwischen Grundsatz und Praxis. Grundsätzlich waren sie chronologisch geordnet und begannen mit den Ereignissen des Januar und schlossen mit den Eintragungen vom Dezember sowie einem alphabetischen Verzeichnis von Neugeborenen, Jungverheirateten oder Verstorbenen, die in dem Band aufgeführt waren. Die Praxis sah anders aus: Die Registerseiten waren oft herausgerissen oder bis zur Unkenntlichkeit zerfetzt worden, weil die schützenden Ledereinbände abgefallen waren.

Die Einträge selbst waren durch die nachlässige Handschrift eines Beamten im neunzehnten Jahrhundert unlesbar gemacht worden, oder eine Feder hatte Tintenkleckse auf die Seiten gespritzt. Es kam vor, dass sich in einem einzigen Band drei oder vier verschiedene Schreibweisen eines Familiennamens fanden: Valente, Walenti, Valenti, Vallenti. Die Eintragung – in der auch festgehalten wurde, wer eine Geburt, eine Eheschließung oder einen Todesfall ebenso bezeugen konnte wie Datum und Schauplatz des Ereignisses sowie die unmittelbaren Verwandtschaftsverhältnisse des Betreffenden – war entweder in Hochitalienisch geschrieben oder einer phonetischen Wiedergabe des sizilianischen Dialekts, je nach Bildungsstand des Archivars.

Einige dieser Archivare waren in ihren Beschreibungen recht präzise gewesen. In der im Jahr 1900 ausgefertigten Geburtsurkunde meiner Großmutter mütterlicherseits, Caterina Cammarata, wurde ihr Vater so bezeichnet: »Hufschmied, Via Santa Rosalia, vier Kinder.« Andere mussten sich mit einer schlichten Klassenbezeichnung zufrieden geben. In der Geburtsurkunde von Giuseppe Viviano wurde Francesco »der Mönch« einfach als »*viddanu*« bezeichnet, was im sizilianischen Dialekt Landarbeiter bedeutet. Viele Einträge hielten nur die Namen des Bräutigams in den Heiratsurkunden fest und ließen bei den Geburtsurkunden das Alter der Mutter aus. Ein Fehltritt, und ich würde mich in einem genealogischen Irrgarten wiederfinden, in dem ich an jeder Wegbiegung meinem eigenen Namen begegnen würde. Im dörflichen Sizilien war an der Existenz von Dutzenden von Francesco Paolo Vivianos in derselben Generation nichts Bemerkenswertes. »Ein Zehntel der Männer in Terrasini heißen Viviano, und ein Viertel dieser Vivianos heißen Francesco Paolo«, hatte Marianna Trappeto erklärt, als ich ihr erzählte, ich suchte nach Informationen über meinen Namensvetter.

Sie hielt die Hände eng an den Seiten und drehte die Handflächen nach oben, eine Geste, die mir die Fruchtlosigkeit meines Vorhabens zeigen sollte sowie die Torheit von jedem, der so etwas versuchte.

Es war der Kodex. Sizilianische Eltern benennen ihren ersten

Sohn nach dessen Großvater väterlicherseits und ihren Zweitgeborenen nach seinem Großvater mütterlicherseits, so wie eine erste Tochter den Namen ihrer Großmutter väterlicherseits erhält und eine zweite den der Mutter ihrer Mutter. Im Anthropologenjargon heißt diese Tradition »Papanomie«, und Sizilien ist ein Beispiel wie aus dem Lehrbuch. Nur wenn es einen dritten Sohn oder eine dritte Tochter gibt, darf der Einfallsreichtum eine Rolle spielen.

Dies ist mehr als nur eine Sitte; diese Regel hat die Kraft eines festen, unveränderlichen Rechts. Wer dagegen verstößt, unterbricht die Verbindung mit Jahrhunderten von Vorfahren. Ein Name bedeutet auf Sizilien den existentiellen Kernpunkt der Identität: Anos letzter Gedanke in der Wüste, an den er sich klammerte, als wäre er das Leben.

In meiner eigenen Familie gab es drei Frank Pauls und fünf Angelas auf der Seite meines Vaters sowie vier Salvatores auf der meiner Mutter. Meine Großeltern hatten in Amerika neun Kinder. Sieben dieser neun hatten in New York oder Detroit Ehepartner gefunden, die ebenfalls Kinder von Einwanderern aus Terrasini waren, und so ließen sie pflichtschuldigst eine neue Generation von Francescos, Angelas und Salvatores taufen.

Da ich der erstgeborene Enkel meiner Generation war, hat es keinen Zweifel darüber gegeben, welchen Namen ich erhalten würde. Von dem Augenblick an, in dem feststand, dass man meiner benommenen Mutter 1947 im Kreißsaal des Providence Hospital von Detroit einen Jungen in den Arm gelegt hatte, hatte mich die Familie automatisch als »Franky« bezeichnet. Doch was meine Großmutter Angelina betraf, war der Zeitpunkt meiner Geburt ein Wunder. Denn ich hätte mich im Mutterleib entschieden, erklärte sie, am 3. Dezember auf der Welt zu erscheinen, und dies sei nichts weniger als der Tag meines Heiligen, San Francesco – und ihr eigener Geburtstag. »*Figghiu miu, miraculu!*«

Es war ein Wunder, dass das Etikett nicht an mir haftete. Erworbene Spitznamen, im sizilianischen Dialekt *'nciuria* genannt, werden fast jedem Sizilianer gegeben; wäre ich in Terrasini geboren worden, hätte ich mich nahezu sicher unter dem Spitznamen »das Wunder« durch meine Kindheit schlagen müssen.

In den entlegeneren Dörfern der Insel war es zwecklos, jemanden bei seinem Taufnamen zu nennen; nur der örtliche Priester kannte ihn. Wirkungsvoller war es, etwa nach *Ammazza-Mugghieri* zu fragen, nach *Ninfa la Rossa, Cicciu Cinque Mille* oder *Facci-Lurdda*. »Frauenmörder«, »Rote Nymphe«, »Cicciu Fünftausend« oder »Schmutziges Gesicht«. Der arme Signore Frauenmörder, der Barkeeper eines Cafés, erwies sich als Witwer, der mehrere Ehefrauen überlebt hatte. Ninfa la Rossa, meine Urgroßmutter, war eine fanatisch gläubige Katholikin, »rot« vor religiöser Glut. Aber die *'nciuria* konnte auch ironisch sein. Schmutziges Gesicht war ein Mann, der für seine übertriebene Mäkeligkeit bekannt war. Und Cicciu Fünftausend hatte sich seinen Namen in dem verbotenen Glücksspielgeschäft in Detroit verdient, bevor er nach Sizilien zurückkehrte. *Cicciu* ist eine sizilianische Verkleinerungsform von Francesco.

Das Wort *'nciuria* stammt von dem italienischen *ingiuria*, was wörtlich »Beleidigung« bedeutet, aber seine Bedeutung im sizilianischen Dialekt ist meist nicht herabsetzend. Der Begriff hat eine weit kompliziertere Funktion. Einerseits bietet er eine praktische Möglichkeit, zwischen den Dutzenden gleichnamiger Männer und Frauen in einer Familie oder einer Stadt zu unterscheiden. Unter der Vielzahl von Francesco Paolo Vivianos im neunzehnten Jahrhundert war die Prägung und der Gebrauch von »lu Monacu« nicht nur notwendig und nützlich, sondern stellte auch so etwas wie ein suggestives Rätsel dar.

Aber wenn man sie in der Jugend erhält, kann eine *'nciuria* auch das Gewicht einer Prophezeiung oder einer Charakterdefinition tragen. Saro D'Anna, ein Freund Bobbys in Terrasini, hatte als Kleinkind den Spitznamen *Aceddu* erhalten, »der Vogel«; mit dreißig bewegte er sich leichtfüßig und war lebhaft – sichtlich vogelähnlich, eine Erfüllung der *'nciuria*, die seine Mitbewohner im Dorf als voll und ganz vorhersehbar betrachteten. Ihrer Ansicht nach übrigens ebenso vorhersehbar war die Tatsache, dass er eine redselige junge Frau geheiratet hatte, die allgemein als *Caccarazza* bekannt war, »die Elster«.

Keiner dieser Namen tauchte in den Archiven auf. Sie entstammten aber der realen Geschichte Siziliens, der Geschichte in den Gleichnissen der Dorfbewohner, der Geschichte, die nicht in Büchern steht. In Terrasini gab es Hunderte von Einträgen für neugeborene Jungen namens Francesco Paolo Viviano, eine Schwindel erregende Aussicht. Ich würde in den meisten Fällen jedenfalls davon ausgehen können, dass ich mich auf der falschen Fährte befand, wenn der Name eines erstgeborenen Sohns nicht zu einem Namensvetter väterlicherseits in genau zwei »papanomischen« Generationen zurückführte.

Im Prinzip hätte es funktionieren müssen. Ich machte mich auf die Suche.

2 DAS SYSTEM

Drei Hubschrauber des Innenministeriums flogen in geringer Höhe über den Hafen hinweg, als ich das Nebengebäude der Registratur verließ und die Piazza Municipale an einem strahlenden Nachmittag Ende April überquerte. Ich hörte zunächst die Motoren der Helikopter, ein rhythmisches *Wupp-wupp*, das schnell zu einem lauten Dröhnen wurde. Dann entdeckte ich sie, wie sie in nur geringer Höhe in einer weiten V-Formation über das Dorf hinwegflogen. Mir krampfte sich der Magen zusammen, und ich suchte nach Deckung. Das war ein nervöser Reflex, den ich nicht abschütteln konnte, eine eingefleischte Gewohnheit.

Mike und ich hatten geplant, uns zu einem Glas Wein im Lebensmittelladen der Familie Cortese zu treffen, der ein paar

Kilometer südlich der Piazza in der Nähe der alten Bourbonen-straße liegt, die von Palermo nach Trapani an der Küste entlang führt. Er hatte in Di Maggios Café eine Nachricht hinterlassen, in der es hieß, er habe ein paar Ideen zu meiner Detektivarbeit. Ich rief vom Café aus an und sagte ihm, ich würde gegen vier Uhr nachmittags da sein.

Am Rande von Terrasini war der Verkehr jedoch durch eine Reihe von Straßensperren fast zum Erliegen gebracht worden. Dort standen Gruppen uniformierter Beamter der *Guardia di Finanza*, Zollbeamte der Regierung, die ihre Einsatzfahrzeuge seitlich quer über die Straße nach Palermo gestellt hatten und bei privaten Autos und Lastwagen Stichproben machten.

Der diensthabende Offizier der Guardia winkte mich durch. Ich fuhr einen Peugeot mit französischem Kennzeichen, und die Zollbeamten, Italiener vom Festland, die jeweils ein Jahr auf Sizilien Dienst tun, nahmen an, dass ich ein Tourist war. Jeder andere wurde einer unerbittlich gründlichen Untersuchung auf Konterbande unterzogen: Mütter, die ihre Kinder von der Schule nach Hause fuhren, ältere Paare, die vom Markt im Dorf zurück-kamen, Klempner und Elektriker, die Aufträge zu erledigen hat-ten, die Fisch- und Gemüsehändler, die auf den Straßen von Ter-rasini herumfuhren.

Bei der dritten Straßensperre hielt ich an, um zuzusehen. Die Zollbeamten zogen Schachteln und Einkaufstüten von den Sit-zen der Fahrzeuge, aus Koffern und Anhängern, rissen die Ver-packungen auf und untersuchten peinlich genau den Inhalt. Für jeden Gegenstand, der nicht sichtlich abgenutzt war oder Spu-ren langjährigen Gebrauchs aufwies, musste eine entsprechende Quittung vorgezeigt werden – ein Beweis dafür, dass der Fahrer, ob das nun eine Mutter mit Kleinkindern war oder ein achtzig-jähriger Mann, der am Stock ging, nicht im Schmuggelgeschäft tätig war.

In Norditalien sieht man solche Durchsuchungen auf den Straßen nur selten. Sie sind eine spezifisch sizilianische Angelegenheit, gehören zum Alltag. Die Zollbeamten suchen Terrasini und dessen Nachbardörfer in manchen Monaten ein halbes Dutzend Mal heim. Die Fahrer warteten wortlos darauf, dass die Inspektoren ihre Arbeit beendeten. Es gehört zur Etikette der Gegend, nicht mit den Zollbeamten zu sprechen, während diese die Autos durchwühlen, um nach geschmuggelten amerikanischen Zigaretten zu suchen, nach französischem Cognac und japanischer Elektronik.

Die Hubschrauber trieben auf der Jagd nach Konterbande ihr eigenes Katz-und-Maus-Spiel, bei dem allerdings ungeheuer viel mehr auf dem Spiel stand. Jede Nacht suchten Hubschrauber des Innenministeriums die Küste und das flache Land ab. Sie richteten ihre Suchscheinwerfer auf die Hänge des Monte Palmeto und die kleinen Buchten, die sich an der felsigen Küste um Terrasini herum in großer Zahl finden. Normalerweise verfolgten sie Motorbarkassen, die schnell genug waren, eine Ladung von Waffen oder unverarbeitetem Heroin nach Einbruch der Dunkelheit an der Küstenwache vorbeizuschaffen, oder Lastwagen, die groß genug waren, um Waffen zu transportieren. Es kam jedoch nur selten vor, dass sie am helllichten Tag das Dorf überflogen.

»Sie suchen nach Giovanni Brusca«, sagte mir Mike, als ich schließlich in dem Laden aufkreuzte und ihn fragte, was los sei.

Alle suchten nach Brusca, und zwar seit dem Nachmittag des 23. Mai 1992. An diesem Tag hatte er zwölfhundert Pfund Sprengstoff unter der mittleren Fahrspur der *autostrada* bei Capaci detonieren lassen, zehn Kilometer von Terrasini entfernt. Das Bombenattentat war angeblich von Salvatore »'Toto« Riina angeordnet worden, Bruscas Chef aus Corleone, einer trostlosen Bergstadt im Landesinneren. Im Augenblick der Detonation wurden drei Leibwächter der Polizei getötet. Die eigentlichen Ziele des Anschlags, der Mafia-Jäger und Richter Giovanni Falcone und dessen Frau, die Richterin Francesca Morvillo, lebten noch bis zum Abend und starben in einem Krankenhaus von Palermo.

Ich war am nächsten Morgen nach Sizilien geflogen. In den zwei Jahrzehnten, in denen ich über die Unterwelt berichtet hatte, hatte ich noch nie etwas gesehen, was sich mit dem Schauplatz dieses Bombenanschlags hätte vergleichen lassen. Achthundert Meter Autobahn sahen aus wie eine Mondlandschaft, so wüst und leer wie die zerstörten Städte von Bosnien und Ostkroatien, wo ich mich in den nächsten drei Jahren lange Zeit aufhielt.

*

Die Provinz Palermo, die sich westlich der Stadt an der Bucht von Castellammare und nach Süden in das gebirgige Landesinnere erstreckt, war der Geburtsort des organisierten Verbrechens. Ihre Bewohner benutzten jedoch nur selten die Begriffe »Mafia« oder »Cosa Nostra«. Auf Sizilien wird fast alles mit dem Ausdruck *sistema del potere* erklärt. Das System. Die Machtstruktur.

Für die Menschen an der Küste von Castellammare sind der *sistema* und diejenigen, die ihn beherrschen, fast buchstäblich die Definition der Welt, ihre zentrale Realität.

Gleich südlich von Terrasini war 1999 auf der Bourbonenstraße die erste Selbstbedienungstankstelle im westlichen Sizilien eröffnet worden. Eigentümer waren die Angehörigen einer Seitenlinie der Familie Badalamenti, der mächtigsten Rivalen 'Toto Riinas. Die Badalamentis besaßen einen Supermarkt in Terrasini, und ihnen gehörten auch der Sand und der Zement, die beim Bau der Autobahn verbaut worden waren, auf der Richter Falcone ermordet wurde, sowie ein halbes Dutzend Bauunternehmen. Durch Heiraten und Blutsverwandtschaft mit anderen Familien der Gegend waren sie an der Schifffahrt der Region beteiligt, an Hydraulikfirmen, an Gemüse- und Obstgroßhandlungen, an Elektroinstallationsfirmen, Kiestransportfirmen, Abfallbeseitigungsbetrieben, an Bars, Diskotheken, Hotels und Restaurants.

Die auffälligste geschäftliche Leistung der Badalamentis war jedoch der Aufbau eines nahezu vollständigen Monopols beim amerikanischen Rauschgifthandel, das fast ein Jahrzehnt währte, so die Justizbehörden in Italien und den Vereinigten Staaten. Gaetano »Tanu« Badalamenti, der Familienpatriarch, war der herrschende Pate des Geschäfts. Auf dessen Höhepunkt in den 1970er Jahren kamen 80 Prozent des nach New York gelieferten Heroins von seiner Organisation.

Die Verbindungen zwischen den Castellammare-Dörfern und Amerika reichen bis zur Jahrhundertwende vom neunzehnten auf das zwanzigste Jahrhundert zurück, als sich Tausende von Einwanderern aus der Region in East Harlem, St. Louis und Detroit niederließen. Die meisten verdienten sich ihren Lebensunterhalt beim Straßen- und Deichbau sowie beim Bau der Eisenbahn oder wie meine Familie als Straßenhändler, die Fisch und Gemüse verkauften. Andere brachten jedoch den *sistema* mit in die Neue Welt.

Auf der Piazza Municipale steht die Statue eines geflügelten Engels. Sie soll die Männer von Terrasini ehren, die im Ersten Weltkrieg gestorben sind. Auf dem Sockel heißt es: »Für unsere gefallenen Helden, von ihren Mitdorfbewohnern in Detroit.« Der Engel war von den Befehlshabern in den amerikanischen Schnapsschmugglerkriegen in Auftrag gegeben worden, von denen sich Hollywood in der Zeit der Depression so hingerissen zeigte. Diese Begeisterung inspirierte zu den Gangster-Epen, die Edward G. Robinson 1931 als Little Caesar berühmt machten und in einer siebzigjährigen Spur voller Leichen zum *Paten* und den *Sopranos* führten.

Die Summen, um die es beim Alkoholschmuggel ging, waren jedoch Kleingeld im Vergleich mit dem Geschäft der heutigen Dons von Castellammare.

1985 gingen die italienischen Behörden unter Leitung von Richter Falcone mit einer riesigen Großaktion gegen den Heroinhandel der Mafia vor. Zeugenaussagen der nachfolgenden

Prozesse ergaben, dass Tanu Badalamenti und 'Toto Riina die *capi di tutti capi* waren und in dieser Funktion ein internationales Geschäftsimperium leiteten, das zwanzig Milliarden Dollar pro Jahr Umsatz machte und sich von Südostasien über Westeuropa über den Atlantik bis nach Nord- und Südamerika erstreckte.

Von vierhundertsechzig offiziellen Anklagen wegen der Zugehörigkeit zu einer kriminellen Vereinigung, die sich aus der Großaktion von 1985 ergaben, richteten sich dreihundertzweiundachtzig gegen Bewohner von Palermo und der benachbarten Dörfer der Provinz. Vierundzwanzig der Angeklagten stammten aus Terrasini oder dem Nachbardorf Cinisi. Jeder von ihnen war auf irgendeine Weise mit den Badalamentis verwandt.

1973 machte ein ehrgeiziger junger Russe namens Michail Gorbatschow, ein viel versprechender Mann, der dabei war, im sowjetischen Machtapparat immer höher zu klettern, mit seiner Frau Raissa Urlaub auf Sizilien. Sie waren Gäste der Kommunistischen Partei Italiens und wohnten in einer Villa mit einem Blick auf die Bucht von Castellammare. Zwei Jahrzehnte später erzählte Gorbatschow einem Biographen, dieser Urlaub am Meer sei ein Wendepunkt in seinem Leben gewesen, ein Traum in einem irdischen Paradies, der die Saat zur *Perestroika* gelegt habe.

Die Villa, die Michail Gorbatschows Leben veränderte und dem zwanzigsten Jahrhundert eine andere Richtung gab, liegt etwa achthundert Meter von dem Haus in Terrasini entfernt, in dem mein Großvater geboren wurde, und steht auf Land, das von Geschäftspartnern Tanu Badalamentis bebaut worden ist.

Bevor er in dem blutigsten Unterweltkrieg des ganzen Jahrhunderts von Riina zur Seite geschoben wurde, war Badalamenti ein »Bevollmächtigter«, Riinas Kollege in einem Triumvirat, das die gesamte Insel beherrschte. Auf dem italienischen Festland kam es in den 1970er Jahren in den Städten des Landes zu einer schweren Krise, unter anderem zu einem spektakulären Anstieg von Jugendkriminalität und Drogendelikten. Auf dem Lande jedoch, in Badalamentis westlichem Sizilien, herrschte die *Pax Mafiosa*.

Auf heimischen Boden waren die Dons des *sistema* gewissenhafte Familienväter, entschieden bescheiden in ihren Lebensgewohnheiten. Sie hielten eisern an der lebenslangen Ehe fest. Wenn junge Leute von Terrasini Schwierigkeiten bekamen – eine Schwangerschaft, Ladendiebstähle, ein Problem in der Schule –, wurden diese von Vertretern des *sistema* in aller Stille aus dem Weg geräumt. Wenn ein paar Kaufleute eine geschäftliche Auseinandersetzung hatten, wurde jemand zur Kommission geschickt, um eine Vereinbarung auszuhandeln, an der weder Rechtsanwälte noch Gerichte beteiligt waren. Die Junkies und Prostituierten, die in den Städten auf dem Festland überall zu sehen waren, wurden energisch aus der Stadt gewiesen, wenn sie sich auf der Piazza Duomo sehen ließen. Eine puritanische Form des Katholizismus war eins der Hauptmerkmale des *sistema*, die sie von den amerikanischen Geschäftspartnern unterschied. Diese waren säkularisiert und verdienten Millionen im Mädchenhandel.

So sah das Bild Mitte der 1970er Jahre aus, auf dem Höhepunkt der *Pax Mafiosa*, dem Idealbild der unsichtbaren katholischen Ordnung. Dann erklärten Riina und Badalamenti einander den Krieg. Auf den Straßen gab es Massaker, und damit lag der *sistema* in Trümmern.

Sizilien hatte eine Bevölkerung von rund fünf Millionen Menschen, als Richter Giovanni Falcone 1992 auf der Autobahn in die Luft gesprengt wurde. Im Lauf der fünfzehn vorhergehenden Jahre hatte die Insel mehr als zehntausend Fälle von Totschlag und Mord in der Unterwelt erlebt, die fast alle eine Konsequenz des Machtkampfs zwischen Riina und Badalamenti sowie der Bemühungen von Falcone und seinen Beamten waren, der Schlächterei Einhalt zu gebieten.

Obwohl die meisten Opfer selbst Soldaten des *sistema* waren, nahmen die Verantwortlichen dieses Krieges auch so gut wie jeden wichtigen Angehörigen von Polizei, Justiz und Politik auf der Insel aufs Korn. 1980 gehörten auch folgende Persönlichkeiten zu den Opfern: der Stellvertretende Befehlshaber der Sicherheitskräfte in Palermo, der Provinzsekretär der herrschenden Christdemokratischen Partei, der Oberbefehlshaber der taktischen Einsatzkräfte der Polizei, der Stellvertretende Leiter von Siziliens größtem Gefängnis, der höchste Untersuchungsrichter der Strafgerichtshöfe der Insel sowie der Präsident der Regionalregierung. Am 1. Mai 1982 wurde General Carlo Alberto Dalla Chiesa, ein Offizier, der sich nichts gefallen ließ und in Norditalien die Terroristenorganisation der Roten Brigaden zerschlagen hatte, nach Sizilien in Marsch gesetzt. Vier Monate und zwei Tage später wurde er zusammen mit seiner Frau und seinem Leibwächter mit Maschinenpistolen ermordet.

Zehn Jahre später waren siebenundachtzig führende Persönlichkeiten des öffentlichen Lebens ermordet worden. Dazu gehörten: der höchste Polizeibeamte, der höchste Staatsanwalt und der höchste Richter der Insel, die sämtlich erst vor kurzem ernannt worden waren, und somit Positionen einnahmen, die praktisch Todesurteilen gleichkamen. Ferner gehörte dazu der regionale Generalsekretär der Kommunistischen Partei Italiens, zwei Abgeordnete des italienischen Parlaments, zwei Bürgermeister von Palermo und fünf weitere Strafrichter.

Als ich mich in Terrasini niederließ, waren Schießereien oder Bombenattentate in Palermo alltäglich. Siebentausend schwer bewaffnete Soldaten patrouillierten auf den Straßen, gruben sich vor den Wohnhäusern von Regierungsbeamten ein und waren darauf gefasst, schon bei der kleinsten Provokation zu schießen.

Ein Freund von mir, ein Rechtsanwalt aus Palermo, der selbst jeden Moment damit rechnete, einem Bombenattentat oder einer Kugel zum Opfer zu fallen, nannte dies *la mattanza*. Das Wort bezeichnet eine traditionelle sizilianische Methode des Fischens. Dabei werden Thunfische von Fischern in einen Ring von Netzen hineingetrieben. Die Fischer schlagen mit ihren

Riemen auf die Wasseroberfläche. Die Thunfische werden anschließend mit Keulen getötet.

Niemand verstand sich besser auf die *mattanza* und praktizierte sie mit größerer Begeisterung als Richter Falcones mutmaßlicher Mörder Giovanni Brusca. Als er auf der Flucht war, hatte er unter anderem persönlich den zwölfjährigen Sohn eines Feindes der Riina-Organisation getötet. Er hatte den Jungen mit bloßen Händen erdrosselt und den Leichnam in ein Fass mit Säure geworfen. Zwei weitere Gegner Riinas verloren zusammen zweiundsiebzig Verwandte.

»*Lu sangu lava lu sangu*«, sagte Mike zu diesen Morden. »Blut wäscht Blut.« Das war ein uralter sizilianischer Dialekt-Ausdruck für die *Vendetta*, den nie abreißenden Strom unerbittlicher Rache, den ein unverzeihliches Verbrechen nach sich zieht.

3 MIKE

Das westliche Sizilien – das waren die Badalamentis und 'Toto Riina. Es war ein Ort, an dem kalkulierte Gewalt so gewohnheitsmäßig und alltäglich war, dass es für Mord ein eigenes, umfangreiches Vokabular gibt mit präzisen Definitionen für Varianten und Methoden, so wie die Eskimos eine Vielzahl von Wörtern geprägt haben, mit denen sich ungezählte Variationen von Schnee beschreiben lassen. Sizilien – das waren für mich in Säurefässer geworfene Kinder, aufrechte Richter, die in die Luft gesprengt wurden, und der unaufgeklärte Mord an dem Mann, der mir meinen Namen gab. Sizilien war die Mattanza.

Die Insel war aber auch eine sonnendurchglühte Maske über der Dunkelheit, der berauschende Duft von Zitronenblüten im Frühling, der von einer sanften Brise über ein azurblaues Meer geweht wird. Sizilien – das war für mich auch Mike Cortese und seine Familie.

Mike ist einer dieser Männer, die jeden Moment beschäftigt sind und trotzdem ewig nach etwas suchen, woran sie ihren Tätigkeitsdrang ausleben können. Er ist nervös vor Erwartung und Hoffnung. Seit unserer ersten Begegnung bei der Passeggiata hatte er sich in meine Arbeit gestürzt. Und zeigte sich bitter enttäuscht, sogar zornig, wenn die Ermittlungen in einer bestimmten Richtung in einer Sackgasse endeten. Die Suche, die mich nach Terrasini geführt hatte, sprach Mike auf einer tiefen persönlichen Ebene an; er hatte beide Reisen, die von meinem Großvater und meine, nach Amerika und zurück gemacht. »Du erzählst auch meine Geschichte«, sagte er mehr als einmal.

Ich ertrug Mikes Stimmungsschwankungen mit Geduld, nämlich aus dem egoistischen Grund, dass er schnell unentbehrlich geworden war. Er schien jede Familie im Dorf persönlich zu kennen. Er verstand sich auch darauf, die Register im Nebengebäude der Stadtverwaltung zu interpretieren. Er starrte mir stundenlang über die Schulter und bot mir Deutungsversuche an.

»Mike kreuzte auf, bevor die Glocken der Maria Santissima acht läuteten«, heißt es in meinen Notizen für den 5. Mai. Meist wartete ich auf diese acht Schläge der Campanile-Glocken, wälzte mich dann aus dem Bett auf den alten Granitfußboden der Pension und hüpfte mit einem Stoßgebet, es möge warmes Wasser geben, ins Badezimmer. Es ist eine der Besonderheiten Siziliens, dass die Zimmer dort oft eisig kalt sind, und das trotz eines Klimas mit den mildesten Tagestemperaturen in Europa. Das Problem kommt mit der Nacht. Von Oktober bis Mitte Mai können die Temperaturen bis auf acht oder sieben Grad absinken, wenn ein Nordwind weht. Zentralheizungen sind so gut wie unbekannt, und da die Fußböden meist aus Marmor und Granit bestehen, haben die meisten Wohnungen und Häuser am frühen Morgen die einladenden Temperaturen eines Mausoleums.

Morgens gegen elf würde die Sonne, davon waren alle überzeugt, den Wind drehen lassen, womit die Temperaturen wieder weit über die Zwanzig-Grad-Marke klettern würden. »Zentralheizungen sind etwas für Detroit und New York«, sagte Mike, als ich das Thema zur Sprache brachte. »Auf Sizilien brauchen wir sie nicht.« Doch am 5. Mai trug er eine dicke Wolljacke, die ihm bis zu den Knien reichte und die er auch anbehielt, während er mir dabei zusah, wie ich mich in meine kalte Kleidung zwängte.

Draußen auf der Piazza hatten sich die Cafébesucher in Parkas und Trenchcoats gehüllt und saßen schon an Tischen unter den Feigenbäumen. Sie rieben sich die Hände, um den Blutkreislauf in Gang zu halten, und warteten ab, was der Tag bringen würde.

»Wir wollen mal sehen, ob sich jemand an eine Geschichte über deinen Vorfahren oder diesen Valenti erinnert«, sagte Mike und strebte Di Maggios Café zu. Er hatte das ganze Dorf abgegrast wie ein Wahlkreissekretär einer politischen Partei in Brooklyn, hatte allen Leuten erklärt, wer ich bin und was ich vorhatte. Wir kamen schon früh zu dem Schluss, dass es am besten war, alle meine Karten auf den Tisch zu legen. Zu verkünden, dass ich Schriftsteller sei und erfahren wolle, weshalb der Großvater meines Großvaters getötet worden war und wer ihn getötet hatte.

»Wir finden gar nichts heraus, wenn du um den heißen Brei herumredest«, sagte Mike.

Direkte Fragen machten die Dorfbewohner jedoch nervös, das konnte ich sehen. Die ganze Region Castellammare befand sich in einem Zustand äußerster Anspannung infolge der Jagd auf Brusca und der Mordermittlungen im Fall Falcone. »Jeder hat Angst, sein Name könnte jetzt irgendwann in einem Gerichtssaal genannt werden«, erklärte mir Mike.

Das war nur mäßig übertrieben. Nur wenige Bewohner Terrasinis, mich eingeschlossen, hatten keine Verbindung mit einem angeblichen Verbrecher. Dies ist ein weiterer Vorzug des *sistema,* dessen Tentakeln in jeden Haushalt reichen. Schon die bloße Erwähnung eines ungelösten Mordfalls machte die Menschen wachsam, selbst wenn der Mord vor einem Jahrhundert stattgefunden hatte. Bei den wenigen Gelegenheiten, in denen die Leute mir etwas zu erzählen hatten – eine kurze Anekdote, die sie aufgeschnappt hatten, oder der Vorschlag, ich sollte einen gewissen Signore Soundso aufsuchen, der einen Kilometer weiter in Cinisi an der Straße nach Palermo wohne –, brachte es mich nur selten weiter. Es stellte sich heraus, dass Signore Soundso schon vor ein paar Jahren gestorben war. Die Anekdote wurde von der nächsten Person, mit der ich sprach, als schieres Phantasieprodukt abgetan oder über jede Glaubwürdigkeit hinaus ausgeschmückt.

An diesem Morgen konnte sich wie meist niemand an etwas erinnern. Ich dankte Mike für seine Hilfe und ging los, um allein ein paar Stunden in dem Nebengebäude zu verbringen.

Mike hatte von 1964 bis 1972 als Bauarbeiter in Brooklyn gearbeitet, Mitte der siebziger Jahre drei Jahre in der Schweiz als Vertreter für Fliesen und Kacheln und danach sechs Jahre lang in Detroit als Geschäftsführer einer Cateringfirma. Die groben Umrisse seiner Biographie nahmen allmählich Gestalt an, als wir unsere Runden durch die Cafés drehten und einander näher kennen lernten.

1980, nachdem sie schon fünf Jahre in Michigan wohnten, hatten er und seine Frau Rosalia einen zehn Jahre alten Sohn, Roberto, und eine vierjährige Tochter namens Alice. Roberto habe vom Kindergarten an darauf bestanden, wie mir Mike erzählte, »Bobby« genannt zu werden. Mit der Geburt seiner Schwester 1976 schien die Amerikanisierung der Familie Cortese vollständig gewesen zu sein. Die Kleine wurde in Detroit auf den Namen »Alice« getauft und korrigierte knapp jeden, der sie Alicia nannte. »Damit meinst du nicht mich«, sagte sie dann auf Englisch.

Aber ihre Mutter fühlte sich unglücklich in Amerika. Sie lernte nie mehr als die allernotwendigsten englischen Wörter und verlor nie ihren Schmerz darüber, so weit von ihren Eltern und ihrem Dorf entfernt zu leben. Als es mit der Wirtschaft in Detroit Ende der 1970er steil bergab ging, erinnerte Rosalia Mike daran, was er Kunden immer erzählte, dass nämlich Sizilien die schönste Insel auf Erden sei. Dass »Zentralheizungen etwas für Detroit und New York sind, dass wir sie da drüben aber nicht einmal brauchen«.

In Terrasini hatten die Corteses nur wenige Straßenblocks von der Piazza Duomo entfernt ein Haus geerbt; ihr Haus in Amerika war stark mit Hypotheken belastet. Sie würden noch zwanzig weitere Jahre brauchen, um es abzuzahlen. Nach Abzug aller Belastungen sei es jedoch noch genügend wert, um damit auf Sizilien irgendeine Art Geschäft zu eröffnen, argumentierte sie.

Rosalia setzte sich durch. 1981 kehrte die Familie ins Dorf zurück. Sieben Jahre später bekamen sie und Mike einen zweiten Sohn, Flavio. Der Haushalt wurde durch Maria Cortese vervollständigt, Mikes verwitwete Mutter, die 1983 nach Terrasini zurückgekehrt war, nachdem sie selbst siebzehn Jahre in den Vereinigten Staaten gelebt hatte. Sie wurde immer *Nanna* genannt. Das ist das sizilianische Wort für Großmutter.

Das Ergebnis dieser Wanderungen zwischen den Welten war ein Schmelztiegel innerhalb der Grenzen eines einzigen Hauses, eine *insalata mista* aus Sprachen, Akzenten und Gewohnheiten.

Bobby und Alice waren geborene US-Bürger und sprachen ein perfektes Amerikanisch mit dem Akzent des Mittelwestens, aber auch den in Terrasini gesprochenen sizilianischen Dialekt. Mike war naturalisierter Amerikaner und Anfang fünfzig, als ich ihn kennen lernte. Er sprach einen Akzent, in dem sich Brooklyner Dialekt mit Italienisch mischte. Rosalia und Flavio waren italienische Staatsbürger und wollten auch nichts anderes sein. Miteinander sprachen sie fast ausschließlich Sizilianisch. Nanna hatte zwar fast zwei Jahrzehnte in New York gelebt, doch ihr Englisch beschränkte sich auf »Vielen Dank«, »Aber gerne« und »Bitte nehmen Sie doch«. Sie verbrachte zwölf Stunden am Tag in der Küche und tauchte nur auf, um riesige Platten mit Speisen auf den Tisch zu bringen, wobei sie bizarre Monologe über Skandale und Skandälchen von Prominenten hielt; ihre Lieblingsthemen waren Prinz Charles und die Fürstenkinder von Monaco.

Wie Familien überall auf der Welt waren auch die Corteses eine Ansammlung widersprüchlicher Persönlichkeiten. Mike war ein ehrgeiziges Energiebündel, ein stämmig gebauter muskulöser Mann Anfang fünfzig mit dem Körperbau und dem Elan eines kleinen Bulldozers. Er besaß die aufgeweckte, durch Lebenserfahrung geschärfte Intelligenz, die ihn für mich als Dolmetscher und Reiseführer so unentbehrlich machte. Bobby Cortese war mit seinem stämmigen muskulösen Körperbau und seinem Drang, es im Leben zu etwas zu bringen, unverkennbar Mikes Sohn, besaß aber nicht die grimmige Entschlossenheit und Intensität, die den Leuten an seinem Vater manchmal unheimlich war. Er war mit Sara Pippitone verlobt, einer zartgliedrigen und sanften Blondine aus dem Dorf Montelepre, das sechzehn Kilometer weiter südlich in den Hügeln von Castellammare liegt, und so verliebt, dass er manchmal mitten in einem Satz verstummte, wenn sie einen Raum betrat, und an ihre Seite eilte, als hätte eine Wolke ihn zu ihr hingetragen.

Flavio, das siebenjährige Dezemberkind, hatte Mikes unbändige Energie geerbt. Er wirbelte im Haus herum, probierte seine Karate-Tritte an Sofa und Sesseln aus und stürzte mit Höchstgeschwindigkeit von Zimmer zu Zimmer. Seine Schwester Alice war mit neunzehn ein perfektes Exemplar der hart-aber-herzlichen amerikanischen Schönheit. Sie ließ sich nichts gefallen und nahm kein Blatt vor den Mund.

Rosalia war mütterlich pummelig, geduldig und heiter, solange Mike in der Nähe weilte. Sie litt schrecklich, wenn er auf Einkaufstour war und zu jeder Tages- und Nachtzeit mit halsbrecherischer Geschwindigkeit vom westlichen Ende der Insel zum östlichen fuhr und auf seiner zwanghaften Suche nach Gelegenheiten einen gebrauchten Wagen nach dem anderen auf den Hinterhof schob. Oder Kisten mit *linguine* aus einer nicht abgeholten Lieferung in Marsala. Eine LKW-Ladung voller Weintrauben, die in Catania keinen Abnehmer gefunden hatten. Leicht beschädigte Lieferungen von Tomaten in Dosen, von eingelegten Auberginen oder getrockneten Kichererbsen. Das alles fand den Weg in die *Salumeria* Cortese, den Lebensmittel- und Delikatessenladen der Familie.

Die Möglichkeiten, bei Lebensmitteln ein paar hundert Lire weniger als den üblichen Preis zu zahlen, waren grenzenlos, wenn man nur hartnäckig genug war, sie zu finden. Davon war Mike überzeugt.

Wenn ich des Archivs im Nebengebäude überdrüssig wurde, gewöhnte ich mir an, Mike zu begleiten. Wir fuhren dann in seinem jüngsten Arbeitspferd, einem fünfzehn Jahre alten Lancia, schon vor sieben Uhr morgens einhundertsechzig Kilometer oder mehr. Wir verstauten Kartons mit Pasta und Gemüsekisten in jeden verfügbaren Quadratzentimeter des Wageninneren, bis die Federn und Stoßdämpfer sich nicht mehr bewegten und die Kotflügel in scharfen Kurven die Reifen streiften.

Und wenn Mike davon Wind bekam, dass irgendwo auf dem Festland eine Baumschule oder eine Terracottafabrik zumachte, fuhren wir mit dem Lancia auf die Fähre, um uns das Ganze anzusehen. Es gebe schließlich kein Gesetz, erklärte Mike, demzufolge die Salumeria für immer eine Salumeria bleiben müsse. Nach manchen seiner unvorhergesehenen Fahrten sah der Parkplatz des Ladens eher aus wie ein Freiluft-Einkaufszentrum mit Bergen preiswerter Keramik, die sich über Wälder preiswerter Feigenbäume und Palmen erhoben.

Nach Ansicht der Bewohner von Terrasini war dies Mikes ruhelose amerikanische Seite. Bevor das Auswanderungsfieber in den 1890er Jahren ausbrach – und die Auswanderung war eine Erscheinung jüngeren Datums, eine Sache von vier Generationen in einer dreitausendjährigen Geschichte –, begaben sich Sizilianer nur selten weiter als einen halben Tagesmarsch von ihrem Geburtsort entfernt. Die Ausnahmen waren natürlich Banditen des neunzehnten Jahrhunderts wie der Mönch, die genötigt waren, ständig unterwegs zu sein. Weitere Ausnahmen sind die modernen Gegenstücke zu den Banditen, die Angehörigen des *sistema*, deren Geschäftsinteressen ebenso weit gespannt sind wie die von Microsoft und Exxon.

Für alle anderen galt es, die Straße zu meiden; die Autostrada war so wenig befahren, dass man sogar ihre Mautstellen geschlossen hatte. Sogar die Fischer von Castellammare blieben an der vertrauten Küste und fischten mit ihren Trawlern in Sichtweite ihrer Dörfer nach Sardinen oder Thunfisch. Im Grunde verachten die Sizilianer das Meer, wie der Romancier Leonardo Sciascia behauptete, da »es nur dazu taugt, Auswanderer abzutransportieren und Invasoren an Land zu bringen«.

»Michele, der ist verrückt«, erklärte mir einer von Terrasinis *marinari* rundheraus, als ich erwähnte, Mike und ich seien am Morgen zum Hafen von Trapani und zurück gefahren, eine dreistündige Rundfahrt auf der leeren Autobahn. Der Fischer war mit seinen fünfundfünfzig Jahren noch nie in seinem Leben in Trapani gewesen.

In einer Familie, in der niemand etwas wegwerfen konnte, sondern alles aufhob, war Mike der größte Übeltäter. Er hatte die Angewohnheit, ausrangierte Großkühlschränke aus der Gastronomie und Krankenhäusern sowie übergroße Gefrierschränke zur Reparatur nach Hause mitzunehmen. Er rollte sie in einen großen Lagerraum hinter der Küche, um sie dann prompt zu vergessen. Nanna und Rosalia füllten die Regale dieser Kühlschränke mit ihrem eigenen schon bald vergessenen Vorrat an alten Pullovern, Hosenanzügen, Kleidern und Schals.

Die Corteses stritten unaufhörlich miteinander. Diese größeren und kleineren Kontroversen tobten am Esstisch, als Nanna *pasta con le sarde* und *bistecca alla Palermitana* auftischte, während

Alice ihre Zeit zwischen der Auseinandersetzung und der Küche teilte und Rosalia alle Anwesenden zu beruhigen versuchte. Wie sehr sich alle auch streiten mochten, so waren sie doch nicht nur durch Blutsbande zusammengeschmiedet, sondern auch durch Auswanderung und Wiedereinwanderung sowie durch die Anforderungen eines Familiengeschäfts, das ständig am Rand der Katastrophe entlang segelte. Sie fühlten sich auch in ihren Differenzen unlösbar miteinander verbunden, und manchmal waren sie für mich eine schmerzliche Erinnerung an die Lücken in meinem Leben. Meine einsamen Reisen. An die schrecklichen Auseinandersetzungen meiner Eltern, als ich ein kleiner Junge war, die erbitterten, lautstark geführten Kämpfe, aus denen beide erschöpft hervorgingen und mich und meinen Bruder anschließend wegschickten, »damit wir eine Zeit lang bei Opa und Oma bleiben«.

Ich aß zwei- oder dreimal in der Woche bei den Corteses. Es war so gut wie unmöglich, Mikes Einladungen abzulehnen, die eher so etwas wie Befehle waren: »Lunch um ein Uhr, Frank. Ich sehe dich dann zu Hause.«

4 DAS RÄTSEL EINES ALTEN MANNES

Der Mai ging allmählich in eine vorzeitige sommerliche Apathie über. Ich folgte einer abstumpfenden Routine träger Nachmittage in dem städtischen Archiv, Expeditionen in die Bibliotheken anderer Castellammare-Dörfer und zielloser Spaziergänge in Terrasini.

Mein Tagesablauf wurde durch Nannas üppige Mahlzeit unterbrochen, bei denen der Fernseher ununterbrochen lief. Zu sehen war entweder ein Fußballspiel oder eine synchronisierte amerikanische Sitcom, während Mike sein nächstes unwahrscheinliches kommerzielles Vorhaben plante und Falvio mich von hinten mit Tritten traktierte, um mich so zu einem Ring-kampf herauszufordern.

Meine Bemühungen, jemanden zu finden, der sich an irgend-welche Details über den Mord an dem Mönch erinnerte, kamen nicht von der Stelle. Er hätte zwischen 1864 und dem ersten Jahrzehnt des zwanzigsten Jahrhunderts jederzeit sterben kön-nen. Giuseppe Vivianos Heiratsurkunde von 1894 nannte zwar Francesco Paolo Viviano als seinen Vater, aber ohne zu erklären, ob er damals schon tot war oder noch lebte. Niemand im Dorf schien es zu wissen.

Der Leiter des Auslandsressorts beim *Chronicle* hatte mir schon einen großzügigen Urlaub gewährt. Da in Bosnien eine Großoffensive angelaufen war, ließ dieser sich nicht mehr verlän-gern. Etwas mehr als eine Woche blieb mir noch, bevor ich mich wieder für die Zeitung auf den Weg machen musste. Die Archi-varin Marianna Trappeto machte mir indes keinen Mut mehr, was die fehlenden Personenstandsregister betraf. Sie hatte meh-rere Male mit dem *sindaco* gesprochen, dem Dorfbürgermeister, um zu fragen, ob man mir vielleicht eine Sondererlaubnis ertei-len könnte, um mir Zugang zu einem verschlossenen Raum zu verschaffen, in dem man zwei Jahre zuvor mehrere LKW-Ladun-gen mit alten Akten, Büchern und Manuskripten untergebracht hatte. Der Gedanke verursache dem Bürgermeister Unbehagen, sagte Marianna. Er wolle darüber nachdenken. Auf Sizilien, wo eine glattes »Nein« als unhöflich direkt angesehen wird, kommt eine »Zeit zum Nachdenken« einer höflichen Ablehnung gleich.

Die Reaktion des Bürgermeisters verblüffte Marianna. Sie war davon überzeugt, dass der Raum die städtischen Akten für den Zeitraum enthielt, in dem der erste Francesco Viviano geboren worden war, in dem er geheiratet hatte, gestorben und begraben war. Nach Mikes Ansicht war das Problem reine bürokratische Verlegenheit. »Der Sindaco will nicht, dass du siehst, wie sehr sie alles verschlampt haben«, sagte er.

Die eingelagerten Dokumente hätten in einer neuen gemeindeeigenen Bibliothek untergebracht werden sollen, einem verlassenen Palazzo unterhalb der Piazza Duomo. Zwei Jahre nach der Schließung der alten Bibliothek und der Bereitstellung von Geldern für den Umzug war die neue Bibliothek noch immer nichts weiter als die Zeichnung eines Architekten. Um alles noch schlimmer zu machen, war beim Umzug ein entscheidender Schritt übersehen worden. Niemand hatte sich die Mühe gemacht, den Inhalt der Hunderte von Behältern zu notieren, die in dem Lagerraum aufgestapelt waren. Marianna erklärte mir, dass der Raum bis zur Decke mit unmarkierten Kisten angefüllt sei.

Marianna schüttelte sacht den Kopf, als sie die Situation beschrieb. Sie war eine hart arbeitende Frau und acht Jahre nach ihrer Rückkehr nach Sizilien noch immer nicht bereit, die Vorstellung völlig über Bord zu werfen, dass ein Job aus Aufgaben bestand, die einer Lösung harrten, statt in einer unendlichen Folge von Zigaretten- und Kaffeepausen zwischen den Zahltagen.

In Terrasini lebten mehrere hundert frühere Auswanderer, jedenfalls genug, um die Prägung eines Dialektausdrucks für sie zu rechtfertigen, die *'Meddicani* – »Die Amerikaner« –, selbst wenn es sich dabei um Rückkehrer aus Deutschland oder der Schweiz handelte. Die meisten waren frustriert.

»Wir haben da drüben die falschen Dinge gelernt«, sagte Mike gern. Er dachte dabei an die im Ausland erworbenen Gewohnheiten, die Effizienz und Tüchtigkeit fördern, aber die notwendige Geduld verkümmern lassen, die nötig ist, um die Straßensperren – im eigentlichen wie im übertragenen Sinn – zu ertragen, von denen es im Leben auf Sizilien wimmelt.

»Man rennt nur mit dem Kopf gegen die Wand, wenn man versucht, etwas zustande zu bringen«, sagte ein anderer ehemaliger Auswanderer. »In den Vereinigten Staaten gibt es kaum Grenzen für das, was ein Mann erreichen kann. Hier gibt es nur Grenzen. Dieses Sizilien ist ein einziger schlechter Witz. Ich vermisse Amerika jeden Tag.«

Er war ein Fischer Ende vierzig, der früher in Gloucester in

Massachusetts gewohnt hatte. Jetzt verbrachte er Stunden damit, von einer steinernen Balustrade über dem Hafen aus auf die Bucht von Castellammare zu starren. Viele Fischer der Gegend hatten ein Jahrzehnt oder mehr in Neuengland verbracht und auf Trawlern, die Sizilianern gehörten, in den Grand Banks Dorschfischerei betrieben.

Einige wenige der Heimkehrer waren auf »Schwierigkeiten« gestoßen, wie das Kodewort für einen Gefängnisaufenthalt lautete. Wer in Terrasini geboren war, wurde in den Vereinigten Staaten oft gebeten, für Dons aus Castellammare mit amerikanischen Geschäftsinteressen kleinere Aufgaben zu übernehmen – etwa einen nicht ganz sauberen Vertrag zu unterschreiben oder zu erlauben, dass man ihre Häuser für gelegentliche Treffen benutzte, deren Tagesordnung dem Hauseigentümer nicht mitgeteilt wurde. Das brachte diese Leute manchmal ins Gefängnis, und zwar mit der sicheren Aussicht auf Ausweisung, sobald sie ihre Strafe abgesessen hatten.

Der Fischer an der Balustrade nannte mir nie seinen Namen. Ich ging davon aus, dass er in Massachusetts »Schwierigkeiten« gehabt hatte.

Die 'Meddicani haben vielleicht das effiziente moderne Leben vermisst, das sie in Brooklyn, Detroit oder Gloucester geführt hatten, aber ihre Egozentrik war rein sizilianisch. Die Melancholie ist die natürliche Grundstimmung der Insel. Sizilianer haben kaum etwas von der überströmenden Fröhlichkeit, die man mit anderen Süditalienern in Verbindung bringt; sie neigen zu langem, düsterem Schweigen statt zu spontanen Gesangsausbrüchen.

»Die Männer hier jagen nicht so hinter ausländischen Frauen her wie etwa die Neapolitaner. Sie reden nicht einmal mit dir«, wie eine meiner Freundinnen sagte, eine hübsche Pariserin, die auf der Insel Urlaub gemacht hatte. »Sie starren dich nur mit diesem tödlich mürrischen Ausdruck in den Augen an.«

Mürrisch. Melancholie. Etwa so fühlte ich mich nach den Abwehrmanövern des Bürgermeisters und der mühseligen Suche in den unvollständigen städtischen Akten.

Gelegentliche Fahrten nach Palermo waren ebenso ergebnislos wie meine Nachmittage in dem Nebengebäude von Terrasini. Das Staatsarchiv hatte Ende April große Hoffnungen in mir geweckt, nur um sie dann nach langen vergeblichen Mühen zunichte zu machen.

Auslöser war ein gewisser Francesco Paolo Viviano, damals sechsundachtzig Jahre alt, der den Akten zufolge am 22. August 1907 in Palermo gestorben war. Sein Geburtsort war Terrasini, wie die Behörden glaubten. Ein kurzer Hinweis, der weder die Todesursache noch die Umstände seines Todes nannte, war irgendwann an das Einwohnerarchiv des Dorfs geschickt und in das Totenregister für 1907 geklebt worden. Ich war im Nebengebäude zufällig darauf gestoßen.

Jede Möglichkeit, eine Gerichts- oder Polizeiakte zu finden, in der Details über die Ermordung des Mönchs aufgeführt waren, hing voll und ganz von der Kenntnis seines Todesjahres ab. Es gab noch kein Namensregister für die Kriminalfälle, die vor dem *Tribunale di Palermo* verhandelt wurden, dem höchsten Strafgerichtshof Siziliens vor dem Ersten Weltkrieg. Die Akten waren chronologisch angeordnet und befanden sich in überquellenden Ordnern, die in der Gancia gelagert wurden, einem klösterlichen Komplex in der Nähe des alten Osttors der Hauptstadt. »Sie könnten den Rest Ihres Lebens in der Gancia verbringen, ohne zu finden, wonach Sie suchen, Signore«, hatte der Kurator des Archivs mir gesagt. »Es sei denn, Sie haben dieses Datum, es sei denn, Sie wissen, wann Ihr Vorfahr gestorben ist…«

Mit einer Abschrift der Notiz von 1907 in der Hand begab ich mich schnurstracks zur Gancia, um am letzten Apriltag nach der vollständigen Akte zu suchen. Ich nahm den Bus in die Stadt, statt im Peugeot den Versuch zu machen, durch die schmalen mittelalterlichen Gassen und überfüllten Plätze der Innenstadt von Palermo zu kommen.

Der Kurator geleitete mich in ein früheres Refektorium mit sechs langen Holztischen und einer Reihe riesiger Barockschränke. Sie enthielten Aktendeckel mit offiziellen Proklamationen, wichtigen Statistiken und Erlassen, die bis zum Jahr 1503 zurückreichten. An der Wand des angrenzenden Kreuzgangs zeigte ein lebendiges Fresko aus dem sechzehnten Jahrhundert einen »Baum« gefeierter Franziskanermönche, die aus einer von Franz von Assisi selbst gepflanzten Wurzel emporwuchsen. Ich nahm seinen erhobenen Arm als ein gutes Zeichen, mit dem er das Treffen zweier anderer Francescos segnen wollte.

Es gab Grund zum Optimismus. In der Todesurkunde des Tribunale von 1907 – der Kurator entdeckte sie in weniger als fünf Minuten in einem der Schränke – wurde Francesco Paolo Viviano als »Ehemann von Grazia Cusmano« bezeichnet. Der Name Cusmano war in Terrasini einer der häufigsten Namen; im neunzehnten Jahrhundert waren zwei Priester von Maria Santissima della Grazie Cusmanos gewesen. Das Stammhaus der Familie stand in der Nähe des gegenwärtigen Standorts von Mikes Salumeria.

Ich wusste, dass Maria Bommarito, meine Ururgroßmutter, 1903 gestorben war. Ältere Männer blieben auf Sizilien nur selten Witwer. Es gab immer irgendeine unverheiratete Nachbarin oder Cousine, die sehr darauf bedacht war, einen eigenen Hausstand zu gründen, wenn auch verspätet.

Das Ende hatte den Francesco des Tribunale in Palermo ereilt, wo er unter Aufsicht der Justizbehörden gestanden zu haben schien. Das passte zu dem Muster eines Banditenlebens. Ich kam zu dem Schluss, dass er im Gefängnis der Stadt wahrscheinlich eine Strafe abgesessen hatte, um dann mit seiner zweiten Frau im *Borgu*, einem angrenzenden Stadtviertel, noch einige letzte Jahre zu leben. Das Viertel war dafür berüchtigt, zahlreiche Ex-Häftlinge zu beherbergen.

Die im Dokument des Tribunale festgestellte Todesursache, »Schädeltrauma«, hätte etwa durch den zufälligen Sturz eines alten Mannes in irgendeiner Nebengasse ausgelöst werden können. Der Tod hätte aber auch das Ergebnis eines Schlags auf den Kopf sein können, den ihm irgendwelche Kreaturen des schattenhaften Domenico Valenti versetzt hatten, aus welchem Grund auch immer dieser meinen Namensvetter hatte töten wollen. Gerichtsmediziner auf Sizilien waren aus verständlichen Gründen oft sehr vorsichtig, wenn sie einen Totenschein ausstellten.

Das festgehaltene Alter des Verstorbenen ergab ein Geburtsjahr 1821, glaubwürdig bei einem Mann, der 1857 und 1864 Vater von Söhnen geworden war, obwohl es ihn im Jahre 1907 zu einem schon recht betagten Kandidaten für einen Mord machte.

Folglich machte ich mich mit großer Zuversicht daran zu beweisen, dass der tote Mann im Staatsarchiv der Mönch war. Seine schwache Spur führte mich stetig weiter durch das Nebengebäude in Terrasini und die Akten des Tribunale, bis ich zwei Wochen später eine demoralisierende Entdeckung machte: den Eintrag über eine Hochzeit. Dieser Francesco Paolo Viviano hatte 1893 in Palermo Grazia Cusmano geheiratet, zehn Jahre bevor Maria Bommarito ihren letzten Atemzug tat.

Der Tote in den Akten des *Tribunale* mag ein Dieb gewesen sein, doch er war nicht der Dieb, der mir meinen Namen gab, es sei denn, er wäre ein Bigamist gewesen.

*

Ein Schauer regnete aus den Morgenwolken, als ich am 4. Juni über die Piazza Duomo ging, um mich noch einmal vor meiner Abreise von Sizilien zum Staatsarchiv zu begeben. Ein zartgliedriger älterer Mann, der sich in einen ausgeblichenen gelben Mantel gehüllt hatte und Ende siebzig zu sein schien, stand vor dem Tabakladen, an dem der Bus nach Palermo hielt.

Während der Fahrt in die Stadt saßen wir nebeneinander und unterhielten uns. Unsere Plauderei dauerte fast eine Stunde. Der Mann war sichtlich exzentrisch, mit einer Mischung aus nervösen Zuckungen und irritierendem Starren, und erging sich in langen Monologen, die mit dem Rest unserer Unterhaltung nichts zu tun hatten.

Als wir gerade in die Viale della Libertà in der Innenstadt von Palermo einbogen und ich aufstand, um auszusteigen, sagte er: »Sie sind der Mann, der etwas über den Mönch erfahren möchte, nicht wahr?«

Sein Gesicht wirkte teilnahmslos. Es war das erste Mal, dass jemand im Dorf meinen Vorfahren als »den Mönch« bezeichnet hatte. Ich setzte mich wieder hin und fuhr mit dem Bus noch drei Straßenblocks weiter. »Wer sind Sie?«, wollte ich wissen. Wir hatten uns nicht miteinander bekannt gemacht.

»Im Staatsarchiv werden Sie nichts finden«, sagte er. »Sizilien ist das Buch, das Sie studieren müssen.«

Ich überhörte das Rätsel – es gab schon viel zu viele davon, die mich nachts wach hielten – und fragte ihn nochmals, wer er sei.

»Viviano«, erwiderte er. »Giuseppe Viviano.«

Dieser seltsame alte Mann wusste nicht nur, wer der Mönch war, sondern hatte auch den gleichen Namen wie der Sohn des Mönchs, mein Urgroßvater.

»Ich muss mit Ihnen sprechen«, stieß ich hervor. »Wann können wir uns treffen?«

Ich sagte ihm, dass mir auf Sizilien nur noch wenige Tage blieben. »Sollten Sie eines Tages wieder in Terrasini sein«, sagte Giuseppe Viviano, »sagen Sie dem Barmann in Di Maggios Café Bescheid, dann werde ich Sie anrufen.«

Dann stand er abrupt auf und stieg aus. Die Bustür schlug hinter ihm zu.

Am nächsten Abend hatte ich einen Platz für die Autofähre nach Genua gebucht. Das Schiff sollte um zwanzig Uhr ablegen, was mir einen Nachmittag Zeit ließ, einige der Daten im Familienstammbaum nochmals zu überprüfen, soweit dies in den Unterlagen des Nebengebäudes überhaupt möglich war.

Da die Bände mit den direkten Angaben über den Mönch

fehlten, befanden sich die meisten Einträge, die mich interessierten, an den Rändern der Familie, wo ich vielleicht einen Hinweis auf einen Francesco Paolo Viviano fand, der einer Hochzeit oder einer Taufe beigewohnt hatte. Ebenso hatte ich in den Wälzern, bislang ohne Erfolg, nach irgendeiner Erwähnung von Domenico Valenti Ausschau gehalten. Obwohl die Geburtsurkunde meines Großvaters sich in den Regalen des Nebengebäudes befand, schien es kaum einen Grund zu geben, sich diese Urkunde anzusehen. Ich wusste, wann er geboren war und wer seine Eltern waren.

Doch er ging mir an jenem Tag im Kopf herum, was zum Teil an der Zufallsbegegnung mit dem alten Mann im Bus lag.

Folglich nahm ich mir das Jahr 1897 vor und schlug die Seite für den 9. November auf. Der Eintrag war verblasst, aber lesbar. Er registrierte die Geburt eines Jungen, eines Sohnes der zweiundzwanzigjährigen Grazia Tocco und des dreiunddreißigjährigen Giuseppe Viviano. Der offizielle Name des Säuglings, der vom Standesbeamten des Dorfs bestätigt wurde, war »Viviano, Paolo«.

Von einem »Francesco« war nichts erwähnt.

Wie jeder in der Familie war ich immer davon ausgegangen, dass »Paolinu« nichts weiter war als ein Spitzname aus der Kindheit, der in einem Amerika, in dem jedermann meinen Großvater als Frank kannte, aufgegeben und vergessen worden war. So hieß es auf dem Schild über unserem Familiengeschäft: »Frank P. Viviano und Söhne«. So hieß es auch in den offiziellen Papieren, die er 1955 bei seiner Einbürgerung in den USA erhielt. Das Gleiche stand auf seinen Führerscheinen und den Hypothekenverträgen für sein Haus. Auf seinem Grabstein in Detroit. *Frank P. Viviano, 1897–1993.*

Frank: So hatte ihn meine Großmutter genannt. Es war der Name, den auch ich erhalten hatte, weil es sein Name war. Weil ich sein Enkel war, so wie er der des Mönchs gewesen war.

Das Fehlen des Namens in der Geburtsurkunde meines Großvaters war ein ganz eigenes Rätsel, als wäre das entscheidende Bindeglied – der »zweite Francesco« – aus der »papanomischen« Kette verschwunden, die mich mit dem Mönch verband.

Instinktiv war ich aber davon überzeugt, dass dieses Rätsel eine Spur zu dem größeren Rätsel war. Zu einer Folge miteinander verwobener Rätsel, die nicht nur auf einen Mord verwiesen, sondern auf die Macht und die Symbolik der Namen selbst.

Eins wusste ich jetzt jedenfalls mit Sicherheit. Ich würde nach Sizilien zurückkehren, sobald es mir möglich war.

5 ANO IN DER WÜSTE

East Harlem, New York
März 1910

Ich begann, die Geschichte des Namens meines Großvaters Stück für Stück zusammenzusetzen, die Geschichte des fehlenden »Francesco« auf seiner Geburtsurkunde, als ich mich nach einem quälenden Sommer in Bosnien für vier Wochen in den Vereinigten Staaten aufhielt. Der Besuch in den Staaten sollte mir ein wenig Ruhe verschaffen, doch ich konnte mich nicht entspannen. Die Worte meines Großvaters schwebten über mir, und zwar in den gleichen trüben Schatten wie ein ermordeter Wegelagerer und der Mann, der beschuldigt wurde, ihn umgebracht zu haben.

Meine Reisetaschen waren voll gestopft mit Hunderten von Blättern mit Notizen von meiner eher vom Zufall bestimmten Suche in den Bibliotheken und Stadtarchiven Siziliens. Wenn ich nicht gerade Verwandte und Freunde der Familie in New York oder im Mittelwesten befragte, um so den Versuch zu machen, die amerikanischen Fragmente der Geschichte zusammenzufügen, übersetzte ich die auf Italienisch und in sizilianischem Dialekt geschriebenen Details, die meine Reisen jetzt belasteten.

Meine Skizze des jungen Paolinu, die ich auf einer gedachten Leinwand aus Notizen, Tagebüchern, Gesprächen und erinnerten Unterhaltungen gezeichnet hatte, nahm allmählich Schattierungen und Farben an. Die Verwirrung, die den Namen meines Großvaters umgab – seine zwei Namen –, gewann die Kraft einer bewussten Tat.

Der stärksten aller sizilianischen Traditionen zufolge hätte der zwölfjährige Junge, der im Winter 1910 zwei Wochen lang auf dem Dampfer *Italia* gegen die Seekrankheit kämpfte, den Namen Francesco Paolo Viviano erhalten müssen; und in den Augen seiner Familie in Amerika hieß er auch immer so. Doch in den Archiven des italienischen Staates war mein Großvater einfach Paolo. Und Paolinu blieb er für seine Kindheitsfreunde und Miteinwanderer aus Terrasini bis zu dem Tag, ein Jahr nach der stürmischen Überfahrt nach New York, als er seinen Pass in den East River warf und sich eigenmächtig zu Frank P. Viviano machte.

Dies war die Taufe des zweiten Francesco, wie mir später klar wurde: als ein Pass klatschend in der Wasserstraße zwischen Brooklyn und Manhattan landete.

Mein Großvater war immer stolz auf die Tatsache gewesen, dass er es während der elftägigen stürmischen Überfahrt mit seiner Familie geschafft hatte, seinen Magen ruhig zu halten, während andere Jungen aus dem Dorf auf dem stinkenden Dritter-Klasse-Deck auf dem Bauch lagen und sich immer wieder übergeben mussten. Vielleicht lag es daran, dass er wie seine Großmutter Angelina mütterlicherseits selbst ein halber Tocco war; auf Sizilien hatten die meisten Toccos ihren Lebensunterhalt auf dem Meer verdient und taten es auch in Amerika noch.

Giuseppe Tocco, der ältere Vetter meines Großvaters, war einige Jahre früher nach New York ausgewandert, wo er zusammen mit seinem Bruder in der First Avenue Ecke Hundertvierzehnte Straße einen Fischladen eröffnete. Dank der Tocco-Vettern fand sich Paolinu im März 1910 auf den Bürgersteigen

Harlems wieder, wo er aus dem Weidenkorb, in dem er seine wenigen Habseligkeiten auf dem Dampfer mitgebracht hatte, Makrelen und *Calamari* verkaufte. Der Straßenverkauf sah genauso aus wie in den Dörfern von Castellammare, als duftete die Luft auch hier nach Zitronenblüten statt nach Schneeflocken, aber der Korb war auf seinem Rücken festgebunden, als er seine Fische und deren Preise ausrief.

Seine Route führte ihn auf den Straßen Harlems von der Hundertvierten zur Hundertachtzehnten, beginnend am Ufer des East River. Die Route ging unter der Hochbahn auf der Third Avenue hin und zurück, vorbei an hölzernen Budenstädten, die bei der Hundertsechzehnten Straße an den Hügeln der Fifth Avenue dicht zusammengedrängt standen, und dann weiter durch das jüdische Ende Harlems bis zum Hudson River. Die Gebrüder Tocco zahlten ihm einen Dollar in der Woche.

Das sizilianische Stadtviertel, »Hell's Gate« [Höllentor], wie es damals volkstümlich hieß, war ein dichtes Gewimmel fünfstöckiger Mietshäuser aus Klinkern, die nach 1880 die Brownstone-Häuser aus der Zeit vor dem Bürgerkrieg ersetzten. Damals verkauften Immobilienspekulanten riesige Parzellen Ackerlands von Harlem an Bauunternehmer, als gerade die große europäische Einwanderungswelle über New York hinwegspülte. 1850 wohnten in East Harlem fünfzehnhundert Menschen; im Jahre 1920 lag schon die Zahl der sizilianischen Bevölkerung bei mehr als einhundertfünfzigtausend Menschen. Dies war die größte der sizilianischen Einwandererkolonien in den Vereinigten Staaten.

Zu den Nachbarn zählten auch Tausende bayerischer und irischer Katholiken, die aus den Slums von Lower Manhattan nach Norden zogen, in die Mietwohnungen von Harlem. Für die sizilianische Art des Denkens waren die Iren und Deutschen eine verwöhnte Klasse, obwohl sie selbst erst vor kurzem mit leeren Taschen eingewandert waren. Leonard Covello, der in den 1940er Jahren der erste auf Sizilien geborene Schulleiter von

Harlems Benjamin Franklin High School wurde, kam etwa um die gleiche Zeit wie mein Großvater in New York an. Vor 1920, so erzählte mir Covello, sei sizilianischen Gemeindemitgliedern nicht erlaubt worden, der Messe vor dem Hauptaltar von Harlems größter katholischer Kirche beizuwohnen, Our Lady of Mount Carmel. »Wir wurden in den Keller geschickt, um dort zu beten«, sagte er.

»Der Italiener rangiert ganz unten«, schrieb der Fotograf Jacob Riis in *How the Other Half Lives* [Wie die andere Hälfte lebt], seiner bahnbrechenden Studie über das Leben der Einwanderer in New York. »Und in der Generation, die übers Meer hergekommen ist, bleibt er auch dort.«

Um die Wende vom neunzehnten zum zwanzigsten Jahrhunderts war Armut eins der Hauptmerkmale des Bildes, das man sich damals vom Sizilianer machte. Der *sistema* war unausweichlich ein weiteres.

Ein im Dezember 1896 erschienener Artikel der Zeitschrift *Popular Scientific Monthly* gab ein deutliches Bild davon wieder, wie man damals über die New Yorker Sizilianer dachte. Nachdem die Tiere eines Wanderzirkus gefüttert worden seien, so der Autor des Artikels, habe man die Reste weggeworfen, »und die Itaker sammelten diese Knochen auf und kochten sie für ihre Suppe! Was für einen Schrecken können Gefängnisse und Zuchthäuser für solche Menschen haben? Was haben sie durch Diebstahl, Körperverletzung, Raubüberfälle und Morde schon zu verlieren?«

Der Artikel trug die Überschrift »Was sollen wir mit dem Itaker machen?« Er spiegelt weit verbreitete Ängste vor rassischer Ansteckungsgefahr durch eine unwiderruflich verkommene Unterschicht wider. Diese Einstellung führte 1924 zum Erlass eines Bundesgesetzes, das die Einwanderung aus Italien auf fünftausendachthundert Menschen pro Jahr beschränkte. Allein im Jahre 1913 waren mehr als dreihunderttausend Italiener in die USA geströmt.

Das Bett meines Großvaters in East Harlem stand im zweiten Stock einer Wohnung an der First Avenue, wenige Meter von dem Fischladen entfernt. Es war eine Wohnung an der Bahnlinie mit vier bedrückend engen Zimmern, die ohne verbindenden Flur direkt ineinander übergingen. Nur die Zimmer an der Vorder- und Rückseite hatten Fenster, wenn man von einer schmalen Querblende in der Küche absieht, welche die Kochdünste in einen sechsundvierzig Zentimeter breiten Luftschacht entließ. In dem Flur außerhalb der Wohnung gab es eine einzige Toilette für fünf Wohnungen.

Im Februar 1910 wohnten neun Menschen in dieser Wohnung an der First Avenue. Nach Ankunft der Vivianos – von Paolinu, seinem Vater Giuseppe, seiner Mutter Grazia und seinen zwei Schwestern, der fünfzehnjährigen Maria und der neunjährigen Angie – beherbergte sie vierzehn Männer, Frauen und Kinder.

»Der Italiener«, schrieb Jacob Riis, »ist damit zufrieden, in einem Schweinestall zu leben.«

Als Junge ersann ich meinen eigenen phantastischen, schreckensvollen Bericht über die Abreise unserer Familie aus der Alten Welt, eine eigene Herkunftsfabel.

Im Sizilien meiner Phantasie hatte es eine große, zeitlose Ruhe gegeben, eine verzückte Stille und dann eine Explosion: Ano wurde in die Wüste geschleudert. In den Schweinestall. Ano aus dem Garten Eden vertrieben.

Eine ungeheure Explosion hatte uns in hektische Bewegung versetzt und uns eine Reise ohne Ende antreten lassen – nach New York, nach Detroit, in ein Dutzend anderer Städte in den Vereinigten Staaten, wo ich in den 1950er Jahren schon Dutzende Vettern und Cousinen zählte und wo »zu Hause« nur selten mehr als ein paar Jahre lang dasselbe Haus bedeutete.

Ich nehme an, dass dies meine Abrechnung mit dem neurotischen Tempo des amerikanischen Lebens war. Angesichts der riskanten Atompolitik dieser Jahre ist aber ebenso wahrscheinlich, dass mein Bild starke Anleihen bei den Ängsten des Kalten Krieges gemacht hatte; Katastrophen und Umwälzungen – das war der vorherrschende Albtraum meiner Kindheit. Was jedoch nicht heißen soll, dass meine Fabel historisch vollständig unzutreffend war.

Zwischen 1876 und 1924 wanderten siebzehn Millionen Italiener aus; dabei betrug die Gesamtbevölkerung Italiens im Jahre 1900 weniger als vierzig Millionen Menschen. Die überwiegende Mehrheit der Emigranten stammte wie meine Großeltern aus dem Süden des Landes. In dem Jahrzehnt vor 1910, dem Jahr, in dem mein Großvater Palermo verließ, gaben zwei Millionen Sizilianer – mehr als die Hälfte der Bevölkerung der Insel – die Dörfer ihrer Väter auf, um sich der Ungewissheit eines Emigrantenlebens auszusetzen.

Die Gewissheit in Sizilien war unerträglich geworden.

Zwischen 1904 und 1908 wurden bei einer Reihe von Erdbeben Tausende von Menschen getötet. Die Städte Nordsiziliens wurden für weitere Hunderttausende von Menschen unbewohnbar. Ein Erdstoß löste eine Flutwelle aus, die in der Provinz Messina dreihundert Dörfer auslöschte und fünfzigtausend Menschen ertränkte. Wie in einer böswilligen natürlichen Kettenreaktion folgte den Erdbeben eine schwere Landwirtschaftskrise. Olivenbäume, die seit dem fünften Jahrhundert vor unserer Zeitrechnung auf Sizilien angebaut worden waren, wurden plötzlich von einem parasitären Insekt befallen, das ganze Kulturen zerstörte. Ein anderer Parasit verwüstete die Weingärten und halbierte die Weinerzeugung. Die Exporte von Zitrusfrüchten, das Rückgrat dessen, was in Sizilien als Wirtschaft galt, sank in den 1890er Jahren um mehr als fünfzig Prozent, als die Amerikaner damit begannen, Orangen und Zitronen aus modernen Farmen in Florida und Kalifornien zu vermarkten und sie in Kühlfrachtern direkt nach Europa zu verschiffen.

Im Gegensatz dazu waren Ende des neunzehnten Jahrhunderts die Hälfte aller sizilianischen Dörfer nicht einmal auf Schotterstraßen erreichbar. Einer italienischen Regierungsstudie von 1910 zufolge, dem Jahr, in dem mein Großvater nach New York abreiste, hatten viele Sizilianer noch nie einen Karren mit Rädern gesehen.

Im Jahre 1900 waren 85 Prozent aller Sizilianer Landarbeiter ohne eigenes Land, die täglich bis zu sechzehn Kilometer am Tag zu Fuß zurücklegen mussten, um die Felder anderer zu bebauen. Knapp 90 Prozent der gesamten Insel befanden sich in den Händen abwesender Großgrundbesitzer. Die Bevölkerungsdichte der Insel lag bei 438 Menschen pro Quadratmeile, zehnmal so viel wie in den Vereinigten Staaten und höher als die Bevölkerungsdichte von China oder Indien.

Daher die Explosion, die massive und beispiellose Auswanderungswelle, der Gipfelpunkt einer der größten menschlichen Flutwellen der Geschichte: neun Millionen Italiener wanderten nach Nord- und Südamerika aus, siebeneinhalb Millionen nach Nordeuropa und weitere fünfhunderttausend nach Asien und Afrika.

1903 stattete Ministerpräsident Giuseppe Zanardelli als erster italienischer Regierungschef Sizilien einen offiziellen Besuch ab, mehr als vierzig Jahre nachdem die Insel unter die Herrschaft Roms gekommen war. Der Bürgermeister der Stadt Moliterno begrüßte Zanardelli mit den Worten: »Ich begrüße Sie im Namen der achttausend Menschen dieser Gemeinde, von denen dreitausend in Amerika leben und die restlichen fünftausend sich bereit machen, ihnen zu folgen.«

Der blühende Garten, das edenhafte Sizilien der Phantasie meiner Kindheit, das Land der zeitlosen ländlichen Ruhe war eine reine Phantasie von mir. Als Junge hatte ich keine Vorstellung davon, wie Sizilien aussah. Ich wusste nur, dass es nicht Amerika war. In meinen Träumen war Sizilien die Erde vor dem Sündenfall, eine verzauberte Stille vor der Explosion.

Nach der Explosion kamen die Druckwellen. Die Reise nach New York. Die Mietshäuser. Der Schweinestall. Die chaotischen Straßen. Die neuen Krankheiten. Die Ruhelosigkeit. Die amerikanische Sucht: Go west.

In der sizilianischen Version, etwa um 1910, waren die Reisenden Kinder, der wirtschaftliche Überfluss von Familien, die zu groß und zu arm waren, um in New York zusammen zu bleiben. Die Jüngsten wurden von ihren verzweifelten Eltern als Waisen ausgegeben und an Adoptionsagenten im Mittelwesten und in Kalifornien übergeben. Viele weitere, die für das Schwindelgeschäft mit Adoptionen zu alt waren, wurden in eine vertraglich festgelegte Knechtschaft gegeben, die von Sklaverei kaum zu unterscheiden war.

Paolinu Vivianos Eltern konnten ihn nicht ernähren und ihn nicht einfach verheiraten, so wie sie es mit seiner älteren Schwester gemacht hatten. Die Krise verschärfte sich, als der Herbst kam und der Fischmarkt nicht mehr in der Lage war, Paolinu seinen Dollar in der Woche zu bezahlen. Die Zahl der Straßenhändler in Harlem stieg schneller als die Zahl der Einwanderer. Wie auch immer: Wie mein Großvater es ausdrückte, kaufen frisch angekommene Einwanderer keinen frischen Fisch.

Als die Einwandererwellen anschwollen und ihren Gipfelpunkt erreichten, wurde Harlem mit ansteckenden Krankheiten überschwemmt; Unterernährung und überfüllte Wohnungen waren an der Tagesordnung. In dem schrecklichen Winter 1911 gab es allen Anlass zu der Annahme, dass Giuseppe Viviano und Grazia Tocco keine andere Wahl bleiben würde, als ihren einzigen Sohn in einen Zug nach Westen zu setzen.

»Sie wollen, dass ich am Leben bleibe, und können sich keinen anderen Weg vorstellen.«

Mein Großvater erzählte mir dies siebzig Jahre später, aber die Erinnerung war eine offene Wunde. »Als es Zeit war aufzubrechen, blieb meine Mutter zu Hause. Sie wollte nicht mit zum Bahnhof. Mein Vetter sagt, Mama weinte einen Monat lang, nachdem ich weg war. Die Menschen damals, Franky, die gingen einfach weg und kamen oft nie wieder.«

Die Explosion schickte Paolinu Viviano an jenem Januarmorgen zu seinem Onkel Gaetano nach St. Louis in Missouri. Gaetano bezahlte auch die Bahnfahrt. Paolinu fuhr zu *'Tanu lu Faccune*, Gaetano dem Falken. Dem ältesten Sohn des Mönchs.

*

Mythos und Realität lassen sich im Leben Gaetanos des Falken unmöglich trennen. Er war zu Lebzeiten ein notorischer Bandit, der natürliche Erbe des Mönchs und der Held oder Bösewicht in Dutzenden von Geschichten meiner Großeltern. Noch mehr als ein halbes Jahrhundert nach seinem Tod sprachen die Leute in Terrasini mit nervöser Bewunderung von ihm. »Die alten Leute sagen, dass er ein sehr harter Bursche war, sehr stark, und das hat er einen auch spüren lassen«, wie mir Mike Cortese erzählte. Die Dorfbewohner nannten ihn immer noch »den Falken«.

Viel mehr als das konnte ich auf Sizilien jedoch nicht über ihn herausfinden – als dass er »hart« war, als was ihn auch mein Großvater bezeichnet hatte, und dass er nicht näher genannte Dinge getan hatte, um diesen Ruf zu verdienen. Manche in Terrasini konnten sich vage daran erinnern, dass er westlich des Dorfs auf dem Land ein halbes Dutzend Rennpferde auf der Weide gehabt habe. Um 1900 habe er Sizilien in aller Eile verlassen, um in die Vereinigten Staaten zu gehen.

Eins stand jedenfalls fest: Mein Großvater hasste seinen Onkel und verehrte ihn zugleich. In Terrasini wie in Amerika löste der Falke unweigerlich ambivalente Reaktionen aus. Er war in der schlimmen sizilianischen Tradition so etwas wie eine moralische Chiffre, bei der sich mittelalterliche Gerechtigkeit und nackte Grausamkeit die Waage hielten.

In seiner kodierten heroischen Gestalt tauchte Gaetano Viviano in Angelinas Fabeln regelmäßig auf. Sie schilderte ihn als einen Briganten und Rebellen und ritterlichen Liebhaber. Sein düsteres Alter Ego nahm in düsteren, unfehlbar gewalttätigen Abenteuern Gestalt an, die manchmal von meinem Großvater wiedergegeben wurden. Ich habe eine Äußerung von ihm aus dem Jahr 1977 auf Band:

»Onkel 'Tanu, der kennt jede Stadt in Sizilien. Niemand kann ihn dazu bringen, an einem Ort zu bleiben, und niemand kann sich ihm in den Weg stellen. Einmal hat er eine Bank ausgeraubt, sagt man. Das stimmt, er war ein sehr harter Bursche, Franky. Aber er hat diese Bank nicht ausgeraubt. Das hat jemand erlogen, um ihn reinzulegen. Die Polizei von Partinico, die fangen ihn schließlich. Und einer der *sbirru*« – im Dialekt von Castellammare ein »Bulle« – »kettete ihn an Füßen und Händen an, um ihn ins Gefängnis zu bringen. Er schlug ihn wie einen Hund und schleifte ihn auf der Straße hinter seinem Pferd her. Nach langer Zeit sagte mein Onkel schließlich: ›Ich bin müde, Signore. Bitte, ich kann nicht mehr gehen.‹ Also hört der Polizist auf, ihn zu peitschen, und sitzt vom Pferd ab.

Als er seine Chance sieht, sagt mein Onkel: ›So behandelt niemand einen Viviano‹, hebt die Ketten an seinen Händen hoch und schlägt damit dem *sbirru* auf den Kopf, bis er sich nicht mehr bewegt.«

Wieder der Namensstolz, diesmal in Form einer Drohung. Ano in einem Zerrspiegel, wo Ehre fast mit Sadismus verschmilzt. Der Falke war ein Mann, der Vergnügen daran fand, andere Männer zu zerbrechen.

1911 machte er sich auf, Paolinu Viviano zu zerbrechen.

Die Weltausstellung von 1903 und die Olympischen Spiele von 1904 hatten in St. Louis stattgefunden, nur ein paar Jahre vor der Ankunft von Paolinus Zug in der Union Station. Die aufblühende Handelsstadt an dem wichtigen Knotenpunkt, an dem der Mississippi und die transkontinentale Eisenbahn im geographischen Herzen des Landes zusammentreffen, proklamierte sich selbst zur Metropole der amerikanischen Zukunft, zum »Tor nach dem Westen«. 1911 war die Stadt ganz aus dem Häuschen über die eigenen Zukunftsaussichten. Die großartigen Gebäude, die für die Weltausstellung und die Olympischen Spiele errichtet worden waren, hielten die Bewohner der Stadt in ihrem Bann.

Daran hatte mein Großvater keine Erinnerung. Er hatte so gut wie keine Erinnerung an St. Louis, weil er mit Ausnahme des mit Holz verschalten Häuschens so gut wie nichts von der Stadt sah. Das Haus lag in Little Italy, der Einwanderersiedlung ein paar Straßenblocks von der Union Station entfernt, in der Gaetano Viviano seine Spielhölle versteckte. »Big Tom's« hieß der Laden nach dem amerikanisierten Spitznamen des Falken. Und groß und kräftig war der Mann auf einem Foto, das bei meinen Großeltern an der Wand hing. Ein strammer Riese von Mann mit einem kräftigen Schnurrbart und demselben eckigen Kinn, den gleichen buschigen, jetzt schwarzen Augenbrauen und dem breiten Rücken, der meinem Großvater schon im Alter von dreizehn das Aussehen eines Mannes verliehen hatte.

Bei der Beerdigung des Falken 1937 fiel das meinem Vater auf. Sogar im Sarg sah der alte Bandit kräftig aus, und mein Großvater, der jetzt auf ihn hinunterstarrte, war sein Ebenbild. Inzwischen hatte Großvater mit seinem Onkel vorübergehend Frieden geschlossen, nämlich mit der Erinnerung an das, was 1911 zwischen ihnen geschehen war. Dass der Frieden nur vorübergehend war, wurde acht Jahrzehnte später deutlich, im letzten Lebensjahr meines Großvaters, als er in Gedanken immer wieder in die Vergangenheit zurückkehrte, bis er über die Monate in St. Louis krankhaft in einer Sackgasse feststeckte.

»Ich habe keine Wahl, Franky, ich muss etwas tun. Ich muss etwas tun«, sagte er mir und erzählte die Geschichte wieder und wieder – doch nur einen Teil davon, die Notwendigkeit zu handeln, ohne mir Details über die Tat selbst zu nennen.

»Er prügelte ihn wie einen Hund«, hatte Großvater gesagt, als er mir erzählte, wie der Falke durch den Bullen von Partinico gedemütigt worden war. Dies waren auch die Worte, die Giuseppe

Tocco verwendet hatte, der Fischhändler aus Harlem, als er im Frühjahr 1911 nach einer Fahrt nach St. Louis mit Paolinus Mutter sprach. »Gaetano Viviano prügelt deinen Sohn wie einen Hund.«

Dies waren die Worte meines Großvaters im Jahre 1992, als die Erinnerung an sein zweites Jahr in Amerika ihn packte und nicht wieder losließ. »Er prügelte mich wie einen Hund.«

Paolinu wurde nachts in ein Hinterzimmer des primitiven Hauses gesperrt. Vor Sonnenaufgang wurde er herausgeschleift, weil er Big Toms Pferde striegeln musste. Danach musste er Kisten mit Obst und Gemüse in den Lebensmittelladen tragen, der als Tarnung für die Spielhölle diente. Big Toms Tochter Maria saß an der Registrierkasse. Sie war neunzehn und lebte getrennt von ihrem Mann. Maria behandelte den Jungen zunächst gut und steckte ihm zusätzlich etwas zu essen zu. Sie half ihm eines Morgens sogar dabei, zu verschwinden und auf die Straße zu kommen. Er wurde prompt von einem pflichtvergessenen Polizisten festgenommen und drei Tage unter Aufsicht dieses Beamten zu einer Schule in der Gegend eskortiert. Dies war die einzige Schulbildung, die er je erhielt.

Maria trieb ein Doppelspiel, und Paolinu durchschaute allmählich ihre kleinen Freundlichkeiten. »Meine Cousine legte fünf Cents in die Kasse und steckte selbst dafür immer einen Dollar ein. Sie ließ Onkel 'Tanu in dem Glauben, dass ich es gewesen war, und er prügelte mich jeden Tag halbtot.«

Doch der Falke war ein besserer Lehrer, als ihm klar war. *So behandelt niemand einen Viviano.* Eines Abends ging er zu weit. Gaetano Viviano überschritt bei seinem Neffen die Grenze, die auch der *sbirru* bei ihm überschritten hatte. Um drei Uhr in der Frühe schloss er die Tür zum Hinterzimmer auf und torkelte halb betrunken an das Bett des Jungen. »Steh auf, Neffe, du fauler Scheißkerl. Striegele meine Pferde.«

Joe Tocco, der in St. Louis wieder zu Besuch war, befand sich im Nebenzimmer.

Er hörte die Geräusche eines Kampfs, einen Schlag, den dumpfen Laut eines schweren Mannes, der zu Boden stürzte. Hatte Paolinu in jener Nacht irgendeine Waffe unter seinem Bett versteckt? Einen Eisenhaken? Ein Stück Riemen vom Zaumzeug? Mein Großvater hat es nie jemandem erzählt, weder Joe Tocco noch mir.

»Ich muss etwas tun.« Das war alles, was er im November 1992 sagte, alles, was er Joe gesagt hatte.

»Der Lärm hörte auf, und dann tauchte dein Großvater in der Tür zum Nebenzimmer auf«, erzählte mir Joes Sohn Alfonso viele Jahrzehnte später in einem Coffee Shop in Harlem. »Er sagt zu meinem Dad ›okay, lass uns gehen‹ und sonst nichts.«

Joe kaufte zwei Fahrkarten für den Zug nach New York. Als sie im Zug saßen, sagte mein Großvater zum ersten Mal wieder etwas: »Vetter, nenn mich nie mehr Paolinu.« Als sie in New York ankamen, warf er seinen italienischen Pass in den East River.

»Er hat nie etwas erklärt«, sagte Alfonso. »Aber nach diesem Tag war er immer nur ›Frank‹ wie du.«

Als der alte Alfonso sprach, konnte ich den Ruf meiner Großmutter Angelina hören: »Ahhhhhhhhnooooo.« Und dann den Ruf des Engels: »*Vivi*, Ano!«

'Tanu lu Faccune, Big Tom, überlebte, was im Hinterzimmer des Holzhauses in jener Nacht des Jahres 1911 passiert war. Er blieb am Leben und erwischte Maria auf frischer Tat; einen Monat nachdem mein Großvater an der Union Station den Zug bestieg, flüchtete sie aus St. Louis und verschwand für immer aus unserer Familiensaga.

Im Falle meines Großvaters ist der Name selbst eingelöst, der Name, der nach sizilianischer Tradition sein Geburtsrecht und Legat war. Er erhebt Anspruch darauf im Hinterzimmer eines Spielsalons in St. Louis, eine halbe Welt von Terrasini entfernt, und bestattet Paolinu zwei Tage später im East River. Mit dem amerikanisierten Namen des Mönchs nimmt der erstgeborene Sohn von Giuseppe Viviano und Grazia Tocco seinen Platz in der

Generationenkette ein, wie es ihm zugedacht war am 5. November 1897, im Taufbecken von Maria Santissima delle Grazie.

Ich wusste, dass es nur eine Erklärung gab für Giuseppe Vivianos Weigerung, seinen Sohn Francesco zu nennen: irgendein Spalt trennte Giuseppe von seinem eigenen Vater, dem Mönch. Als ich erfuhr, was zwischen sie geraten war, sollte ich auch einen Großteil vom Innenleben des Mönchs freilegen.

1912 war Frank P. Viviano ein selbstständiger Geschäftsmann, der von einem eigenen Karren in Detroit aus Orangen, Zitronen und Gemüse verkaufte. In Detroit, der Autostadt. Henry Fords Stadt. Der am schnellsten wachsenden Stadt in der Welt.

1909, in dem Jahr, bevor Großvater nach Amerika auswanderte, stellte Ford weniger als achtzehntausend Autos her. 1912, als er von Harlem nach Detroit zog, war die Jahresproduktion des Unternehmens um elfhundert Prozent auf mehr als zweihunderttausend Wagen gestiegen. Doch es waren nicht die Fabriken, die ihn anzogen, obwohl sie die höchsten Industrielöhne auf Erden bezahlten; nach St. Louis konnte mein Großvater nicht mehr für einen anderen Mann arbeiten, geschweige denn für einen Mann, der Tausende von Männern beschäftigte, die in den riesigen Fabrikhallen der Werke Schulter an Schulter standen, die sich am Detroit River erhoben.

Frank Viviano wusste, dass die Autostadt mit zunehmendem Wohlstand immer hungriger werden würde und dass ihr Geschmack auf gute Dinge mit dem Ansteigen der Gehaltsschecks Schritt halten würde. Als ich ihn danach fragte, erklärte er seinen Umzug nach Detroit nach den Grundsätzen der Theorie, die Henry Ford dazu gebracht hatte, ein Automobil für die amerikanische Durchschnittsfamilie herzustellen.

»Wenn die Leute arm sind, *brauchen* sie was zu essen. So wie bei uns damals in Harlem. Irgendwas, um den Magen zu füllen. Kartoffeln. Karotten. Nudeln mit etwas Gemüse und Zwiebeln. Dann haben sie Geld, und alles ändert sich, Franky. Dann *brau-*

chen sie nicht mehr. Dann *wollen* sie. Etwas Ausgefallenes. Orangen. Pflaumen. Bananen.«

1916 fuhr der Durchschnittsamerikaner ein Auto, und die Ford-Arbeiter aßen Orangen, Pflaumen und Bananen. Großvater verkaufte den Gemüsekarren einem anderen Einwanderer, kaufte sich ein Pferd und einen Wagen und ließ seinen Namen darauf malen, in Worten, die er nicht lesen und kaum aussprechen konnte. »Frank P. Viviano, Feines Obst und Gemüse.«

Ein Jahr später entführten vier Männer an einem mondlosen Septemberabend Angelina Tocco, die Cousine aus Brooklyn, die von der Hochbahn der Third Avenue meinem Großvater etwas zugerufen hatte.

Die Archive von Terrasini hatten für das Mysterium, wie der Mönch zu Tode gekommen war, keine einfache Lösung geliefert. Doch vom ersten Tag an waren sie auf subtilere Weise hilfreich. Sie lieferten mir einen umfangreichen erzählerischen Hintergrund, die kollektive Geschichte des Dorfs, wie sie in Geburten, Todesfällen und Eheschließungen erzählt wird.

Die dicken Wälzer beschrieben unsichtbare Grenzen, die das höhergelegene Dorf Terrasini von dem Fischernest Favarotta und der ländlichen Umgebung trennte. Auf einer herkömmlichen Landkarte waren die drei Bezirke zu der Illusion einer einzigen Gemeinde zusammengefügt. In Wahrheit waren sie eigenständige soziale Welten. Sie hatten eigene Dialekte. Sie feierten die Festtage jeweils eigener Heiliger. Und geheiratet wurde ebenfalls anhand dieser Trennungslinien, und das noch bis in die jüngste Zeit hinein, als wären die Piazza Duomo und die Stadtgrenzen unüberwindliche Schutzwälle.

Buggisi cu buggisi, viddanu cu viddanu, marinaru cu marinaru, verkündete der dörfliche Kodex. »Kaufmann mit Kaufmann, Landarbeiter mit Landarbeiter, Fischer mit Fischer.«

So sah also das Heiratsgesetz am 18. September 1917 im sizilianischen Amerika aus.

Als er 1992 am Küchentisch saß, hatte Großvater schon eine Stunde darüber gesprochen. »Im Kopf höre ich immer noch, wie Angelina eineinhalb Jahre meinen Namen ruft«, erzählte er mir. Ihr Ruf von der Hochbahn war während eines Dinners in Brooklyn ertönt, wohin Großvater kam, um um Angelinas Hand anzuhalten. Ihr Vater, Gaetano, lehnte es jedoch ab, ihm in die Augen zu sehen. Der Ruf war auch in den ersten acht Monaten des Jahres 1917 zu hören, als die Toccos selbst nach Detroit emigrierten, während mein Großvater auf eine Einladung wartete, die nie erfolgte.

Gaetano Tocco war ein Schuhmacher, ein richtiges Mitglied der *bourgeoisie* von Terrasini. Das sizilianische *buggisi* war von diesem französischen Begriff abgeleitet. Angelina war oberhalb der Piazza Duomo unter Kaufleuten und Handwerkern zur Welt gekommen, und sie begriff, dass eine Heirat mit Frank Viviano, dem Sohn eines Karrenfahrers und Stallburschen, undenkbar war: »Mein Vater sagte, die Vivianos hätten Pferdemist im Haar und schwarzen Dreck unter den Fingernägeln – *viddanu cu viddanu*.«

Doch sie stattete ihm nachmittags hinter Gaetanos Rücken heimlich Besuche ab.

Sieben Jahrzehnte später schloss mein Großvater die Augen, als er sich an ihre Schritte in einem Flur in Detroit erinnerte; er war wieder neunzehn Jahre alt und schwamm in einem Nebel von Verliebtheit. »Meine Mutter, sie weiß, dass sich bestimmte Dinge nicht aufhalten lassen. Sie sagt dem Daddy von Großmutter: ›Angelina gehört zu meinem Jungen.‹ Aber er will auf niemanden hören.«

Er hatte keine Wahl. Er musste etwas unternehmen.

Die Entführer schnappten sich Angelina gleich nach der Abenddämmerung. Sie stürmten durch die Tür der Flickschusterwerkstatt, die ihr Vater in der Fort Street direkt über dem Detroit River errichtet hatte. Zwei erzwangen sich den Zutritt zu der Wohnung hinter der Werkstatt, während die beiden anderen Gaetano an seinem Arbeitstisch festhielten. Angelina war gerade dabei, einen Kochtopf mit Spaghetti für das Dinner umzurühren, als sie hereinplatzten. »Sie wehrte sich wie eine Löwin, schüttete ihnen das Pastawasser ins Gesicht, trat um sich und biss, bis die Männer bluteten«, wie eine meiner Tanten immer hinzufügte, wann immer sie die Geschichte erzählte.

Der Kampf musste überzeugend sein; bei Hochzeiten nach Entführungen schrieb die Sitte das vor. Solche Hochzeiten waren in Sizilien trotz des Ehrenkodexes häufig genug und hatten eigene Rituale. Angelina wusste von Anfang an ganz genau, wer die Entführer in die Fort Street geschickt hatte. »So wurden solche Dinge damals erledigt«, sagte meine Tante. »Kaum waren sie ein paar Straßenblocks weiter, beruhigte sie sich.«

Mein Großvater erwartete sie fünfzehn Kilometer weiter südlich in einem Farmhaus. Ein Vetter ruderte sie über den Fluss nach Ontario, wo sie von einem kanadischen Friedensrichter getraut wurden. Ende des Monats kehrten sie nach Detroit zurück.

Nach sizilianischen Maßstäben war Angelina jetzt ruiniert. In aller Eile wurde eine kirchliche Trauung arrangiert. Zwei Brautjungfern, zwei Brautführer und ein Ringträger wurden engagiert. Die Toccos sorgten dafür, dass der Bräutigam einen gemieteten Smoking trug; Angelina erschien in einem weißen Spitzenkleid und verschleiert in der Kirche.

An jenem Nachmittag des 29. September 1917 posierten sie ein paar Hausnummern weiter in der Fort Street, nur wenige Schritte von der Flickschusterei entfernt, vor einem Studiofotografen. Meine Großmutter hält einen Strauß weißer Rosen an die bestickten Blütenblätter gepresst, welche das Mieder ihres Kleids bedecken; ihr Gesicht auf dem Porträt strahlt vor ruhiger Entschlossenheit.

Der Smoking meines Großvaters ist ein oder zwei Nummern zu klein und die Ärmel werfen an den Oberarmen enge Falten. Seine Augen blicken trotzig. Von Paolinu ist nichts mehr zu sehen.

*

Lange bevor ich ihre Details kannte, wusste ich von der Tatsache, dass mein Großvater sich in Amerika eine neue Identität erschaffen hatte, auch wenn ich nicht wusste, dass sie sich auf seinen Namen erstreckte. Es war die Tat, die ihn zu sich selbst machte, seine Flucht aus der Wüste. Seine Übernahme seines Platzes in der Kette sizilianischer Generationen und einer neuen amerikanischen Identität durch eine einzige entschlossene Tat. Diese Tat war aber auch sein Legat für mich, ein Moralitätsspiel, das ich ablehnen oder annehmen konnte. Identität ruht letztlich im Spannungsfeld einander widerstreitender Pläne, einer dauerhaften Spannung zwischen den Dramen, die wir erben, ob bewusst oder nicht, und dem Drama, das wir für uns selbst zu schreiben beschließen.

Ob bewusst oder nicht: Diese Worte bezeichnen einen entscheidenden Unterschied, der meine Generation von der meines Großvaters trennt. Es ist eine Unterscheidung, die viel von dem erklärt, was es heißt, in einer Nation von Auswanderern geboren zu werden.

Die dramatische Erzählung der Abstammung wird durch die Auswanderung nicht ausgelöscht. Sie wird nur in ein geheimes Reich verwiesen, in dem Kulissen und Personen vage erinnert oder zu Märchenhelden und Schurken in einer Fabellandschaft verwandelt werden. So verstanden hatte sich der Mönch in die Geschichten meiner Großeltern zurückgezogen, in die isolierten Winkel und Ecken meiner Phantasie, in verborgene Schluchten, in denen ich ihm nicht direkt entgegentreten konnte.

In einem fünfundzwanzigjährigen Wanderleben ist mir diese Kluft zwischen der Alten und der Neuen Welt immer wieder aufgefallen, zwischen der halsbrecherischen Spontaneität des amerikanischen Lebens und dem Zeitlupentanz der Generationen in Europa. Zwischen enervierender Ruhelosigkeit und lähmender Fesselung durch Sitten und Gebräuche.

Ich kenne eine Frau in Frankreich, bei der jeder Wohnungswechsel von einem Ölgemälde ihrer Urgroßmutter aus dem achtzehnten Jahrhundert bestimmt wurde. Dieses Porträt ist riesig, rund 2,5 Meter hoch und 1,5 Meter breit und hat nur für sie Bedeutung, die letzte Überlebende ihrer Familie. Wie immer es um ihre Finanzen aussieht, fühlt sie sich verpflichtet, stets nur in Wohnungen mit sehr hohen Decken und einer großen freien Wand einzuziehen.

Diese Frau mag zwar ein extravaganter Fall sein, doch sie weicht nicht weit von der Norm ab. In europäischen Häusern und Wohnungen sind oft ganze Räume für zerbrechliche Erbstücke reserviert, für zartgliedrige Tische und Stühle, für Kommoden mit verschimmelnden Konfirmationsanzügen und Brautkleidern. Die Wände sind mit verschwommenen Bildern verstorbener Verwandter bedeckt, wie sie von Dorffotografen auf Ferrotypien und Daguerreotypien festgehalten worden sind, die selbst schon seit einem Jahrhundert oder mehr tot sind. Die Gesichter auf diesen Bildern – die viel sagenden Erinnerungen an ein seelisches Leben, das ein gespanntes Lächeln oder eine hochgezogene Augenbraue vermuten lässt – sind das Register der Familiengeschichte. Sie sind Anspielungen auf das, was vorher war, Vorboten dessen, was kommen wird.

Im Haus meiner Eltern in Detroit gab es ein einziges Foto meines Großvaters aus Terrasini. Darauf posierte der vier Jahre alte Paolinu mit seiner Mutter und zwei Schwestern, um uns daran zu erinnern, dass es eine Welt vor Ellis Island überhaupt gegeben hatte. Dass das Familiendrama schon frühere Akte gehabt hatte.

Aber diese alte Welt existierte tatsächlich, und als ich mich in ihre Fundamente vorarbeitete, wurde mir allmählich klar, dass das Drama unvollendet ist. Wenn die bewusste Erinnerung an Sizilien in Amerika kurz davor steht, ausgelöscht zu werden, lebt der Widerhall dieser Erinnerung aber weiter. Wie könnte es anders sein? Wie könnten Verhaltensmuster und Temperamente, die ungezählten Jahrhunderten standgehalten haben, urplötzlich am Rand des Ozeans Halt machen? Die neue Welt ist nicht einfach ein krasser Widerspruch zur alten, sondern auch ihr jüngstes Kapitel.

6 EINE KARTE

Terrasini, Sizilien
Oktober 1995

Manche entscheidenden Augenblicke im Leben lassen sich nie erklären. Keine plausible Abfolge von Ereignissen macht sie verständlich, und es tritt keine Ursache zutage. Doch der »Zufall« ist überhaupt keine Erklärung und besagt nichts über ihre hartnäckige Kraft. Sie ereignen sich und beunruhigen und versetzen dem rationalen Empfindungsvermögen von Eindringlingen einen Schock.

Es war ein solcher Moment, der mich zu einem Zitrushain drei Kilometer westlich von Terrasini zur Contrada Paternella führte.

Der Hain war die Sommerfrische der Corteses. Mike und Rosalia hatten das Haus von dem gegenwärtigen Eigentümer gemietet, der den Hain als Kind geerbt hatte und jetzt in Detroit lebte. Die Corteses bewohnten das Haus von Mai bis zum Herbst. In der restlichen Zeit des Jahres war das Haus wie die meisten, die auf den Hängen der Hügel auf dem Land liegen, leer und verlassen. Rosalia nannte es offiziell »Paternella«, oft bezeichnete sie es aber einfach als *la campagna*, »das Land«. Sie liebte den kühlen Schatten dort und den leisen, rhythmischen Schwall der Wellen in der Bucht, als diese in einer Felsengrotte hundert Meter entfernt anschwollen und verebbten.

Ich hatte Mike zehn Tage zuvor von Paris aus angerufen, als ich mit meinen Redaktionsleitern einen längeren Aufenthalt in Terrasini vereinbart hatte. Ich wollte dort meine eher zufälligen Notizen über den Mönch sortieren, die bislang noch verschollenen städtischen Unterlagen aufspüren und mit Giuseppe Viviano sprechen, dem exzentrischen alten Mann, den ich im

Bus nach Palermo kennen gelernt hatte. In Detroit hatte ich erfahren, dass er ein entfernter Vetter meines Großvaters war, was erklärte, weshalb er über den Mönch Bescheid wusste. Vielleicht wusste er auch etwas über Domenico Valenti; doch das würde ich nur herausfinden, wenn ich mir die Zeit und die Geduld nahm, um Giuseppe persönlich von der Redlichkeit meines Vorhabens zu überzeugen.

Mike war entzückt. »Mein Freund, ich habe genau das Richtige für dich«, hatte er gesagt, als ich ihn fragte, ob er eine Bleibe kenne, die ich mieten könne.

In der letzten Oktoberwoche rollte ich vom Autodeck der Palermo-Fähre an Land und folgte Mikes Anweisungen zu einer schmalen Nebenstraße, die von der alten Bourbonenstraße abging und den Berghang zum Meer hinunterführte. Das Haus fand ich nach etwa achthundert Metern hinter einem schmiedeeisernen Zaun. Rosalia und Alice befanden sich auf der Terrasse und deckten gerade den Tisch für einen Lunch, von dem feststand, dass er bis zum Dinner dauern würde. Mike strahlte mich vom Garten her an, wo er und Bobby einen mit Holz befeuerten gemauerten Herd anmachten, um ihn für eine Platte mit frischen Sardinen fertig zu machen, die auf dem Tisch standen. Flavio rannte aus der Tür, rief »Franky! Franky!« und lief mir dann in die Arme.

Er erwartete von mir, dass ich ihn zurückrief und über die Schulter schwang oder mit ihm rang und zu Boden warf; die Sprache unserer Zuneigung war schon immer ein bisschen grob gewesen. Doch jetzt war mir nicht danach zumute. Flavio machte ein verwirrtes Gesicht, als ich ihn wieder hinunterstellte. Er wusste nicht, was er sagen sollte, und die beiden Frauen blickten von ihren Bestecken zu mir hoch.

Mike hatte ihnen erzählt, wo ich den Sommer verbrachte. Ich befand mich an der Front in Bosnien bei einer kleinen medizinischen Hilfsmission, als sich die Truppen der Vereinten Nationen, welche die belagerte Muslim-Enklave Srebrenica bewachen sollten, sich ergaben und die Stadt damit an die Serben fiel. Ein nicht abreißender Strom junger Frauen und Kinder hatte sich danach über die Linien des von der bosnischen Regierung verwalteten Gebiets begeben, und das während eines Wolkenbruchs, der ganze Schlammströme durch die bewaldeten Täler schickte. Unter den Flüchtlingen befanden sich so gut wie keine Männer oder ältere Frauen. Die Männer waren von den Serben entwaffnet und auf der Stelle erschossen worden – Tausende von ihnen. Die älteren Frauen waren zu schwach gewesen, um mitzuhalten; viele hatten sich einfach in den Schlamm gesetzt und auf die Geschosse der Artillerie gewartet.

Da ich in Amerika zu sehr mit dem Rätsel des Namens meines Großvaters beschäftigt war, hatte ich es geschafft, jeden Gedanken an Bosnien eine Zeit lang zu verscheuchen. Die Albträume von Reportern kommen oft mit Verspätung. Meine Kollegen sprachen von ähnlichen Erfahrungen, der Übelkeit erregenden inneren Leere, die einen noch Monate nach einem solchen Auftrag ereilen kann. Diese Verspätung erlaubt einem, eine Katastrophe zu bewältigen und sich auf Beobachtungen zu beschränken und auf das Schreiben; doch erlöst sie einen nie von der fernen Abrechnung. Meine Abrechnung mit Srebrenica, den chronischen Albträumen und kalten Schweißausbrüchen, erfolgte gleich nach meiner Rückkehr nach Europa.

Ich erzählte Mike nicht genau, was ich im Wald von Srebrenica gesehen hatte. Er ermahnte die Familie jedoch, dass ich seelisch vielleicht ein wenig labil sei. Es war etwas, was er am Telefon eher gespürt als gehört hatte. Rosalia kam auf der Terrasse auf mich zu und nahm mich sanft in die Arme. »Ist in Ordnung, Franky«, sagte sie. »Du bist jetzt zu Hause.«

Zu Hause. Ich war nach Hause gekommen, und das auf weit vielfachere Weise, als irgendeinem von uns damals klar war.

Angesichts der üblichen Standards der heutigen Architektur sizilianischer Amerika-Heimkehrer war das Paternella-Haus recht bescheiden. Meist sind diese neueren Gebäude übertriebene Reproduktionen dreistöckiger Long-Island-Häuser, von Vorort-Ranches oder deplatzierter Alpenchalets, zu denen sich ihre Eigentümer durch Auslandsaufenthalte angeregt gefühlt haben.

Die meisten dieser Häuser waren persönlich von den Eigentümern errichtet worden. Ihre Fundamente sowie die Wände aus Hohlziegeln entstanden meist während der Sommerferien von zehn oder mehr Jahren. Als Hilfskräfte waren Sizilianer aus Übersee beschäftigt, die in New York als Bauarbeiter, als Fischer in Massachusetts oder LKW-Fahrer in Düsseldorf lebten. Im Sprachgebrauch der Gegend hießen ihre übertriebenen Schöpfungen »Einwandererschlösser«; sonst hätte sich niemand solche Häuser leisten können, mit der möglichen Ausnahme der lokalen Dons, die solche Zurschaustellung ihres Reichtums jedoch mit peinlicher Sorgfalt vermieden. Die Schlosseigentümer waren oft 'Meddicani, diese melancholischen Amerika-Heimkehrer, die sich durch verklärte Erinnerungen an Brooklyn oder Gloucester vor den Unzulänglichkeiten Siziliens schützen wollten.

Wenn das Haus der Corteses nicht mit einem wahren Einwandererschloss zu vergleichen war, so hatte es trotzdem keinerlei Ähnlichkeit mit den winzigen Lehmhütten, die in den Zitrushainen standen, als mein Großvater und der Mönch auf die Welt kamen. Der Grundriss des Hauses war ein schmuckloses Rechteck, gut fünfzehn Meter lang und etwa neun Meter breit mit einer Küche auf der Meerseite und einer überdachten Terrasse und dem gemauerten Herd auf der anderen Seite. Auf einer Seite im Inneren befanden sich drei bescheidene Schlafzimmer und ein Bad. Der Rest des Hauses war ein einziges geräumiges Wohnzimmer mit einem riesigen Esstisch und einem Kamin an der entgegengesetzten Ecke. Die Fußböden waren polierter Granit, und die Wände waren weiß verputzt.

Die casa Paternella war so schlicht und schmucklos, wie das

Haus eines sizilianischen Amerikaheimkehrers nur sein konnte. Doch es stand wunderschön inmitten von mehr als sechshundert Zitrusbäumen. Diese blühten oder trugen Früchte das ganze Jahr über; es gab nur selten einen Monat, in dem die Luft nicht nach Zitronen oder Orangen duftete. Von den Schlafzimmerfenstern blickte man auf den Hain, ebenso von der Terrasse.

Im Süden, jenseits der Bahnlinie Palermo-Trapani und der Autostrada – ihr leichter Verkehr war in der Ferne ein kaum hörbares Rauschen –, ragte der Monte Palmeto majestätisch über den Bäumen auf. In seine Hänge aus Kalkstein war die Zickzacklinie eines Pfads eingeritzt. Östlich des Zitrushains erstreckte sich eine Weide bis zum Meer. Dort grasten eine Schafherde, ein Dutzend Milchkühe und mehrere Pferde. Am unteren Ende der Weide fanden die Tiere in einer Reihe geräumiger Steingebäude Unterschlupf, den einstigen Pferdeställen eines französischen Herzogs.

Die ursprüngliche herzogliche Residenz sei verschwunden, wie mir Mike erzählte, ersetzt durch ein Jugendstil-Herrenhaus mit rotgoldenen Streifen, das die verstorbene Baronessa Fassini in Auftrag gegeben habe. Diese hatte um die Jahrhundertwende vom neunzehnten zum zwanzigsten Jahrhundert einen Teil des Paternella-Anwesens erworben. Das unter dem Namen »Villa Fassini« bekannte Haus war Anfang der 1970er Jahre für kurze Zeit berüchtigt gewesen, nämlich als der einzige Hippie-Treffpunkt von Terrasini und Schauplatz »wilder Orgien und psychedelischer Drogentrips«, wie Mike sich ausdrückte. Die ausgedehnte Party ging fast in demselben Augenblick zu Ende, in dem die hyperkatholischen Bosse des *sistema* davon erfuhren. Sie sorgten dafür, dass die Gemeinde Haus und Grundstück erwarb.

Dann setzten Untätigkeit und Verfall ein. Die Villa war inmitten eines Wiederaufbauvorhabens aufgegeben worden, dem in den 1980er Jahren das Geld ausging. In der Zeit, in der ich in dem Zitrushain lebte, stand ein verrosteter Baukran reglos über dem Bauplatz. Dort stand er schon seit mehr als zehn Jahren.

Auf dem Rand der Klippen auf der Meerseite, etwa fünfzig Meter vom Villentor entfernt, stand der Torre Paternella, ein im sechzehnten Jahrhundert erbauter Wachturm aus Stein, dessen Besatzung nach Piratenschiffen aus Afrika Ausschau halten sollte. Auch dieser Turm war aufgegeben worden und inzwischen von Unkraut überwuchert.

Ich hatte die Kosten für ein Forschungsjahr eingeplant, wenn ich jeweils zwei Wochen für die Zeitung arbeitete und zwei Wochen auf Sizilien verbrachte. Es würde nicht leicht werden. Die Einhaltung der meisten Termine erforderte einen zeitraubenden unbequemen ersten Reiseabschnitt von Palermo nach Rom oder Mailand und einen Anschlussflug von dort. Ich war jedoch entschlossen, bei meiner Jagd nach dem Mönch Fortschritte zu machen.

Diese Bemühungen begannen Unheil verkündend mit der endgültigen unerklärten Weigerung des Bürgermeisters von Terrasini, mir in die eingelagerten Stadtarchive Einblick zu gewähren. Ich hatte ihm mehrere Briefe geschrieben, in denen ich sorgfältig hervorgehoben hatte, wie wichtig die Dokumente für meine Arbeit seien. Er hat mich nie einer Antwort gewürdigt.

Die schlechte Nachricht wurde mir am Telefon von der Dorfarchivarin Marianna Trappeto übermittelt, als ich sie frustriert anrief. Es sei zwecklos, ins Rathaus zu kommen, um zu widersprechen, sagte sie. Der *sindaco* wolle seine Entscheidung einfach nicht umstoßen.

»Zur Hölle mit dir, *sindaco*, und zur Hölle mit allen deinen Nachkommen bis zum Tag des Jüngsten Gerichts«, fluchte ich vor mich hin, als sie aufgelegt hatte. Es war die freie Übersetzung eines sizilianischen Ausdrucks, den mein Vater benutzte, wenn ihm etwas ernsthaft gegen den Strich ging. Ich war froh, mich beherrscht zu haben, solange Marianna noch am Apparat war; sie war auch so schon verlegen genug.

Das Telefon läutete. Es war wieder Marianna. Ich zuckte zusammen. Hatte die Verbindung etwa noch bestanden?

»Wissen Sie, Franky«, sagte sie mit einem leichten Zittern in der Stimme, »es gibt einen Architekten in der Stadt, der Geschichtsbücher über Terrasini schreibt. Sie sollten sich seine Nummer raussuchen. Er hat vor der Schließung der alten Bibliothek viele Monate mit den Akten zugebracht.«

Ich schrieb mir den Namen und die ungefähre Adresse auf, die mir Marianna nannte: »Signore Orlando, Via Archimede«, irgendwo oberhalb von Maria Santissima delle Grazie. Keine Hausnummer.

Am nächsten Morgen schritt ich die Briefkästen an der Via Archimede ab, bis ich einen mit einer daran befestigten Visitenkarte entdeckte, auf der es hieß: »Giovanni Orlando, *architetto*«. Bei meinen ersten vier Versuchen, während der auf der Visitenkarte angegebenen Bürozeiten an der Tür zu läuten, machte niemand auf.

Die gleiche Erfahrung erwartete mich am Favarotta-Ende des Dorfs in der Via Cataldi, als ich an der Haustür von Giuseppe Viviano anklopfte. Mike hatte mir das Haus gezeigt.

Die Fensterläden beider Häuser waren immer geschlossen, und auf den ersten Blick schien Giuseppes Haus völlig unbewohnt zu sein. Die Wände waren mit Schmutz überzogen, und mehrere Schichten von Malerfarbe waren abgeblättert, was auf der gesamten Fassade verblasste Farbstreifen zurückgelassen hatte. Das Haus wirkte wie ein expressionistisches Gemälde, das jemand im Regen hatte liegen lassen. In einem Fensteralkoven brannte jedoch jeden Abend unfehlbar eine Votivkerze vor einer kleinen Statue der Jungfrau Maria. Ich quetschte Briefe in den freien Raum zwischen der Statue und der Kerze, stellte mich Giuseppe erneut vor und bat um die Gelegenheit zu einem Gespräch. Ich hinterließ ihm in Di Maggios Café außerdem ein halbes Dutzend Mitteilungen.

Mike zeigte sich zweifelnd. »Giuseppe spricht nicht gern mit anderen, wenn er es vermeiden kann. Er verlässt das Haus nur, um am Sonntag zur Kirche zu gehen oder den Bus nach Palermo zu erreichen. Diese Nachrichten, die du ihm in der ganzen Zeit hinterlässt, sind reine Zeitverschwendung.«

Das wusste ich schon. Giuseppe wich mir aus. Ich wusste aber auch, dass dieser betagte Einsiedler mit dem Namen meines Urgroßvaters mir einen vernünftigen Ratschlag gegeben hatte. »Sizilien ist das Buch, das Sie studieren müssen«, hatte er gesagt.

*

Wörtlich genommen waren die Seiten dieses Buches die Geschichte einer halben Welt in einem Mikrokosmos und reichten mehr als dreitausend Jahre zurück. Damals stürmten Erobererarmeen nach Westen ins Mittelmeerbecken oder nach Osten in den Orient. Drei Jahrtausende lang hatten auf Sizilien Soldaten gewütet und die Insel über die Klinge springen lassen. Dreißig Jahrhunderte lang hatten militante Priester und Mullahs das Land verwandelt.

Die gewalttätigen Spannungen des Mönchs und seiner Welt waren außerhalb des Umfelds dieses tumultuarischen Buches ebenso unverständlich wie die Reise meines Großvaters oder mein eigenes Postskriptum dazu.

Vor der Geburt Christi hatten die Reiche Phönizien, Griechenland, Karthago und Rom die Insel in majestätischer Folge verschluckt und Tempel für Baal, Zeus und Jupiter errichtet. Hinterher kamen die Wandalen und Goten, die zwar schon Christen waren, aber noch heidnische Gebräuche pflegten. Ihnen folgten Satrapen und Mönche aus Byzanz im Jahre 535 u.Z., die drei Jahrhunderte später wieder von Arabern und dem Islam vertrieben wurden. Im Jahre 1061 stürmten normannische Kreuzzügler an Land und setzten Christus wieder auf den sizilianischen Thron. Dann kamen nacheinander deutschsprechende Sweben und frankophone Bewohner des angevinischen Reiches, die inquisitorischen Könige von Aragonien und Spanien, die Herzöge von Savoyen und die österreichischen Kaiser. Sie alle hatten ihre Augenblicke in der sizilianischen Sonne. Kulminationspunkt der Fremdherrschaft war die zweihundertjährige Unterdrückung durch die Bourbonen.

Die Italiener, die nach einer weltlichen Revolution im Jahre 1860 die Macht ergriffen – nur siebenunddreißig Jahre vor der Geburt meines Großvaters – waren wirklich Neuankömmlinge.

Ältere Gebräuche und Glaubensvorstellungen überlebten jede Invasion und fanden ihren Ausdruck in den Märchen von Großmüttern und Zuflucht in isolierten Bergdörfern, während neue Götter mit einer Welle kamen und mit der nächsten wieder abreisten. Immer handelte es sich um den Gott eines anderen, der immer ein Außenseiter war.

Spuren all dieser Götter sind noch heute zu sehen. Sie zeigen sich etwa in Festtagen für eine Vielzahl eigenartiger Heiliger, die keine andere katholische Gemeinde anerkennt. Sie verleihen der Architektur der Insel ein chaotisches, phänomenal synkretistisches Gesicht. In denselben dicht bevölkerten Tälern stehen griechische und römische Tempel neben griechisch-orthodoxen Basiliken, islamischen Moscheen, gotischen Kathedralen der Normannen und spanischen Barockkapellen.

Die Gesamtwirkung ist ein verwirrender Mangel an innerem Zusammenhang, eine Landschaft mit ungewöhnlichen Monumenten, die von den Menschen, die in ihrer aufragenden Gegenwart leben und sterben, völlig getrennt zu sein scheinen. Vorgeschichtliche Dolmen, römische Villen und Wachtürme aus dem Mittelalter verfallen überall auf der Insel und verschmelzen allmählich mit dem Erdboden, von Bauern ignoriert oder unachtsam geplündert, die zweitausend Jahre alte Grundsteine von Tempeln dazu benutzen, Zucchini- und Tomatenbeete einzugrenzen.

»Auch diese Denkmäler der Vergangenheit, großartig, aber unbegreiflich, weil nicht von uns errichtet: sie stehen um uns her wie wunderschöne, stumme Gespenster«, versucht der Fürst von Salina in Giuseppe Tomasi di Lampedusas Roman *Der Leopard*, dem archetypischen sizilianischen Roman, einem norditalienischen Beamten zu erklären. »All die Regierungen, Fremde in Waffen, gelandet von wer weiß wo, die man rasch verabscheute und nie begriff, die sich ausdrückten nur in Kunstwerken, die für uns rätselhaft blieben.«

Doch im Genpool der Insel ist dieses Erbteil endloser Eroberungen am auffälligsten und seltsamerweise auch am segensreichsten.

Die Abendpromenade in irgendeinem beliebigen sizilianischen Dorf, selbst einem anscheinend so homogenen Ort wie Terrasini, macht die Hinterlassenschaft an Chromosomen sichtbar, die diese vielen Invasionen hinterlassen haben, nämlich in Gestalt der erkennbaren Nachkommen blauäugiger normannischer Blondinen, die Arm in Arm mit den Nachkommen dunkler Spanier oder lockiger Araber und Griechen flanieren. Oft sind sie Geschwister, Fallstudien über die Launen rezessiver Gene.

Sizilianer sind sehr stolz auf dieses vielfältige Völkergemisch. Anders als die Zeugnisse der monumentalen Architektur, die von nackter Eroberung Zeugnis ablegen, ist die Rassenmischung ein Beleg für allmähliche Sabotage – die Identität des Eroberers wird langsam, aber unerbittlich durch die Eroberten verwässert. Auf Sizilien bietet es keinen besonderen Vorteil, vorwiegend eines zu sein. Und es ist keine Schande, überwiegend anderer Abstammung zu sein. Glattes blondes Haar wird nicht höher geschätzt als nordafrikanische Locken.

Mike Cortese stellte erneut fest, dass sowohl seine als auch meine Familie in Terrasini Seitenlinien mit sephardisch-jüdischen und arabischen Namen hatten. In meinem Fall waren dies die Namen Lopes und Cammarata, Anzeichen dafür, dass wir schon seit sehr langer Zeit Sizilianer gewesen waren. Darin lag ein Vorteil: Wir waren so etwas wie dazugehörig, Erben der uralten Kodes, und das auf einer Insel, wo in jedem Augenblick eine neue Welle von Außenseitern an Land stürmen kann.

*

In den ersten beiden Novemberwochen muss ich einen merkwürdigen Anblick geboten haben, als ich zwischen der Via Cataldi, Di Maggios Café und der Via Archimede hin und her sauste, einer gipsernen Jungfrau Maria Umschläge unter den Arm steckte und hilflos zwischen den Stäben von Fensterläden hineinblickte. Im Fall der Jungfrau Maria waren meine Bemühungen ebenso vergeblich wie meine flehentlichen Bitten an den Bürgermeister. Doch am fünften Tag erschien kurz vor zwölf Uhr mittags ein kleinwüchsiger, kahlköpfiger Mann in ausgebeulten Bluejeans und einem Polohemd an der Eingangstür zu Orlandos Büro.

»Der Herr Architekt ist im Moment beschäftigt«, sagte er.

Ich erklärte ihm, ich hätte es nicht eilig, und setzte mich im Flur auf einen harten Holzstuhl. Der kahlköpfige Mann begab sich ins Nebenzimmer und machte die Tür hinter sich zu.

Zehn Minuten später ging die Tür auf und derselbe kahlköpfige Mann tauchte wieder auf. Diesmal trug er eine Anzugjacke über seinem Polohemd und hatte sich eine Krawatte um den Hals geschlungen. Er forderte mich mit einer Handbewegung auf einzutreten.

»Signore, ich bin der Architekt Orlando«, verkündete er. »Womit kann ich Ihnen dienen?«

Er machte ein niedergeschlagenes Gesicht, als ich sagte, ich wollte über die Dorfgeschichte sprechen. Als er mein nachlässiges Italienisch mit dem amerikanischen Akzent hörte, hatte er mich vermutlich für einen Sohn der *Meddicani* gehalten, der bereit war, ein Vermögen für Pläne zu einer falschen kalifornischen Hazienda oder einen Cape-Cod-Bungalow auszugeben.

Wir tauschten ein paar höfliche Bemerkungen über unser beider Ausflüge in die Vergangenheit aus. Orlando interessierte sich besonders für einen Konflikt im achtzehnten Jahrhundert, bei dem es um religiöse Jurisdiktion ging. Damals stand Terrasini den Benediktinermönchen von San Martino delle Scale, einem reichen Kloster in der Domstadt Monreale, feindlich gegenüber.

Ja, erklärte Orlando, er habe mehrere Bücher über Sizilien geschrieben, insgesamt fünf. Sie seien sehr, sehr schwer zu finden, fügte er hinzu und nickte dabei befriedigt, als wäre dies die höchste Bestätigung des Werts seiner Arbeit.

Ich hatte mich in so gut wie jeder Buchhandlung und in jeder Dorfbibliothek in der Provinz Palermo erkundigt, seit Marianna angerufen hatte. Die Veröffentlichungen von Giovanni Orlando waren tatsächlich nirgends zu finden, nicht einmal an den drei Zeitungsständen und in den Buchläden von Terrasini selbst. Die Buchhändler hatten noch nie von ihnen gehört.

In unserer Unterhaltung entstand eine lange Pause. Dann räusperte sich Orlando und sagte: »Zufällig habe ich die letzten Exemplare in meinem Arbeitszimmer. Im Interesse der Wissenschaft möchte ich sie Ihnen gern zur Verfügung stellen.«

Mit diesen Worten sprang er auf, retirierte durch eine Tür und kam in weniger als einer Minute mit fünf schmalen Taschenbüchern in der Hand wieder, die kaum mehr als Broschüren waren. »Mit meinen besten Wünschen von Historiker zu Historiker«, verkündete er.

Wir kämpften uns durch eine weitere lange Pause, bis ich fragte, ob es eine Möglichkeit gäbe, mich dafür zu bedanken.

»Einhunderttausend Lire«, kam Orlandos Antwort wie aus der Pistole geschossen.

Der Preis, damals etwa siebzig Dollar, war sichtlich aus der Luft gegriffen. Die Bücher waren im Selbstverlag erschienen und so redundant, dass sie kaum mehr enthielten als den gleichen Essay in fünf Versionen. Das Ganze war mit verschwommenen Illustrationen und Dokumenten (»Die Satzung des Versicherungsvereins auf Gegenseitigkeit in Terrasini«) ohne erkennbaren Wert aufgeblasen. Ich sagte mir jedoch, dass die Heftchen genügend exzentrische Details und Anekdoten enthalten, um das Geld wert zu sein, und so überreichte ich Orlando zwei Fünfzigtausend-Lire-Scheine.

Erst als ich wieder draußen auf der Via Archimede stand und in einem der Taschenbücher blätterte, ging mir auf, was ich da gekauft hatte. Dort, auf Seite einunddreißig, entdeckte ich als Illustration zu einer kurzen Geschichte über den Bau der Bourbonenstraße von Palermo nach Trapani eine außerordentlich detailreiche militärische Karte aus dem neunzehnten Jahrhundert über das Gebiet zwischen dem Monte Palmeto und der Bucht von Castellammare. Jede Kleinbauernstelle, jedes adelige Herrenhaus, jede Weide und jeder Obstgarten waren aufgeführt.

Ich sah mir die Karte lange und langsam an – die für meine Nachforschungen offensichtlich wertvoll war – und schnappte nach Luft.

In dem Zitrushain direkt über dem Standort der Villa Fassini, die auf der alten Karte als »Villa Carolina« bezeichnet wurde, hatten vor hundert Jahren zwei *viddanu*-Haushalte an der alten Bourbonenstraße einander gegenüber gelegen. An einem kleinen stilisierten schwarzen Kasten am nördlichen Ende der Straße, direkt in dem Zitrushain, in dem ich jetzt lebte, entdeckte ich den Hinweis *casa Viviano*. Der unmittelbare Nachbar auf der Bergseite der Straße nach Palermo war die *casa Valenti*.

7 DIE ROTE SCHÄRPE

Die alte Karte war der Anstoß, den ich nach dem Debakel mit dem Stadtarchiv brauchte. Es war, als hätte sich ein Fenster geöffnet, ein Rahmen des neunzehnten Jahrhunderts für das Dorf und seine ländliche Umgebung, für den Schutzwall des Monte Palmeto und die Zitrushaine, für die Ställe hinter den Zitronen- und Orangenbäumen und die Bourbonenstraße, die nach Paternella führte. Ein dunkler Vorhang teilte sich, und aus meinen hingekritzelten Notizen traten Personen vor, um ihren Platz auf der Bühne einzunehmen.

Meine Wissenslücken blieben riesig. Ich kannte noch immer nicht das Datum der Ermordung des Mönchs, verfügte noch immer nicht über die Mittel, um meine Rekonstruktion seines Dramas zu ihrem schicksalhaften Höhepunkt zu führen. Doch in meiner Euphorie über die zufällige Entdeckung der Karte war ich überzeugt, dass der Rest des Dramas sich mir erschließen würde, dass sich vor mir so etwas wie ein erzählerischer Teppich stetig entrollen würde. Es war eine Zuversicht der Art, die oft selbst Glück erzeugt, eine aus naivem Glauben geborene, sich selbst erfüllende Prophetie.

Diese bescheidenen schwarzen Kästen auf einer hundert Jahre alten Karte eröffneten Möglichkeiten, die mir schon längst hätten klar sein sollen, und es zeigten sich neue Wege, auf denen ich den Mönch aufspüren konnte.

Eine von Großmutter Angelinas Fabeln, die hier in Sizilien auf dem Land spielte, schilderte einen romantischen Gesetzlosen, der manchmal als namenloser Urahn präsentiert wurde. Öfter wurde er ausdrücklich als Gaetano Viviano bezeichnet, der Falke; es war derselbe dämonische Onkel, der in den Hügeln von Castellammare einen Polizeibeamten mit Eisenketten halb tot geprügelt hatte und meinen Großvater in St. Louis zu einer brutalen Konfrontation getrieben hatte. Angelina muss diese Geschichten gekannt haben, doch sie hat sie nie erzählt.

Dass Großvaters psychopathischer Peiniger und Großmutters romantischer Held sich in einem Mann vereinigten, war ein klassisches sizilianisches Paradoxon, das Paradoxon, das Mörder als »Männer von Ehre« bezeichnet und ihnen dabei hilft, die Macht des *sistema* auf Sizilien auf Dauer zu sichern. Es war das Paradoxon amerikanischer Filme und billiger Romane, das einen ähnlichen Drang verrät, bezahlte Killer als Helden und Paten als tragische, missverstandene König-Lear-Gestalten darzustellen.

»Der Falke sah sehr gut aus. Er war der bestaussehende Mann auf Erden«, sagte uns Großmutter immer und presste die Mangel besonders fest zu, um ihren Worten Nachdruck zu verleihen, »und wie euer Großvater war er stärker als jedes andere Gespann von zwei Männern.«

Bei diesen Worten lächelte sie oder kicherte sogar. Meine Großeltern gehörten zu jenen seltenen und glücklichen Menschen, die ein ganzes Leben lang ohne Scham ineinander verliebt sind. Körperlich ineinander verliebt, und das noch lange nach der 1917 erfolgten Entführung nach Kanada, der in zehn Jahren sechs Kinder gefolgt waren. Selbst als Großmutter und Großvater schon weit über die siebzig waren, umarmten sie sich in unerwarteten Momenten – in der Küche, wenn das Pastawasser zu unserem Familienessen am Sonntag gerade kochte, bei der Hochzeit eines Verwandten oder einer Taufe –, kniffen und griffen einander, während wir übrigen vor Vergnügen lachten.

Großmutter hatte »zugelegt«, wie sie es ausdrückte, nachdem ihre Kinder selbst Kinder bekamen. Die schmale Taille des siebzehnjährigen Mädchens auf dem Hochzeitsfoto aus Detroit, das einen Monat nach ihrer Entführung einen Strauß weißer Rosen in der Hand hielt, war verschwunden. Doch in ihren dunklen, blitzenden Augen war immer noch der Funke zu sehen, ebenso hatte sie noch das quecksilbrige Temperament.

»Der Falke konnte nicht in einer Stadt bleiben, weil seine Kraft so groß war, dass sie andere Männer neidisch machte«, sagte sie.

»Die Kraft machte ihn zu einem berühmten Krieger mit einer Armee loyaler Freunde. Sie war aber auch ein Fluch. Wenn es einen Krieg gab, war er ein Held. Wenn Frieden herrschte, war er gefürchtet. Folglich musste er den größten Teil seines Lebens damit zubringen, sich mit seinen Anhängern, *mischinu*, weit vom Meer entfernt in irgendeiner Gebirgsschlucht zu verstecken.«

Wenn meine Großmutter mit jemandem Mitleid hatte, bezeichnete sie ihn immer als *mischinu*, »den Ärmsten«.

»Ein solcher Mann hat keine Familie. Er kommt nie zur Ruhe. Der Falke kannte jedes Dorf auf Sizilien, jeden Hügel und jedes Tal, und er kannte viele, viele schöne Frauen. Aber von einem einzigen Augenblick mit der schönsten Frau auf der Welt abgesehen, hat er echte Liebe nie kennen gelernt...«

Diese Frau war in dem Bericht meiner Großmutter »die Königin von Neapel«. Sie bemerkte den Falken zum ersten Mal auf dem Marktplatz von Terrasini – den er allwöchentlich in Verkleidung aufsuchte, während er seine Räuberarmee in den Bergen zurückließ – und konnte von da an den Blick nicht mehr von ihm wenden.

»Die Königin verliebte sich auf der Stelle in den Falken, und er verliebte sich in sie. Sie beobachteten einander drei Monate lang jeden Sonnabend, immer aus der Ferne über die Menschenmenge hinweg, damit ihre Wachen es nicht bemerkten. In dieser Zeit wechselten sie kein einziges Wort miteinander. Und dann, eines Morgens, nickte sie. Es war nur eine kaum wahrnehmbare Neigung des Kopfs.«

Großmutter richtete sich an der Mangel auf und neigte den Kopf leicht zu einem der Vettern hin. Sie schloss dabei die Augen und schürzte die Lippen zu einem koketten Grinsen. In jener mondlosen Nacht, sagte sie, sei der Falke auf den Balkon der Königin geklettert, »und beide erlebten zum ersten und einzigen Mal wahre Liebe.

Sie schenkte dem Falken eine rote Schärpe, die ihn an sie erinnern sollte. Er trug sie stets, bis ans Ende seiner Tage. Und als man ihn begrub, war sie um seine Brust gewickelt.«

Die rote Schärpe war ein folgenreiches Requisit in unseren Familienlegenden, mein frühestes Thema als Schriftsteller und noch vierzig Jahre später Gegenstand meiner Nachforschungen. Von der Zeit an, in der ich einen vollständigen Satz zu Papier bringen konnte, war ich beständig dabei, diese Fabel meiner Großmutter umzumodeln. Es war ein personifiziertes Ammenmärchen, zu dem auch die unschuldig erotischen Unterströmungen gehörten, die in so vielen Kindergeschichten eine Rolle spielen.

Doch es gab noch etwas jenseits davon, etwas Allgemeingültigeres, was mich bewegte: die Widersprüche der Gewalt, die Herausforderung der Konvention, die verführerische Macht eines Blicks – die Idee, dass der Widerhall einer Handlung ihre Akteure um mehr als ein Jahrhundert überleben kann.

In meinem ersten Collegejahr holte ich die rote Schärpe zu einer Schreibübung in Englisch hervor; der Falke erstand neu als mein fiktiver Onkel, als natürlicher Geschichtenerzähler, der die Träumereien eines verträumten Kindes versteht und die Fabel von einem romantischen Vorfahren, einem Gesetzlosen, mit ihnen verwebt. In dieser Version ist die Schärpe nur bei der Beerdigung des Onkels zu sehen, wo sie dazu dient, die Träume des Kindes zu bestätigen. Am Ende wurde die Geschichte in einer Anthologie mit Erzählungen von Studenten veröffentlicht und so zu meiner ersten Publikation.

Gleichwohl lachten meine Vettern und ich über Großmutters Version der Geschichte, als wir in die Pubertät kamen (obwohl das Gelächter mir insgeheim Unbehagen verursachte). Der Gedanke, dass eine Königin in unserem bettelarmen ländlichen Dorf auftauchen könnte, war kaum weniger absurd als die Vorstellung, dass Großvaters Onkel ihr Liebhaber war.

Doch wir wussten auch, dass Gaetano der Falke mit einer verblichenen roten Schärpe um den Brustkorb begraben worden war. Der alte Bandit war bei einem unglaubwürdigen Unfall im Jahre 1937 getötet worden. Er war im Alter von achtzig Jahren von der Ladefläche eines Lastwagens gefallen und hatte sich dabei das Genick gebrochen. Er starb in Los Angeles, wohin er in den 1920er Jahren abrupt umgezogen war, zweifellos aufgrund von »Schwierigkeiten« in St. Louis. In Los Angeles zeugte er dann eine kalifornische Nachkommenschaft von Francescos und Angelinas.

Mein Vater, damals achtzehn, war mit meinem Großvater zur Beerdigung gegangen. Er sagte uns, dass es die rote Schärpe tatsächlich gegeben habe.

*

In Wahrheit war es der Mönch und nicht Gaetano, der die rote Schärpe verdiente, als sein Sohn drei Jahre alt war. Der Ballen roten Stoffs hatte nichts mit Gaetanos Großtaten als der Falke zu tun, geschweige denn mit einem mitternächtlichen Tête-à-Tête in den Armen einer liebeskranken Königin. Doch dafür hatte er alles mit den Kräften zu tun, die Francesco Viviano aus dem Land trieben, in dem ich jetzt wohnte, und die ihn später töteten.

Ich erfuhr dies, nachdem ich die Nase monatelang in Geschichtsbüchern vergraben hatte: Ich erfuhr, was die rote Schärpe in der Jugend des Mönchs symbolisiert hatte und was sie zu der Zeit seiner Ermordung versinnbildlichte.

In ihrer ersten Inkarnation war die Schärpe das Emblem der *picciotti*, sizilianischer Freischärler, die sich in dem Aufstand von 1860 Giuseppe Garibaldis »Tausend« anschlossen, welche die Bourbonen-Dynastie stürzten. Die meisten dieser Männer waren ländliche Banditen, Wegelagerer, auf deren Köpfe Belohnungen ausgesetzt waren. Kaum mehr als zehn Jahre später war diese Bedeutung der Schärpe in Sizilien schon so gut wie unbekannt. Stattdessen war sie zu einem Banner des *sistema del potere* geworden.

Bei meiner Arbeit, meinen Namensvetter bis zu seinem Tod zu verfolgen, wurde ich aus der Ferne Zeuge dieser Metamorphose, der Ereignisse, welche die Mafia lebendig vor mir auferstehen ließen und mir die Rolle meiner Familie in ihnen klar machten.

Noch in den 1920er Jahren marschierten die letzten von Garibaldis Bauernsoldaten bei dörflichen Gedenkparaden. Sie trugen weiße Kniehosen, eine karmesinrote Hemdbluse sowie ein Barett und rote Schärpen wie diejenige, die Gaetano von seinem ermordeten Vater erbte. Das Wort »picciotti«, im Dialekt von Palermo wörtlich »die Jungs«, hatte im zwanzigsten Jahrhundert eine eher unheimliche Bedeutung erhalten; jetzt war es der volkstümliche Ausdruck für Killer des *sistema*.

Doch im Jahre 1860 war die rote Schärpe ein Ehrenzeichen, mochte es auch die Ehre von Dieben sein, deren Stammbaum in Generationen beständigen Aufruhrs entstanden war. Die rote Schärpe zeichnete Männer wie Paolo Cocuzza aus, der selbst ein legendärer ehemaliger Bandit gewesen war. Mitte der 1850er Jahre hatte man ihn zum Aufseher der Zitrusplantage von Paternella ernannt. Francesco Viviano war einer der ihm unterstellten Landarbeiter.

Ich habe eine dunkle Kindheitserinnerung an Cocuzzas Namen. Es gibt ein langes, in sizilianischem Dialekt abgefasstes Gedicht zu seinen Ehren, und es kann sein, dass einige Zeilen daraus in den Geschichten meiner Großmutter aufgetaucht sind. Den wirklichen Paolo Cocuzza lernte ich erst kennen, als mir eine verstaubte Abhandlung über die kriminellen Anfänge der *picciotti* in die Hand fiel – das Buch *Briganti in Sicilia* von dem in Catania lebenden Dichter und Historiker Salvatore Lo Presti. Ich fand das Buch in einem Antiquariat in Palermo.

Cocuzza war das rebellische Kind eines Ladenbesitzers in Montelepre, das wenige Kilometer vom Geburtsort des Mönchs entfernt ist. Cocuzza war als Heranwachsender nach und nach in die Kriminalität abgeglitten. In seinem zwanzigsten Lebensjahr war er der Anführer einer Bande von Wegelagerern, die von den wilden Bergschluchten oberhalb von Terrasini aus operierten. Cocuzza war für seine Schießkunst berühmt sowie für seine unheimliche Fähigkeit, der Gefangennahme durch Bourbonen-Soldaten und die Polizei zu entgehen. Was ihn jedoch zu einem Volkshelden machte, war eine Jahrhunderte alte sizilianische Version des Wegelagerertums à la Robin Hood. Cocuzza und seine Männer »raubten die Reichen und Mächtigen aus«, wie es in dem Dialekt-Gedicht hieß. Sie teilten die Beute mit den Kleinbauern von Castellammare, welche die Heldentaten der Banditen besangen.

Es ist eine verführerische Vorstellung, dass die Vivianos zu den Bauernfamilien gehörten, die von diesen Raubzügen profitierten. Gesicherter ist indes, dass Francesco Cocuzza persönlich kannte und mit seiner Legende vertraut war. Nach sizilianischer Art war diese Legende in moralischer Hinsicht doppeldeutig. Mochte Cocuzza auch ein Robin Hood sein, ein primitiver Sozialrevolutionär, so war er doch auch ein Dieb und ein Mörder.

Der wirkliche Paolo Cocuzza entging 1836 im Alter von fünfundzwanzig Jahren mit knapper Not einer ihm von der Polizei gestellten Falle und flüchtete von Sizilien nach New York. Er kehrte zurück, als 1848 früheren Straßenräubern nach einem misslungenen Aufstand eine Amnestie angeboten wurde. Später verwaltete er das Landgut, das einem französischen Herzog mit radikalen politischen Vorstellungen gehörte. Die Verwaltung des Gutes war nur wenige hundert Meter von der Stelle entfernt, wo ich jetzt lebte, in einem steinernen Lagerhaus mit hohen Räumen aus dem achtzehnten Jahrhundert untergebracht gewesen. Dieses Gebäude lag auch nur wenige hundert Meter vom Häuschen des Mönchs entfernt.

Der Möglichkeit, mir das Leben meines Namensvetters zu imaginieren und es zu rekonstruieren, war ich jetzt näher gekommen als je zuvor.

*

Die genaue Zahl der *picciotti*, die beim Risorgimento mitkämpften, der »Erhebung«, die in Sizilien begann und zur Einigung Italiens führte, ist unter Historikern Gegenstand distanzierter Spekulationen. Für Sizilianer jedoch ist es eine Frage von ungeheurer Bedeutung.

Als die Armee, die am 11. Mai 1860 mit Garibaldi bei Marsala gelandet war, die Insel zehn Wochen später vollständig in ihre Gewalt gebracht hatte und sich bereit machte, mit der Invasion des italienischen Festlands zu beginnen, waren die Tausend auf dreiundzwanzigtausend Mann angeschwollen. Die seriösesten Schätzungen gehen davon aus, dass zwischen sieben- und achttausend dieser Männer Sizilianer waren. Doch noch weit mehr

Sizilianer, insgesamt vielleicht zwanzigtausend, schlossen sich inoffiziellen *squadre* an, die zu den Waffen griffen – ausgestattet mit der symbolischen roten Schärpe – und gegen die Bourbonen-Armee kämpften. Ein großer Anteil davon waren junge Männer aus Städten und Dörfern der Region Castellammare, die zu einem fast hundert Kilometer langen Kampfabschnitt zwischen Marsala und Palermo eilten, an dessen nordöstlicher Flanke Terrasini lag.

Der Mönch hat keine Memoiren und keinen geschriebenen Bericht über die Explosion hinterlassen, die sein Leben im Jahre 1860 so gründlich veränderte wie die Auswanderung das Leben seines Enkels ein halbes Jahrhundert später. Wie fast alle sizilianischen Kleinbauern konnte er weder lesen noch schreiben. Als ich schließlich ein Dokument mit seinem Namen aufspürte, eine 1855 ausgestellte Heiratserlaubnis, war seine Unterschrift ein schiefes X, das unbeholfen über dem »Vivianus, Franciscus Paulus« hing, das ein Dorfschreiber auf Latein eingetragen hatte.

Der Schreiber, der die Eheschließung meines Namensvetters registrierte, war das, was die Bauern von Terrasini einen *capiddu* nannten, ein »Hut«, ein Begriff, der geistige Überlegenheit und einen höheren gesellschaftlichen Status andeutete. Auf einer Insel, die nach sechs Jahrhunderten einer lähmenden Herrschaft Spaniens und seiner Bourbonen-Günstlinge in Neapel, der Hauptstadt des Königreichs Beider Sizilien, in Unwissenheit versunken war, waren die »Hüte« in den 1830er Jahren als kleiner, aber wohlhabender Mittelstand aufgetaucht. Die Hüte waren die erst seit kurzem begüterte und gebildete Elite, die sich zwischen der ungebildeten Masse und der dem Untergang geweihten Bourbonen-Aristokratie behaglich eingerichtet hatte.

Eine alliterierende Reihe von Reimpaaren mit dem Titel *Das Alphabet des Bauern*, die damals weit verbreitet war, lässt die Verachtung ahnen, mit der der neue Mittelstand und Bourbonen gleichermaßen auf die *viddani* hinabsahen. Der Eintrag für den Buchstaben »B« in diesem Alphabet ist typisch:

Belobigung für seine Güte verdient er nicht, Höflichkeit kennt er nicht,
Sondern nur Bosheit, Täuschung und Derbheit.

»Bauern sind ohne Ausnahme grob und verdorben«, hieß es in einem anderen Vers, »und sollten brutal behandelt werden.«

Die Bauern blieben die Antwort darauf nicht schuldig und reagierten mit Hunderten von Sprichwörtern in ihrem Dialekt, welche die Unterhaltung auf den Feldern würzte. Meine Großeltern verloren nie den Glauben an die Weisheit dieser Sprichwörter oder der Weltsicht, die sich in ihnen widerspiegelte. Sie waren die sozialen Satzzeichen unserer Familiengeschichten. »Primitiv ist nicht, wer primitiv geboren wird«, sagte mein Großvater gern, »sondern wer sich primitiv benimmt.« Wenn man mit den Reichen und Mächtigen zu tun habe, so lautete sein Ratschlag: *Senti assai, parra pica e cridi nenti*: »Hör aufmerksam zu, sprich selten und glaube nichts.«

Dies war der Groll, der den Mönch beflügelte und aus Paolo Cocuzza einen Volkshelden machte. Dies war die bittere Erde, in der der *sistema* später Wurzeln schlug.

Die »Hüte« behielten sich das Monopol an der Zeitgeschichte vor, welche die gebildete Elite überall auf der Welt für sich beansprucht, an den schriftlichen Zeugnissen, die eine offizielle Vergangenheit zusammenfassen. Sie hielten ihre Versionen des Risorgimento in den kleinsten Einzelheiten fest, finanzierten deren Veröffentlichung in den kostspieligen Privatausgaben und sorgten dafür, dass diese in Leder gebundenen Bände auf den Regalen der Universitätsbibliotheken standen.

Die Memoiren wurden oft in steifen lateinischen Inschriften Garibaldi gewidmet und unfehlbar von jedem Hinweis auf die Kollaboration mit den Bourbonen-Behörden gereinigt, die vor dem Risorgimento in Sizilien üblich gewesen war. Die »Hüte« stellten sich jetzt als lebenslange Feinde des Ancien Régime dar, bestens geeignet, im neuen Italien als Bürgermeister und Verwaltungsfachleute zu dienen. Selbst Garibaldi ist in diesen Berichten in einen »Hut« verwandelt, in den Augen seiner verspäteten Anhänger ein respektabler Edelmann, dessen radikale politische Ansichten und südamerikanische Revolutionärsjahre sich in den höflichen Nichtigkeiten Palermitanischer Wohnzimmer verflüchtigt haben.

Wie sehr diese Tagebücher der *capiddi* deren eigenen Zwecken auch dienten, so waren sie zugleich unmittelbare Augenzeugenberichte des Krieges; und mochten ihre Autoren für die *picciotti* auch nichts als Verachtung übrig haben, führten sie aber doch bemerkenswert genau über die Bauernarmee und ihre Banditengeneräle Buch. Als ich zwischen den Zeilen las, die Ansichten der Tagebuchschreiber ignorierte und mich auf die einfache Wiedergabe von Ereignissen konzentrierte, entdeckte ich, dass es möglich ist, eine Geschichte daraus zu extrahieren und in Worte zu fassen, die ihre Protagonisten, die Analphabeten waren, nicht für sich hatten schreiben können.

Bewaffnet mit Fotokopien der hundert Jahre alten Memoiren der »Hüte« – und mit Hilfe von Familienlegenden –, konnte ich mir den Bauernkrieg mit lebhafter und höchster Präzision vor Augen führen, und das bis hin zu den Aktionen einzelner Guerilla-Führer und ihrer grobschlächtigen Scharfschützen.

Ich konnte meinem Namensvetter in die Schlacht folgen.

1860 gab es zwei sizilianische Feldzüge. Ich stellte fest, dass es von fast jeder Episode der Erhebung, welche die Bourbonen stürzte, zwei Versionen gab. Die eine findet man in der offiziellen Vergangenheit, die andere im Gedächtnis des Volkes und dessen poetischer Verkörperung in Fabeln und Legenden. Die Wahrheit ist ein Dialog zwischen diesen beiden Berichten, so wie man Geschichte im Bauch erlebt – bis hin zur letzten Stunde vor Sonnenaufgang am 3. April 1860, als Francesco Paolo Viviano sein Gewehr aufhebt, leise um das Bett herumgeht, in dem seine Frau und sein drei Jahre alter Sohn liegen und träumen, um in die Nacht von Castellammare hinauszugehen.

8 DER MÖNCH

Im Westen Siziliens
April 1860

Die Zitronenhaine stehen in voller Blüte, und als über Punta Raisi die Sonne aufgeht, ist die Frühlingsluft von den Gerüchen von Salzwasser, Zitronenblüten und wildem Fenchel erfüllt. Von dem Pfad, der sich am Hang des Monte Palmeto hinaufschlängelt, kann Francesco Viviano die Villa des französischen Herzogs sehen. Zunächst ist sie nichts weiter als ein farbloser Fleck reflektierten Mondscheins auf den Feldern; dann wird der Fleck deutlicher, verwandelt sich in ein bernsteinfarbenes Rechteck, und die Felder nehmen gesprenkelte grüne Farbe von Weiden an. Selbst von dieser Höhe – der Portella di Mircene, dem Pass auf dem Bergrücken des Palmeto, nach knapp sechshundert Meter Aufstieg – sind die Glöckchen der Schafe des Franzosen zu hören, ein metallischer Chor in der Ferne.

Wenn Francesco zwischen dem Torre Paternella und der Villa eine imaginäre Linie zieht und diese dann zur Bourbonenstraße hin erweitert, kann er genau das Häuschen orten, in dem Maria und Gaetano inzwischen aufgewacht sind. Die Hütte ist ein sonnenüberflutetes braunes Fragment, ein Stück Treibholz, das in der Welle von Zitronenbäumen fast verloren wirkt, die von der Bucht von Castellammare heraufdringt. Doch die Nacht klammert sich noch immer an den Hang des Bergkamms, und obwohl Francesco manchmal den angestrengten Atem und die Schritte anderer Männer auf dem Pfad hören kann, sind sie unsichtbar.

Weit unterhalb des Monte Palmeto liegt Terrasini, ein Keil aus würfelförmigen Häusern mit Ziegeldächern, der durch den Glockenturm von Maria Santissima delle Grazie in der Landschaft festgenagelt wird. Jenseits der Basis des Keils, wo der Hafen liegt, treibt eine kleine Wolke von Fischerbooten auf die Liegeplätze im Hafen zu. Gleich östlich davon, am Fuß des Monte Pecoraro, der sich gut neunhundert Meter über den Monte Palmeto erhebt, verschwindet die Straße nach Palermo in einem kleineren Gewirr von Hausdächern. Dies ist der Ort Cinisi. Einige Kilometer westlich breitet sich Partinico in den Hügeln von Castellammare aus.

Dies ist der Anblick, der sich meinem Namensvetter 1860 und mir einhundertsechsunddreißig Jahre später von dem Pfad auf dem Monte Palmeto bot. Der Ausblick auf den langen Küstenabschnitt hat sich nur durch die Trawler und Motorbarkassen verändert, die in den 1950er Jahren die Segel-Dorys ablösten, sowie durch die schmalspurige Eisenbahnlinie, die Ende des neunzehnten Jahrhunderts erbaut wurde, schließlich durch die Autobahn und den Flughafen, die in den 1970er Jahren von der Familie Badalamenti gebaut wurden. Es ist ein Badalamenti, der Francesco Viviano am dritten Tag des April 1860 auf den Berg ruft.

In der geschriebenen Geschichte der Insel ist Giuseppe Badalamenti der berüchtigte Zu 'Piddu Ranturri, »Onkel Josef die Todesrassel«, ein asthmatischer, humpelnder Wegelagererchef aus Cinisi, der Fluch der Grundeigentümer des westlichen Sizilien. Einer der herrschaftlichen Tagebuchschreiber wird ihn später verächtlich einen »unberechenbaren, gewalttätigen Mafioso« nennen. In der ungeschriebenen Geschichte des Risorgimento jedoch gehören Zu 'Piddu und seine picciotti zu den wichtigsten Verbündeten Garibaldis. Sie sind die ersten Aufständischen, die bereit sind, die Hauptstadt der Bourbonen vier Wochen früher zu stürmen, als Garibaldi sich überhaupt entschieden hat, ob er eine Landung in Sizilien riskieren soll.

Um neun Uhr, wenn die Sonne die Schatten vom Abhang des Monte Palmeto verscheucht und die Pfade erhellt, sind die picciotti schon über den Bergkamm hinweg und haben sich in einer schmalen Schlucht versammelt, in die sich Polizei und Soldaten der Bourbonen niemals vorwagen. Zur selben Zeit finden ähnliche Versammlungen in den Hügeln hinter Partinico, Alcamo, Carini, Misilmeri, Capaci, Torretta und Sferracavello statt. Dies sind die Städte und Dörfer der Region Castellammare, die »squadre« organisiert haben, irreguläre Milizeinheiten. Diese squadre werden morgen auf Palermo marschieren, ob nun mit oder ohne Garibaldi. Für die Bourbonen sind sie Verbrecher. Nach ihrer eigenen Anschauung, die keiner geschriebenen Ideologie entstammt und so zupackend ist wie eine Bauernsichel, haben sie die Absicht, zu Befreiern zu werden.

Zwei Monate lang sind Zu 'Piddu Badalamenti und andere Räuber-
hauptleute in ständigem Kontakt mit einem geheimen Revolutionskomitee
gewesen, das zu Beginn des Jahres 1860 in Palermo gegründet worden
war. Inzwischen ist bei den Dorfbewohnern ein Waffenvorrat gesammelt
worden. Die meisten Waffen sind uralte, aber gut geölte Pistolen und
Jagdgewehre. In Partinico, einem politischen Pulverfass, wo die Polizei der
Bourbonen zwar stark vertreten ist, von der Bevölkerung aber verabscheut
wird, hat eine geheime Werkstatt im Haus von Tommaso Giani, einem
Kunsttischler, zwei Kanonen mit Geschützrohren aus Eiche produziert.
Zum Arsenal der Banditen gehören auch handgemachte Granaten,
Metallbehälter voller Schießpulver und einige kleine eiserne Kanonen, die
den Bourbonen gestohlen worden sind.

Um die Mittagszeit marschieren die Squadre von Castellammare
von ihren Sammelplätzen aus nach Osten in Richtung Palermo. Ein
halbes Dutzend Marschkolonnen bewegen sich an den schützenden Berg-
wällen entlang, die das fruchtbare geschwungene Tal der Conca d'Oro
umschließen, der »Goldenen Schneckenmuschel«, von dem aus man die
Hauptstadt im Nachmittagsdunst schimmern sieht. Francesco Viviano
kennt jede Serpentinenstraße, jede verborgene Höhle, jede Schattierung
des Wetters auf den Bergpfaden nach Palermo.

Die Berghänge sind im April 1860 von einem zarten Grün. Die kurze
Regenzeit, welche die Schluchten hinter Palermo überschwemmt, hat sie
zum Leben erweckt. Gelegentlich sieht man Hütten der Schafhirten, pri-
mitive Unterkünfte aus Stein, die von den Felsvorsprüngen kaum zu un-
terscheiden sind. Francesco hat so manche Nacht auf den Strohsäcken zu-
gebracht, ihrer einzigen Einrichtung. Die Schafherde des französischen
Herzogs sollte jetzt draußen in den Bergen sein und sich am Frühlings-
gras fett fressen. Aber die Wiesen sind leer an diesem Tag – vielleicht
hat Paolo Cocuzza dafür gesorgt und den Aufbruch der Herde von der
Winterweide unten im Tiefland verschoben –, und so marschieren die
Squadre von Castellammare sogar von Schafhirten oder Schafen unbeob-
achtet weiter, um in der Nähe von Monreale am westlichen Stadtrand von
Palermo das Morgengrauen abzuwarten.

Vor Tagesanbruch am 4. April marschieren die picciotti *wieder. Sie sind nur noch achthundert Meter von den Stadttoren Palermos entfernt, als die ersten Sonnenstrahlen ihr Licht auf die Conca d'Oro werfen, worauf das Signal zum Aufstand die Stille bricht: ein dröhnendes Glockengeläut vom Gancia-Kloster, dem großen Franziskanerkloster am Hafenrand von Palermo.*

Doch die Bourbonen sind gewarnt worden und stehen bereit, zumindest für die wenigen Dutzend Aufständischen innerhalb von Palermo, die auf das Glockengeläut von Gancia hin losschlagen; sie werden zusammengetrieben, ohne einen Schuss abgefeuert zu haben.

Die Squadre wissen nur, dass das Glockengeläut aufgehört hat. Ein zweites Signal vom Gancia-Kloster, bei dem piccioti *in die Stadt eindringen sollen, ertönt nicht mehr. Der Aufstand nimmt plötzlich eine andere Form an, wird chaotisch und ungeplant.*

Hier nun der offizielle Bericht des Militärkommandos von Palermo, von einem erschöpften Generalleutnant in vulgärer Hysterie in Worte gekleidet und am 6. April dem Staatsminister der Bourbonen für sizilianische Angelegenheiten in Neapel überreicht:

»Nachdem der Aufstand in Palermo schon an seinem ersten Erbrochenen erstickt ist, breitete er sich zu den benachbarten Dörfern aus. Eine Anzahl von Verbrechern drangen in die Vororte der Stadt ein, von denen manche bewaffnet und manche unbewaffnet waren. Sie waren in kleine Gruppen unterteilt, welche die vorgeschobenen Armeeposten in der Absicht belästigten, mit Gewalt in Palermo einzudringen.«

In Wahrheit denken Zu 'Piddu und seine Mithäuptlinge nicht mehr an Palermo, jetzt nicht mehr, wo sie über eine Armee verfügen, die um ein Vielfaches größer ist als ihre siebenhundert Mann starke Streitmacht, die sich in der Stadt angesammelt hat. Die piccioti*-Führer beordern die Squadre nach Westen. Der neue Plan sieht einen Rückzug nach Monreale vor, dessen dortiger Militärposten überwältigt werden soll. Die Garnison von Monreale ist jedoch ebenfalls verstärkt worden, und was dann erfolgt, ist einer der ersten Fälle von Guerillakrieg in Europa.*

Am 6. April um zwölf Uhr mittags befindet sich Francesco Viviano auf einem bewaldeten Berghang und überblickt die Bergstraße zwischen Mon-

reale und dem Weiler Pioppo. Die Bäume sind in Rauch gehüllt, als die Freischärler von Castellammare Bourbonensoldaten, die sich nach Westen in Richtung Partinico durchzuschlagen versuchen, mit mörderischem Feuer eindecken. In Partinico ist ein entschlossenerer Aufstand ausgebrochen als der in Palermo. Die Telegrafenkabel und die Poststraßen, die Palermo mit Partinico verbinden, sind zusammen mit den Wassermühlen, die Palermo mit Mehl versorgen, von picciotti in die Luft gejagt worden.

Von dem Berghang über ihnen ist ein donnerndes Krachen zu hören, und unzählige Splitter regnen herab; eine von Tommaso Gianis Holzkanonen hat eine Ladehemmung gehabt und ist explodiert. Placido Vitrano, der Kanonier aus Partinico, wird tödlich verletzt.

Während der Schießerei an der Straße von Monreale nach Partinico, die bis zum 13. April weitergeht, werden drei weitere picciotti aus Castellammare getötet. Ein vierter Mann, Liborio Vallone aus Alcamo, wird gefangen genommen und am nächsten Morgen zusammen mit den unglücklichen Aufständischen von Palermo hingerichtet.

Als den picciotti befohlen wird, sich direkt nach Süden in Richtung der Bergstadt Piana dei Greci zurückzuziehen, kommt es fast zu einer Meuterei. Die Bourbonentruppen sind durch das Scharfschützenfeuer verängstigt und werden so in Schach gehalten. Francesco sieht, wie sie hinter den Felsen kauern, welche den Straßenrand säumen. Sie sind kaum in der Lage, ihre Gewehre in Richtung Berghang zu heben, bevor eine vernichtende Salve der picciotti erfolgt.

Warum Rückzug? Wozu den Fehler wiederholen, den sie schon vor zwölf Jahren gemacht haben und für den sie bis zu diesem Tag teuer haben zahlen müssen?

Wie viele der Aufständischen kann auch Francesco Viviano nicht den Frühling 1848 vergessen, als Squadre aus Castellammare das Regime bei einer früheren Erhebung in die Knie zwangen. Ein Jahr später hatte sich die Revolte in Rückzug und Auflösung begeben, und die Aufrührer wurden gezwungen, eine Amnestie des Bourbonenthrons anzunehmen. Es war die dritte Demütigung in dreißig Jahren. Die Großväter der picciotti hatten 1820 eine misslungene Revolution angezettelt. Im Osten hatten sich die Städte Catania und Syrakus 1837 gegen das Regime erhoben.

Die Bedingungen und Folgen der Amnestie von 1849 waren hart. Das sizilianische Regionalparlament, das 1812 eingesetzt worden war, um der Insel ein bescheidenes Maß an Reformen und Unabhängigkeit von Neapel zu gewähren, wurde abgeschafft. Es wurden drückende Lebensmittelsteuern erhoben, und die Bourbonenpolizei und die Großgrundbesitzer griffen zu strengen Repressalien gegen die picciotti *und deren Familien. Zu 'Piddus Humpeln ist eine Erinnerung an diese Amnestie. Seine Fußsohlen sind noch immer von den Narben eines besonders gründlichen Polizeiverhörs gezeichnet.*

Francesco Viviano und Dutzende seiner Mitkämpfer in den Bergen von Monreale datieren den Beginn ihrer kriminellen Laufbahn auf die Amnestie des Jahres 1848. Zu Tode besteuert, von der Polizei drangsaliert, war ihnen kaum eine andere Alternative geblieben als das Banditentum. Drei fehlgeschlagene Revolutionen in weniger als zwei Generationen und dann ein Jahrzehnt als Gesetzlose in den Bergen – das hat die picciotti *heute nicht auf einen Rückzug eingestimmt. Zudem sprechen alle Anzeichen dafür, dass die vierte Revolution von Erfolg gekrönt sein wird. Doch Zu 'Piddu weiß, dass die Munition zur Neige geht und ein Truppenkontingent von dreitausend weiteren Bourbonensoldaten unter General Cataldo persönlich auf sie zumarschiert. Tollkühnheit sei selbstmörderisch, sagt Zu 'Piddu seinen Männern. Zögernd und wütend marschieren die* picciotti *hinter Zu 'Piddu nach Piana dei Greci, das rund fünfundfünfzig Kilometer südlich von Palermo liegt.*

*

Sie erreichen Piana am Fünfzehnten und begeben sich dann fast augenblicklich in westlicher Richtung nach Montelepre, einem leicht zu verteidigenden Dorf am Rand einer Gebirgsmulde unterhalb des Berghangs von Monte Palmeto. Die Banditenhauptleute halten jetzt erneut Kriegsrat. Sie treffen die Entscheidung, sich in die Madonie-Berge zurückzuziehen, die fast unangreifbare letzte Zuflucht auf Sizilien, südlich von Cefalù. Doch die picciotti *meutern. Diesmal weigern sie sich, sich aus dem Kampf zurückzuziehen, und stürmen stattdessen nach Norden, um den Hafen von Terrasini in einem ungeordneten Sturmangriff zu attackieren.*

Um die Mittagszeit des siebzehnten April sieht sich Francesco Viviano an seinem Häuschen vorbeistürmen. Niemand arbeitet auf den Feldern, niemand in den Zitrushainen des französischen Herzogs, und er selbst hat keine Zeit zu erfahren, ob Maria und Gaetano in die Berge geflüchtet sind oder sich unter dem Bett des Häuschens verstecken, aus dem er vor genau zwei Wochen aufgestanden war, um Palermo zu befreien.

Das Ziel des Angriffs, ein Küstenposten der Bourbonen, erweist sich als verlassen. Seine Wachen haben sich zurückgezogen, um sich einer riesigen Zangenbewegung anzuschließen, die Terrasini kurz darauf einschließt.

Die siebenhundert Aufrührer aus Castellammare sitzen auf einem schmalen Strandabschnitt östlich von Favarotta in der Falle, als in der Abenddämmerung gerüchteweise verlautet, General Cataldo sei bereit, einen Waffenstillstand anzubieten. Hier, wo sie mit dem Rücken am Meer stehen und sich einer weit überlegenen Zahl von Gegnern gegenübersehen, nehmen die picciotti *Cataldos Angebot schließlich an.*

Zu 'Piddu besteht jedoch darauf, dass der Waffenstillstand nicht das Ende der Revolution sein werde. Sie würden kein viertes Mal einen Misserfolg erleiden. Es sei nur eine Pause, sagt er seinen Männern.

Francesco Paolo Viviano beginnt den Hügel hinaufzugehen. Die dunklen Straßen von Favarotta, die Piazza Duomo und die Bourbonenstraße sind voller müde dahintrottender Männer, als der Glockenturm von Maria Santissima delle Grazie neun Uhr schlägt. Die Männer sind »betrübt, niedergeschlagen, ohne Kampfgeist«, wie sich ein Zuschauer später erinnern wird.

9 DER HEILIGE UND DIE BESTIE

Der Winter begann mit einem unerwarteten Sturm in der Bucht von Castellammare. Vom Dach in Paternella aus sah der Sturm am Nachmittag unter der tiefen Wintersonne wie ein holzkohlengrauer Schmutzfleck aus, der auf die bewaldete Halbinsel übergriff, die nach Capo San Vito führt, bis er die Sicht auf die Küste versperrte und über die Bucht auf Terrasini und Palermo zuraste. Am frühen Abend wurde der Zitrushain von einem brutalen Nordwind gepeitscht, der die jüngsten Setzlinge fast flach zu Boden drückte und älteren Bäumen, die mit Früchten beladen waren, die Äste abriss. Heftige Windstöße fuhren durch die oberen Äste, die mich mit reifen Orangen bombardierten, als ich die Terrassenstühle ins Haus trug und die Fensterläden zumachte.

Eine Stunde später heulte der Wind zwischen den Stäben der Fensterläden mit so unerbittlicher Gewalt, dass er die Fenster aufriss und Regenschleier ins Haus schickte. Die Stromversorgung des gesamten Westteils der Insel brach gegen Mitternacht zusammen. Die Lichter von Paternella flackerten noch einmal kurz und gingen dann zusammen mit dem kleinen Elektroofen aus, der meine einzige Wärmequelle war, sowie dem Heißwasserboiler für Bad und Küche. Ich ging nach vier Uhr völlig durchnässt und von einem heißen Bad träumend zu Bett.

Schließlich schaffte ich es, ein paar Stunden Schlaf zu bekommen, nachdem ich mich in eine durchnässte Steppdecke gehüllt hatte. Am Morgen war der Himmel genauso klar und ruhig, wie er es vierundzwanzig Stunden zuvor gewesen war. Die Bucht tobte jedoch noch bei der Erinnerung an den Sturm und ließ ungeheure Brecher gegen die Kalksteinfelsen unterhalb der Villa Fassini anbranden, und der Monte Palmeto war schneebedeckt.

In Meereshöhe lag die Temperatur knapp über dem Gefrierpunkt. Sogar die Bergkämme der Conca d'Oro waren schneebedeckt, wie mir Mike erzählte, als ich zum Laden fuhr, um bei der Beseitigung der Sturmschäden zu helfen. »Hier hat es noch nie Schnee gegeben, nicht solange ich lebe«, sagte er.

Rosalia war blass und wirkte bedrückt. »*È molto strano*, Franky«, sagte sie. »Sehr seltsam…« Sie drückte Flavio an den Busen und schlang die Arme um ihn, als erwartete sie, der Wind könnte zurückkehren und ihr jüngstes Kind wegtragen. Er machte sich frei und rannte an Bobby vorbei aus der Tür, der die Scherben zerbrochener Terrakottatöpfe auf einen Abfallhaufen warf.

Viele Menschen in Terrasini sahen den Sturm als ein böses Vorzeichen. Sie waren überzeugt, dass es einen Zusammenhang zwischen dem unnatürlichen Schneefall auf der Conca d'Oro und den Ereignissen gab, die sich in der Bergstadt Caltanissetta in einem Gerichtsgebäude abspielten. 'Toto Riina, der Boss von Corleone, stand dort mit vierzig weiteren Verdächtigen vor Gericht – darunter auch der abwesende Giovanni Brusca. Riina wurde beschuldigt, den Sprengstoffanschlag auf der Autobahn angeordnet zu haben, bei dem Richter Falcone im Mai 1992 ums Leben gekommen war.

Riina war im folgenden Januar in Palermo festgenommen worden, als sein Wagen wegen einer gewöhnlichen Verkehrsübertretung angehalten wurde. Doch Brusca befand sich jedoch noch auf der Flucht und wurde zum Objekt einer Großfahndung, die weiterhin Nacht für Nacht Schwärme von Hubschraubern nach Paternella fliegen ließ. Gaetano Badalamenti, Riinas Erzfeind, saß in New York schon hinter Gittern. Dort hatte ihn ein amerikanisches Gericht wegen Heroindealens zu siebenundzwanzig Jahren in Sing Sing verurteilt. Er war 1984 während einer Geschäftsreise nach Madrid von der spanischen Polizei festgenommen und an die Vereinigten Staaten ausgeliefert worden.

Seit den 1870er Jahren hat die italienische Regierung etwa alle zehn Jahre umfangreiche Ermittlungen gegen die sizilianische Unterwelt angestellt. Der Prozess von Caltanissetta war jedoch anders, als meine Nachbarn glaubten, und dieser Unterschied beruhte vorwiegend auf einer einzigen Tatsache: Vor seinem Tod hatte Richter Falcone persönlich die Beweise gegen Riina zusammengetragen und organisiert – und außerdem war der Richter Sizilianer.

»Alle anderen waren Außenseiter«, sagte Mike. Er meinte damit die mehr als einhundert Jahre lange Parade von Staatsanwälten und Richtern, die in den Süden gekommen waren, um sich des »Sizilien-Problems« anzunehmen.

Die Außenseiter hatten ihre gerichtlichen Untersuchungen angestellt und ihre Prozesse geführt, ihre gewichtigen Berichte zu den Akten genommen, ein paar Anführer verurteilt und waren dann wieder in den Norden abgereist. Die Besten von ihnen hatten versucht, unter die Oberfläche zu kommen und den Kode zu entschlüsseln, der so vieles von dem Leben auf Sizilien ihren Blicken entzog; aber die Ergebnisse waren mager und manchmal lächerlich. Mehr als hundert Jahre lang waren die Begriffe des sizilianischen Dialekts falsch übersetzt, waren Signale missverstanden worden.

Giovanni Falcone war in Palermos zerbröckelndem mittelalterlichen Stadtkern aufgewachsen, hatte von Kindesbeinen an den Dialekt der Stadt gesprochen und war auf dem besten Rekrutierungsgelände für das Fußvolk des organisierten Verbrechens aufgewachsen. »Ich war im gleichen Stadtviertel geboren wie viele von ihnen. Ich kenne die Tiefen der sizilianischen Seele«, betonte er einmal Reportern gegenüber.

Er beherrschte die Sprache der »Reumütigen«, der Männer von Ehre, die mit 'Toto Riina gebrochen hatten und zu Zeugen der Anklage geworden waren. Falcone gewann ihr Vertrauen, wie es noch keinem seiner Vorgänger gelungen war. Sie glaubten, dass er seine Zusagen, er werde als Gegenleistung für ihre Zeugenaussagen Milde walten lassen und ihnen notfalls in einem anderen Land eine neue Identität verschaffen, einhalten würde.

»Ich habe Vertrauen zu Ihnen, Richter Falcone«, sagte der reumütige Tommaso Buscetta zu ihm. »Aber ich vertraue keinem anderen.«

*

Ich fuhr eines Tages in der Hoffnung, Riinas Prozess beizuwohnen, mit der Bahn nach Caltanissetta. Der Prozess sollte im Justizpalast von Malaspina stattfinden, einem schmucklosen Haufen von Betonblocks, den die Ortsbewohner »den Bunker« getauft hatten. Die umliegenden Straßen waren für den Verkehr gesperrt. Nervöse Gebirgsjäger, die *Alpinos*, die man aus der italienischen Elitetruppe der Gebirgsinfanteriedivision herbeordert hatte, patrouillierten in voller Kampfausrüstung auf den Straßen. Der Fall zog das Interesse der ausländischen Medien an, und vor der Pressetribüne hatte sich eine Schlange von Reportern gebildet. Um eingelassen zu werden, zeigten wir unsere Presseausweise einem Soldaten, der in einem Wachhäuschen aus massivem Stahl stand. Die Mündung seines Gewehrs, das durch eine kleine Öffnung in dem Kasten herausragte, war direkt auf meine Brust gerichtet, bis die Prozedur beendet war.

Wir verschwendeten alle nur Zeit und Besorgnis. Der Prozess wurde an jenem Morgen vertagt, die nächste Sitzung verschoben. Es wurde jedoch kein neues Datum genannt.

Draußen auf der Piazza vor dem Bunker verkauften Zigeunerkinder kleine Statuen von Falcone und Riina. Der Richter war als Heiliger dargestellt. Im Nacken war ein goldener Heiligenschein aus Kunststoff befestigt. Aus der Stirn von Riina ragten Hörner.

Seit sechshundert Jahren werden die Sizilianer mit einem fiebrigen spanisch-katholischen Mystizismus groß, und die Neigung, zeitgeschichtliche Ereignisse und Menschen in allegorischen religiösen Darstellungen zu zeigen, ist tief verwurzelt. Aber auf der zeitgenössischen Bühne waren nur wenige Gestalten für ein aktualisiertes Passionsspiel besser geeignet als 'Toto Riina und Giovanni Falcone. Der Richter kündigte 1992 seinen eigenen Tod an – und zwar tatsächlich in der Osterwoche –, und zwar verkündete er einer erschrockenen Gruppe von Reportern, dass »Falcone in diesem Jahr sterben wird«. Rosalia und Nana hielten dies für ein unverkennbares Echo der Worte Christi vor Karfreitag.

Einen Monat später explodierte die Bombe von Capaci.

Der Don aus Corleone wiederum war die perfekte Verkörperung des fleischgewordenen Bösen. Selbst seine Mit-Mafiosi schockierte seine Lust zu töten. Vor seiner zufälligen Festnahme in Palermo war Riina dreiundzwanzig Jahre lang auf der Flucht gewesen. Man hatte ihn wegen verschiedener Morde zu neunmal lebenslänglich verurteilt. Er soll mindestens neununddreißig Menschen persönlich erschossen oder erdrosselt haben und die Liquidierung von bis zu eintausend weiteren geplant und angeordnet haben. »Wenn jemandem der Finger wehtut«, bemerkte er einmal, »ist es besser, ihm den ganzen Arm abzuschneiden, als etwas dem Zufall zu überlassen.« Die Sizilianer nannten ihn »die Bestie«.

Mit kalter, erbarmungsloser Effizienz hatte Riina jeden Rivalen beseitigt, der ihm im Weg stand. Wenn das auserkorene Opfer flüchten konnte, richteten sich die Waffen gegen seine Familie, dann nahm sich Riina Mütter und Kinder aufs Korn, bombardierte ihre Kirchen und verbrannte ihre Häuser. Riina und Brusca »verletzten die elementarsten Regeln des Systems«, wie Tommaso Buscetta ihm vorwarf, um damit seine Entscheidung zu erklären, vor Gericht auszusagen. »Und ihr Verhalten hat die Organisation in den Ruin getrieben.«

Mit einer vergleichbaren unerbittlichen Effizienz hatte Falcone die Feinde Riinas in der Unterwelt aufgespürt und umworben. Wenn sie reden würden, versprach der Richter, werde die Justiz sich um die Bestie kümmern. Es war die sizilianische Presse, der der Vorgeschmack für religiöse Anspielungen nicht fremd war, die für die Abtrünnigen den Begriff *pentiti* prägte,

»Reumütige«. Sie wurden auch von einem so tiefen Hass auf Riina getrieben, dass für Furcht oder Reue kein Raum mehr war.

Buscetta war einer der obersten Bosse in den Bergen von Castellammare gewesen. Er war der erste hochrangige Capo, der als Zeuge für die Staatsanwaltschaft aussagte. Seit er Mitte der 1980er Jahre zu reden begonnen hatte, hatten Killer seine Frau umgebracht, seine drei Söhne, seine Eltern, seine Brüder und Schwestern, seine Vettern und Cousinen, seine Tanten und Onkel, seine Schwiegerkinder und deren verschiedene Kinder. Insgesamt mussten siebenunddreißig von Buscettas Verwandten mit dem Leben für seine Zeugenaussage bezahlen. Ein zweiter Reumütiger, Salvatore Contorno, verlor durch Anschläge fünfunddreißig Familienmitglieder.

Doch Buscetta und die anderen *pentiti* redeten weiter, selbst nachdem der Krieg außer Falcone fast zehntausend Soldaten des *sistema* dahingerafft hatte, außerdem noch Falcones Frau und seinen Nachfolger Paolo Borsellino sowie achtzig weitere hohe Beamte.

1996 füllten die Zeugenaussagen der Reumütigen sechzigtausend Seiten mit Protokollen beeideter Aussagen, Notizen und Dokumenten. Es war ein genaues Porträt der Unterwelt, das deren komplexe Operationen bis in mikroskopisch kleine Details hinein darlegte und ihre Verbindungen zu angesehenen Banken und führenden Vertretern der Legislative offen legte. Der größte Teil davon war das Werk Falcones, zusammengestellt in Hunderten von persönlichen Gesprächen mit den Männern, die er festgenommen, angeklagt und dann begnadigt (christusähnlich bis zum Ende) hatte, wenn sie ihm ihre Seele offenbarten.

Gelegentlich hatte es den Anschein, als würde er vom Grab aus im Prozess über seine Ermordung Regie führen und die Beweise gegen seine Mörder ordnen.

Zwei der Reumütigen, die beim Prozess in Caltanissetta hinter einem kugelsicheren Glasschirm sprachen, lieferten eine bedrückend genaue Beschreibung des Mordanschlags. Ihr Bericht erschien in der Woche auf den Titelseiten der italienischen Zeitungen, in der auf der Conca d'Oro Schnee fiel. Das Attentat wurde in allen Einzelheiten geschildert:

Der Fiat, in dem Richter Falcone mit seiner Frau und sein Richterkollege Morvillo saßen, fuhr mehr als einhundertsechzig Stundenkilometer schnell. In je einem Wagen davor und dahinter saßen Leibwächter, als der Wagen über den unterirdischen Hohlraum hinwegfuhr, in dem der Sprengstoff lag.

Falcone, der gern Auto fuhr, saß am Lenkrad. Er und Morvillo kehrten gerade von einem vermeintlich geheimen Flug in den Norden nach Palermo zurück.

Riinas Männer auf dem italienischen Festland meldeten sich in der Minute, in der die Maschine mit den beiden Richtern auf dem Flughafen Ciampino in Rom startete. Riinas Männer am Flughafen Punta Raisi, der drei Kilometer von Terrasini entfernt ist, meldeten fünfundfünfzig Minuten später die Ankunft der Maschine.

Die Sprengladung war in einem LKW voller Skateboards versteckt gewesen und von einem Lagerhaus in der Toskana nach Sizilien gebracht worden.

Gioacchino La Barbera, ein Killer aus Corleone, fuhr hinter dem Richter-Konvoi her und meldete über Handy den Verlauf der Fahrt. Auf einem Berghang oberhalb von Capaci unterhielten sich Brusca und ein weiterer Adjutant Riinas namens Antonino Gioe per Handy mit La Barbera und präparierten den elektronischen Auslösemechanismus.

Während sie warteten, rauchten sie amerikanische Merit-Zigaretten. Die Sprengladung detonierte um genau 17.58 Uhr.

Der Polizeifahrer Giuseppe Constanza, der das Fahrzeug hätte lenken sollen, überlebte irgendwie auf dem Beifahrersitz. Die *pentiti* sagten später aus, Riina habe sich darüber beschwert, dass der Sprengstoff fünf Sekunden zu spät detoniert sei.

Meine Nachbarn in Terrasini waren ganz hingerissen von dem Prozess. Das *Giornale di Sicilia* war innerhalb von dreißig Minuten nach der Auslieferung im Dorf ausverkauft, nachdem einer der »Reumütigen« ausgesagt hatte. Es gab sogar einen Run auf *La Repubblica* und den *Corriere della Sera,* Tageszeitungen vom italienischen Festland, die in dem ländlichen Sizilien normalerweise nur wenige Leser hatten. Der Zeitschriftenjunge, der auf der Piazza Duomo Zeitungen verkaufte, verdoppelte sein übliches Trinkgeld auf zweihundert Lire.

Vor Giovanni Falcone, vor den Aussagen der Reumütigen, die dem Beispiel Buscettas folgten, traten die Gerichtshöfe auf Sizilien hinter verschlossenen Türen zusammen, um über die Exzesse der Mafia nachzugrübeln, und die Zeitungen Siziliens beschäftigten sich hauptsächlich mit Fußball und Gerüchten; der *sistema* war zwar in jeder Ausgabe präsent, aber verhüllt, wurde nur in Andeutungen genannt und so der Interpretation und Vermutungen überlassen.

Nach der Ermordung Falcones war nichts mehr so, wie es vorher gewesen war. Vermutungen ertranken in Tatsachen, Zeugenaussagen, Namen, Daten. Es war das, was der Richter sich gewünscht hätte, darin waren sich alle einig. Dafür hatte er gelebt, dafür war er gestorben.

»Falcone war der einzige Mensch, der in der Lage war, zu verstehen und zu erklären, warum gerade die sizilianische Mafia ein logisches, rationales, funktionales und unversöhnliches soziales System ist«, schrieb Marcelle Padovani, ein weiterer Reporter beim Prozess, der den Richter gut gekannt hatte.

Logisch. Rational. Funktional und unversöhnlich. Padovani beschrieb mit diesen Worten die Bestie – aber gleichzeitig auch Falcone, dessen ausschließliche Beschäftigung mit dem Krieg gegen die Mafia in der katatonischen* italienischen Bürokratie Gegenstand immer neuen Staunens war.

---

* katatonisch = in krampfhafter Weise mit impulsiven Handlungen und plötzlichen Bewegungsentladungen einhergehend (Anmerkung des Übersetzers)

Der Richter hatte eine Mission. Und die ging weit über die Aufgabe hinaus, Riina und Badalamenti einfach hinter Gitter zu bringen. Wenn man wisse, worum es bei dem *sistema* gehe, so sagte Falcone immer wieder, wenn man sie studiere und ihre verborgenen Knochen ans Licht bringe, könne der Krieg auch bei Tageslicht geführt werden. Man könne ihn sogar gewinnen.

Auf der ganzen Insel beschäftigten sich die Sizilianer zwanghaft mit dem Prozess und diskutierten, was dabei zutage trat. Es war jedoch eine in Angst wurzelnde Zwanghaftigkeit, das tiefe Unbehagen eines Volkes, das für Dunkelheit anfällig ist und instinktiv in Kodes kommuniziert.

10 EIN EINBRUCH IN PATERNELLA

Als die Fahndung nach Brusca intensiver wurde und der Riina-Prozess einen stürmischen Übergang in das neue Jahr erlebte, trieb meine Reise in die Unterwelt vor hundert Jahren ziellos auf einem bürokratischen Sargassomeer. Ich teilte meine Tage mit Nachforschungen zwischen vergeblichen morgendlichen Exkursionen zum Staatsarchiv in Palermo, das oft ohne jede Vorwarnung geschlossen hatte, und gleichermaßen vergeblichen Nachmittagen in dem Nebengebäude von Terrasini mit seinen Archiven.

Manchmal hatte ich das Gefühl, dass das wirkliche Sizilien ebenso unverändert und zeitlos war wie das eingebildete Sizilien meiner Kindheit, doch dies bewirkte ein Gefühl des Erstickens. Wenn Mike mich von seinem Tisch im Straßencafé bei Di Maggio entdeckte, wenn ich die Piazza Duomo in Richtung Nebengebäude überquerte, kam es vor, dass ich bei einem Amaro oder einem Espresso in eine stundenlange Unterhaltung hineingezogen wurde, die sich ziellos hin und her bewegte. Wenn er nicht unterwegs war, verbrachte Mike die Hälfte oder mehr jedes Tages mit seinen Freunden auf der Piazza. Diese waren eine von einem runden Dutzend Gruppen von Männern, die sich dort so unfehlbar trafen, wie die Glocken von Maria Santissima delle Grazie läuteten. Dieselben Männer, immer an denselben Tischen. Es war ein festes Porträt, nahezu so unbeweglich, dass es eine Radierung hätte sein können.

Ich habe nie verstanden, was an diesen Cafétischen vorging; oft verstrichen fünfzehn oder zwanzig Minuten, ohne dass jemand auch nur ein Wort sagte. Wenn ein Nachzügler erschien, wurde er mit großer Begeisterung begrüßt – es ertönten Freudenrufe, gab Küsse auf beide Wangen, ein eifriges Händeschütteln, das so aussah, als würden zwei Basketballspieler in Hüfthöhe die Hände zusammenschlagen. Es sah aus, als wäre der Mann soeben nach Jahrzehnten im Ausland zurückgekehrt. Dabei wusste ich, dass er schon gestern bei Di Maggio gewesen war und morgen mit größter Wahrscheinlichkeit ebenfalls da sein würde.

Dies ist ein Aspekt traditionellen Lebens fast überall auf der Welt, das den Romantikern der Art, wie ich es in meinen Sizilienphantasien der Kindheit gewesen war, meist entgeht: Die tödliche Langeweile, die stickige Luft. Es war ein weiteres der unendlichen Paradoxa Siziliens, die außergewöhnliche Ereignisse hier spürbar werden lassen – das ungeheure Gemetzel von Riinas Kampf mit Badalamenti, die Konsolidierung eines weltweiten Unterweltreichs –, während es nach außen hin den Anschein hatte, als wäre überhaupt nie etwas geschehen. Die Sizilianer steckten immer, wie der Romancier Lampedusa behauptete, zwischen den Extremen lähmender Erstarrung und vernichtender Gewalttätigkeit.

Ich staunte über Mikes Fähigkeit, zwischen dem Café und der Autobahn hin und her zu pendeln, zwischen der amerikanischen Ruhelosigkeit, die seine manischen Einkaufstrips befeuerte, und der abgestumpften sizilianischen Geduld, die über der Piazza schwebte. Amerikaner oder nicht, ich konnte es nicht annähernd mit seiner Energie auf der Straße aufnehmen, und seine sizilianische Fähigkeit, Langeweile zu ertragen, fehlte mir ganz gewiss. In meinem zweiten Monat in Paternella gewöhnte ich mir an, den Wagen mehrere Straßenblocks von der Piazza entfernt zu parken, einfach um zu vermeiden, dass mir Mike und seine Freunde zufällig über den Weg liefen.

Halb ertrunken in Akten setzte ich meine Nachforschungen fort.

Wenn ich eine ganze Menge über den Mönch erfahren hatte, war das meist auf Schlussfolgerungen zurückzuführen: etwa als ich das Rätsel der roten Schärpe gelöst hatte und den Freischärlern von Castellammare in die Schlacht gefolgt war. Wenn ich morgens in Paternella aufwachte, betrachtete ich die gleiche Landschaft aus Zitrushainen und Weiden, die ein anderer Francesco Viviano nach dem Aufwachen 1860 gesehen hatte. Das bedeutete durchaus etwas, etwas, was über das rein Tatsächliche hinausging. Doch als Mensch und nicht als symbolische Gestalt in einem verlorenen Drama, als Individuum, das von eigenen Dämonen bewegt wurde, blieb mein Namensvetter weiterhin unfassbar. Ich wusste viel über ihn, ohne ihn wirklich zu kennen; und es mussten noch viele Fragen beantwortet werden, bevor ich behaupten konnte, ein solches Verständnis gewonnen zu haben.

Wann starb er? Wie? Wo? Warum? Und wer war Domenico Valenti, sein Nachbar in Paternella und angeblicher Mörder? Abgesehen von dem Hinweis auf einen Bauernhof Valenti auf der alten Militärkarte war mir keinerlei Hinweis auf den Mann unter die Augen gekommen, den mein Großvater als Mörder des Mönchs bezeichnet hatte. Im Telefonbuch gab es keinen Domenico Valenti, der vielleicht sein direkter Nachkomme war. Auch unter den Toten, die in dem Nebengebäude der Gemeinde registriert waren, gab es keinen Domenico Valenti, auch keinen Domenico unter den Vätern von Valenti-Kindern in den Geburtsurkunden nach 1850.

*

Mein Arbeitsplan, der mit meinen Rollen als Amateurhistoriker und Auslandskorrespondent jonglierte, machte es schwierig, diesen Fragen eine anhaltende konzentrierte Aufmerksamkeit zu widmen. Alle zwei Wochen flog ich mit der Alitalia vom Flughafen Punta Raisi aufs Festland, dann weiter zu einem Auftrag, der mich völlig erschöpft und ausgebrannt nach Terrasini zurückkehren ließ.

Der Januar war mörderisch. Die Zeitung hatte mich über Istanbul nach Ostanatolien geschickt, um über den eskalierenden Krieg gegen kurdische Aufrührer an der Grenze zum Irak zu berichten. Das Grenzland ist eine hügelige baumlose Hochebene, die von den oberen Teilen des Tigris durchschnitten wird. Die niedrigen, öden Hügelkuppen des Grenzgebiets waren übersät mit den Zeltlagern von Flüchtlingen, deren Dörfer bombardiert worden waren. Fast stündlich flogen Staffeln türkischer F-16-Maschinen über unsere Köpfe hinweg, und das Taxi, das ich mir auf dem verschlammten Marktplatz von Diyarbakir genommen hatte, der Hauptstadt der Region, wurde auf dem Land von Aufklärungshubschraubern der Armee beschattet.

Es war eine Szene, die zu viele andere bei meinen Wanderungen wiedererstehen ließ: zerstörte Dörfer, Kampfbomber, Flüchtlingslager, Panzer, die in den Straßen einer unter nervöser Anspannung stehenden Provinzstadt patrouillierten. Das Erkennungsbild unserer Zeit.

Doch es war auch ein Bild der Zeit des Mönchs, dachte ich, wenn man von der neueren Militärtechnologie absieht. Die Gewinnung nachträglicher Erkenntnisse ist eine der Verpflichtungen, wenn man sich die Vergangenheit zu genau ansieht; sie bietet nur wenig Grund zum Optimismus, was die *conditio humana* angeht.

Die Marschkolonnen türkischer Soldaten, die auf den Landstraßen östlich von Diyarbakir dahintrotteten, hätten ebenso gut die Bourbonentruppen sein können, die im April 1860 auf Monreale marschierten, als die *picciotti* ihre Positionen hinter Bäumen und Felsen einnahmen. Die *picciotti* waren die natürlichen Vettern der Kurden, nicht nur in ihrer Guerillataktik, sondern auch in ihrer gewalttätigen Enttäuschung. Wie die Kurden waren die Sizilianer eine identifizierbare Nation, ein eigenständiges Volk, das schon immer vom Staat irgendeines anderen Volkes regiert worden war. »Seit zweitausendfünfhundert Jahren [sind wir] eine Kolonie«, sagt der Fürst von Salina in *Der Leopard* über die Sizilianer; er hätte genauso gut von den Kurden sprechen können. Das ist der Kernpunkt ihres beiderseitigen Problems. Es hat beide Völker in die Wüste endloser Revolutionen geführt, in die düstere Unterwelt, in der uralte Unzufriedenheit allmählich in moderne Kriminalität übergeht.

Heute sind Kurden und Sizilianer Partner in dieser Unterwelt. Viele der führenden sizilianischen Dons sind zu Bankiers geworden, die den Waffen- und den Drogenhandel finanzieren und die Geldwäsche organisieren, während andere den Schmuggel als Gegenleistung für Waffen und Geld besorgen. Das Fußvolk der kurdischen *mafiya*, die ihre Basen in der Türkei und in Deutschland hat, gehören zu den wichtigen Akteuren bei dieser Neustrukturierung, bei der Konterbande über die Grenzen gebracht und Kontrakte vollstreckt werden. Die Kurden stehen dort, wo die sizilianischen Klans vor einer Generation gestanden haben, so wie die kurdischen Scharfschützen, die türkische Infanteristen in Anatolien abknallen, dort stehen, wo die *picciotti* 1860 gestanden haben.

Wie ein weiterer Schriftsteller von der Insel beobachtet hat, Leonardo Sciascia, ist Sizilien eine geographische Tatsache und eine Metapher zugleich. Beim Anbruch des einundzwanzigsten Jahrhunderts ist diese Metapher universal.

Sizilien als Metapher für das mörderische Stammessystem, das die Landschaft Jugoslawiens in einen Flickenteppich kleiner Duodez-Warlords verwandelt hat, die von Drogengeld finanziert und von Gewaltverbrechern kontrolliert werden. Sizilien als Metapher lässt sich auch bei den Präsidenten der Hälfte aller lateinamerikanischen Nationen und in der Karibik feststellen sowie bei den Oppositionsführern der anderen Hälfte.

Ein in Paris erscheinendes Nachrichtenblatt überwacht die Aktivitäten der kurdischen Mafia – aber nicht nur von dieser, sondern auch die einer russischen Mafia, einer montenegrinischen Mafia, einer albanischen Mafia, einer nigerianischen Mafia, einer vietnamesischen Mafia, einer Kosovo-Mafia, einer israelischen Mafia, einer armenischen Mafia, einer aserbaidschanischen Mafia und einer türkischen Mafia. Alle diese Organisationen arbeiten in kunstvollen »Joint ventures« untereinander und mit den Sizilianern zusammen, handeln mit gestohlenen Waffen, Drogen, Prostituierten und arbeiten als Schlepper illegaler Einwanderer. Sie gehen auch Partnerschaften mit chinesischen Triaden und kolumbianischen Drogenkartellen ein.

Sizilien als Metapher finden wir aber auch bei der umfassenden Korruption der wohlhabenden politischen Klasse der Welt, wie sie sich zu Beginn des neuen Jahrtausends den Blicken darbietet und sich in immer mehr häufenden Enthüllungen über Geldwäscheprogramme, Bestechungsskandale und unerklärten Guthaben auf Schweizer Bankkonten zeigen. Allein die Geldwäsche macht nach einem 1999 vorgelegten Bericht des Internationalen Währungsfonds IWF mehr als 500 Milliarden Dollar pro Jahr aus, vielleicht sogar bis zu 1,5 Billionen US-Dollar.

Bei Anbruch des dritten Jahrtausends ist Sizilien als Metapher eine Weltanschauung, die nirgends glühender akzeptiert wird als in den Vereinigten Staaten, in denen der Staat als Feind gilt, Steuern als Unterdrückung und persönliche Arsenale von Handfeuerwaffen und Gewehren als unveräußerliches Recht jedes Bürgers gelten.

Bei jedem meiner journalistischen Aufträge und auf jedem Schlachtfeld habe ich ein Echo von Sizilien vernommen. Dieses Echo war eine Heimsuchung für mich.

Petra sagte, ein bisschen Heimsuchung sei genau das, was ich brauchte. Sie ist eine Cherokee-Indianerin, Kräuterheilkundige aus San Francisco und mein höchst unwahrscheinlicher Mitgast im Hotel Empress Zoe in Istanbul. Ihre Reisetaschen waren voller getrockneter Medizinkräuter und Blüten, die man nur in der Türkei findet; sie hatte Wochen damit zugebracht, die Basare nach ihnen zu durchstreifen. Bei einer Flasche *Raki* in der Hotelbar erzählte ich ihr von dem Mönch und der sich hinziehenden Suche nach ihm. Petra, die von sich sagte, sie arbeite gelegentlich auch als »spirituelle Beraterin und Medium«, war fasziniert davon, dass ich jetzt auf genau dem Stück Land lebte, auf dem mein Namensvetter geboren war.

»Das ist kein Zufall«, verkündete sie. »Der Mönch versucht, mit Ihnen Verbindung aufzunehmen. Davon bin ich überzeugt, und ich werde Ihnen jetzt erklären, was Sie tun müssen.«

Sie verschränkte die Arme und setzte ein boshaftes Katzengrinsen auf, das mich unruhig hin und her rutschen ließ. Ich bin mein Leben lang ein überzeugter Skeptiker gewesen, aber mein unheimliches Landen im Zitrushain von Paternella – und der Zufall, dass ich diesen Ort als die alte Bauernstelle der Vivianos erkannt hatte – war für mich genauso beunruhigend, wie es für Petra erhellend war.

»Sie müssen so vorgehen«, sagte sie. »Stellen Sie an dem Abend, an dem Sie nach Sizilien zurückkehren, eine brennende Kerze auf Ihren Nachttisch. Unter die Kerze müssen Sie irgendetwas legen, was an den Mönch erinnert.«

Ich sagte, es gebe keine Erinnerungsstücke an ihn. Petra zögerte. »Na schön, in Ordnung, vergessen Sie das Erinnerungsstück. Es hört sich an, als wäre es ihm wirklich ernst damit, mit Ihnen in Verbindung zu treten. Er wird sich damit einverstanden erklären, auf ein paar Details zu verzichten. Wie auch immer: Worauf es ankommt, ist der letzte Teil. Ich bin gleich wieder da.«

Sie ging auf ihr Zimmer und kehrte einige Minuten später mit einem kleinen Beutel voller Blätter zurück.

»Dies ist Beifuß. Der gehört auf den Tisch neben die Kerze. Man könnte sagen, er sei der ›aktive Bestandteil‹ der Séance.«

Ich dankte Petra und steckte den Beutel mit Beifuß in die Tasche. Ich hatte jedoch nicht die Absicht, für den Mönch eine Kerze anzuzünden, als ich nach Sizilien zurückkehrte. Jedoch nicht weil ich bezweifelte, dass ihr Ratschlag funktionieren würde, sondern vielmehr aus Furcht, sie könnte Recht haben.

Ich rief S. von einem Postamt in der Nähe der Blauen Moschee an und erzählte ihr von Petras Ratschlag. Wenn ich auf Reportagereise war, rief ich immer S. an, wie hoch die Kosten auch sein mochten. Der Klang ihrer tiefen, kehligen Stimme war für mich so notwendig wie Nahrung und Schlaf. Er bedeutete Verbindung in einer Welt der Trennung.

In meiner Phantasie nahmen die Anrufe eine körperliche Qualität an, als könnte ich ihren Worten folgen, als sie in ihrem Wohnzimmer eines weitläufigen viktorianischen Hauses in San Francisco aufstiegen, von der polierten Satellitenschüssel abprallten, um dann durch ein Gewimmel von Hauptleitungen und knackenden Telefonzentralen zu der Telefonzelle weiter zu wandern, wo ich ihren Namen in einen Plastikhörer rief. Wenn die Anrufe unterbrochen wurden, wenn ihre Worte irgendwo zwischen Satellit und Hauptleitung verloren gingen, hatte ich das Gefühl, im Weltraum hinter ihnen her zu wirbeln.

S. war eine Zeitschriftenredakteurin, die mir 1979, in dem Jahr, als meine Ehe zerbrach, ein Jahr lang geholfen hatte, meine Sätze zu formulieren. Nach diesem einen Jahr wurden die Sätze immer intimer, und die Wolke persönlichen Versagens und persönlicher Schuld, die über mir schwebte, begann sich unter ihrer Sonne aufzulösen. Sie war halb Italienerin, halb Portugiesin, aber ihr Gesicht hatte die fein gemeißelten Gesichtszüge eines Tempelreliefs der Maya: hohe Wangenknochen, Adlernase, breite sinnliche Lippen.

Wir gingen rund zehn Jahre gemeinsam auf Reisen, als wir

überwiegend freiberuflich arbeiteten. Das Reisen war eine Art Achterbahn zwischen verwanzten Hotelzimmern, die wir selbst bezahlten, und Luxussuiten, wenn eine Zeitschrift unsere Spesen übernahm. Sie stopfte riesige Manuskriptbündel in die einzige Reisetasche, die sie sich unterwegs erlaubte. Sie unterstrich unbeholfene Sätze mit einem roten Kugelschreiber, ob wir nun in altersschwachen indischen Zügen saßen oder nachts in einem uralten Bus in China durchgeschüttelt wurden. Anschließend gingen die Korrekturen per Luftpost an die amerikanischen Verlage.

Ich gewöhnte mir an, mich auf S. zu verlassen, auf alles an ihr, wenn ich wenig erhellende Interviews mit Finanzmagnaten in Hongkong oder rebellierenden Warlords auf den Philippinen zu ergründen versuchte. Sie las jedes Wort, das ich schrieb, und bezweifelte nie, dass meine Arbeit wertvoll war. Nur manchmal sagte sie, meine Arbeit könne und werde im Lauf der Zeit bei größerer Konzentration besser werden. S. verstand mich, verstand meine Möglichkeiten und meine Grenzen, wie es noch nie jemand getan hatte. Sie verstand auch sich selbst, wie es nur wenige Menschen tun, und das war einerseits das, was mich am stärksten zu ihr hinzog, andererseits die Kraft, die uns später in verschiedene Richtungen zog.

1955, als S. ein achtjähriges Mädchen war, das in dem Farmhaus lebte, das ihr portugiesischer Großvater im Norden Kaliforniens auf trockengelegtem Sumpfland erbaut hatte, brach ihr Vater eines Tages plötzlich auf dem Küchenfußboden zusammen, als sie mit ihrer Schwester Sandwiches für den Lunch machte. Sie riefen einen Arzt, der auf der Farm vorbeikam und sagte, sie brauchten sich keine Sorgen zu machen. »Euer Vater braucht nur ein bisschen Ruhe.« Ein paar Stunden später sah S., wie er sich im Todeskampf in seinem Bett wand, noch einmal tief erzitterte, als sein Herz zu schlagen aufhörte und dann still liegen blieb.

Ihre Mutter lag in jener Woche im Krankenhaus. Die Familie

hatte angenommen, dass sie und nicht ihr Mann todkrank war, denn ein Tumor presste sich ihr unerbittlich immer tiefer ins Gehirn. Die Mutter versprach S. und ihrer zwölf Jahre alten Schwester, wieder gesund zu werden; sie werde sie nicht verlassen. Doch fünf Wochen später war sie tot.

Als ich mich in S. verliebte und mir auf den Reisen, die ich allein unternahm, ihr Bild vorstellte, als ich zu dem ersten der Kriege unterwegs war, die mich später so in Atem hielten, stellte ich mir sie oft in den Jahren gleich nach dem Tod ihrer Eltern vor. In meiner Phantasie saß sie nachdenklich auf einem grasbewachsenen Hügel und starrte über die Ebene von Sonoma, wo die Milchkühe ihres Großvaters gegrast hatten. Wie sie ihren Schmerz und ihren Verlust zu erfassen versuchte. Doch das ist kein von S. geschildertes Bild. Sie hat mir nur einmal vom Tod ihres Vaters und dem Versprechen ihrer Mutter erzählt und kam auch nie mehr auf diese Ereignisse zurück. Das Bild war meine Erfindung, mein Bemühen, ihr Drama in Ort und Zeit unterzubringen, zwanzig Jahre bevor ich das Gleiche mit den Fragmenten meines eigenen Familiendramas zu tun versuchte.

Seit ihrem achten Lebensjahr wusste S. mit absoluter Sicherheit, dass sie nie Kinder haben wollte. Sie hatte die Wüste überstanden und war weiter gezogen.

Ich nicht.

*

Ich landete am Sonnabendnachmittag in Punta Raisi, holte den Peugeot vom Parkplatz und fuhr in Richtung Salumeria, um dort meine Post zu holen und bei den Corteses zu bleiben. Alice saß hinter der Registrierkasse. Sie zuckte zusammen, als sie mich sah und murmelte ein seltsames »Hallo, Franky«. Ich konnte hören, dass schlechte Nachrichten auf mich warteten.

»Es gibt ein kleines Problem«, sagte sie. »Jemand hat in Paternella eingebrochen, als du in der Türkei warst.«

Bobby war eine Woche zuvor zum Haus gefahren, um ein paar

Orangen zu pflücken. Er entdeckte auf der Rückseite eine zerbrochene Fensterscheibe, konnte aber nicht feststellen, was fehlte.

Als ich zu Hause ankam und eine Bestandsaufnahme machte, war deutlich zu sehen, dass der Einbruch die Arbeit von Profis gewesen war. Sie waren viel zu professionell vorgegangen, um damit das Verschwinden eines alten Radios zu erklären. Das schien mein einziger Verlust zu sein. Die Einbrecher hatten säuberlich ein Loch in den hinteren Fensterladen des Schlafzimmers geschnitten, und dann genauso sauber eine Glasscheibe zerbrochen, das Fenster aufgemacht und waren hineingeklettert. In der Schlafzimmergarderobe befand sich Geld, ein Bündel Banknoten in verschiedenen Währungen, die ich für unerwartete Aufträge bereithielt. Da waren noch Kameras und eine Tasche mit Linsen, die offen auf dem Schreibtisch lagen. Auf dem Regal lag ein Laptop. Mit Ausnahme des alten Radios war nichts verschwunden.

In Terrasini stellten die Leute dazu ein Potpourri von Theorien auf. Die beliebteste war, dass es sich bei den Eindringlingen um verliebte Teenager gehandelt habe, die es sich in einem anscheinend unbewohnten Ferienhaus gemütlich gemacht hätten. Mike erinnerte mich daran, dass die Sizilianer bis zur Heirat bei ihren Eltern leben. »Unmöglich, irgendwo ein Plätzchen zu finden, es sei denn in irgendeinem Landhaus. Du weißt doch, wie junge Leute in diesem Alter sind. Sie haben keine Vernunft, nur…«

Er strich sich übers Kinn und suchte nach dem richtigen Wort.

»Verlangen?«, fühlte ich vor.

»Ja, genau das, Verlangen. Nachdem sie ihren Spaß gehabt haben, haben sie sich wahrscheinlich das Radio geschnappt, nur weil sie Lust darauf hatten und weil man es leicht mitnehmen kann.«

Ich wusste aber, dass er das nicht wirklich glaubte, und soweit ich feststellen konnte, war das Bett unberührt geblieben. Ein

Paar Boxershorts, die ich auf der Decke hatte liegen lassen, lagen immer noch da.

Mir kam ein beunruhigender Gedanke. Es war die Möglichkeit, dass mein Interesse an einem Mordfall in der Unterwelt, wie lange er auch zurückliegen mochte, diese Besucher angelockt hatte.

Der Stillstand meiner Nachforschungen ging ganz plötzlich zu Ende, drei Tage nach meiner Rückkehr aus der Türkei. Ich hatte ohne besonderen Erfolg und mit nur mäßigen Erwartungen in den Archiven des Nebengebäudes gewühlt. In den Gemeindeakten gab es immer noch Details, die mich interessierten, doch eher in dem Sinn, dass ich leichter ein Gefühl für die Vergangenheit entwickeln konnte als ein Gespür für den Mönch selbst. Die Archive waren das kodierte Drehbuch für andere Dramen ebenso wie für meins.

Als ich das Sterberegister für das Jahr 1919 in der schwachen Hoffnung durchblätterte, einen Domenico Valenti zu entdecken, war ich Seite um Seite auf deutsche Namen gestoßen. Die Einträge seien für österreichische Soldaten, wie mir der Archivar erklärte, Kriegsgefangene des Ersten Weltkriegs, die man 1917 nach Sizilien gebracht und in Terrasini in einem Lagerhaus zusammengepfercht habe.

Obwohl er stark in die *Gazzetta dello Sport* vertieft war, kannte der Archivar das Archiv besser, als es sonst jemand je erhoffen konnte. Er hatte sie nun seit zwanzig Jahren konsultiert, meist auf Bitten anderer Archivare in Deutschland, der Schweiz oder Amerika, die ihre eigenen Akten über sizilianische Einwanderer auf den neuesten Stand bringen wollten. Mein Pech war nur, dass der Mann keinerlei Erinnerung an die Viviano- und Valenti-Akten hatte, hinter denen ich her war; sie lagen zu weit zurück und waren rund ein halbes Jahrhundert älter als die österreichischen Einträge, sodass sie die berufliche Aufmerksamkeit des Archivars nicht geweckt hatten.

»Es hat den Anschein, dass die Generäle der Alliierten diese Kriegsgefangenen vollständig vergessen hätten«, fuhr er fort. »In all der Verwirrung konnten unsere Beamten hier in Rom niemanden dazu bewegen, für die Sache Verantwortung zu übernehmen, zu entscheiden, was mit ihnen geschehen sollte, nachdem der Waffenstillstand unterzeichnet war.«

Doch dann war es urplötzlich zu spät. Die Österreicher waren in hellen Scharen gestorben, als die Insel von der katastrophalen Spanischen Grippe heimgesucht wurde. Es waren noch Jungen, Heranwachsende von sechzehn oder siebzehn Jahren, die man während der letzten Offensive an der norditalienischen Front eingezogen hatte. Dann waren sie gefangen genommen und von einer Epidemie hinweggerafft worden, der zwischen 1918 und 1920 mehr als zwanzig Millionen Europäer zum Opfer fielen.

Während wir uns über die Österreicher unterhielten, fiel mir der beschädigte Rücken eines Wälzers auf, der auf dem nutzlosen Fotokopiergerät unter dem Zeitungsstapel lag. »*Ma, che cosa?*«, fragte ich und zeigte auf den Wälzer.

Der Archivar zuckte die Achseln und erwiderte, er wisse nicht, was das sei. »Sehen wir doch einfach nach«, sagte er, zog das gewaltige Buch heraus und schickte einen Berg von *Gazzetta*-Ausgaben zu Boden. Er blickte auf das Durcheinander, paffte nachdenklich eine Marlboro und reichte mir den Wälzer.

Es war ein Hochzeitsregister für das Jahr 1855, mehr als dreißig Jahre älter als der nächste Band in der Reihe auf den Regalen. Dieses Buch hätte mit den anderen unzugänglichen Bänden im Lagerraum eingeschlossen sein sollen. Das Register war in Ordnung, und unter dem Namen »*Viviano, F.*« verwies er den Leser an den Eintrag für den 14. Mai.

Dort wurde die Eheschließung von Francesco Paulo Viviano, dreißig Jahre alt, mit der fünfunddreißigjährigen Maria Bommarito verzeichnet. Mit einem Schlag verfügte ich jetzt über viele der Fakten, die mir fehlten, darunter auch über das genaue Ge-

burtsjahr des Mönchs, 1825, sowie über die Namen seiner Eltern, Gaetano Viviano und Vincenza Bommarito.

Doch die wichtigste Entdeckung in dem Hochzeitsregister,
eine Entdeckung von weit größerer Bedeutung, als mir an jenem
Nachmittag klar war, war eine kleine Notiz am rechten Blattrand.
Unter der Überschrift »Zusätzliche Dokumente« hieß es dort:
»Der Bräutigam legt einen ärztlichen Totenschein vor, mit dem
der Tod seiner ersten Ehefrau Antonina Randazzo bestätigt wird.«

Ihr Name war, wie auch der von Domenico Valenti, ein Chiffre. Die erste Heirat des Mönchs war von der Familie, die er mit
Maria Bommarito, hatte, vergessen worden. Es sollte Wochen
dauern, bevor ich mehr erfuhr.

In jener Nacht tobte wieder ein Sturm auf der Bucht von Castellammare. Ich wachte erschrocken auf, als ein gewaltiger Wind-
stoß heulend durch die Zitronenbäume fegte. Links von meinem
Bett am Fenster schwankte eine Gestalt in dunklen, wallenden
Gewändern hin und her.

Ich richtete mich auf und versuchte zu schreien. Meine Kehle
war so zugeschnürt und trocken vor Furcht, dass ich keinen Laut
herausbrachte. »Wer sind Sie?«, krächzte ich nach einiger Zeit.
»Wer sind Sie?«

Doch ich wusste, dass es nur der Mönch sein konnte.

Irgendwie fiel ich wieder in einen unruhigen Schlaf. Als der
Morgen schließlich kam und die Sonne durch die aufreißende
Wolkendecke brach, baumelte mein brauner Bademantel an dem
Fensterladen, wo ich ihn am Abend vorher hingehängt hatte. Bei
gelegentlichen Windstößen, die immer noch ums Haus fegten,
schwankte er hin und her. Das Fenster war halb offen. Der Sturm
hatte es aufgerissen. Auf dem Fensterbrett stand eine Pfütze mit
Regenwasser und tropfte auf den Fußboden. Ein paar Socken,
die ich dort hingeworfen hatte, waren durchnässt. Ich ging auf
die Terrasse, um sie auf der Wäscheleine zum Trocknen aufzu-
hängen.

Ein kleiner, drahtiger schwarzer Kater mit einem weißen Fleck auf Brust und Gesicht kauerte unter dem Fenster. Er war mir schon vorher aufgefallen, wie er am Eingang der Auffahrt von Paternella die Müllcontainer nach Brauchbarem durchwühlte. Er drückte sich mir an die Beine und schnurrte. Der Sturm hatte auch dem Kater hart zugesetzt. Ich ging ins Haus und machte eine Dose Thunfisch für ihn auf.

Nach dem Sturm entfernte sich der Kater nur selten weit vom Haus und gewöhnte sich schon nach kurzer Zeit an, im Schlafzimmer bei mir zu schlafen. Ich nannte ihn *Monacu*.

11 DER DUNKLE FRANKY

Vukovar, Kroatien
August 1992

Nicht lange vor dem Tod meines Großvaters kehrte ein chronischer Kindheitstraum zurück, um mich heimzusuchen. Er spielte sich im Haus meiner Großeltern in Detroit ab. Ich hatte mich in ein Buch vertieft oder befand mich in einem Traum im Traum, sah durch ihr Wohnzimmer und entdeckte eine Treppe, die es dort noch nie gegeben hatte. Sie war bedrohlich und unwiderstehlich zugleich.

Ich sah mich um und fragte mich, ob sonst noch jemand in der Familie es bemerkt hatte; das Haus war immer voller Tanten und Onkeln und Cousinen und Vettern. Irgendjemand saß immer am Klavier, und irgendein Lied machte sich immer über die Schreie und das Heulen der jüngeren Kinder hinweg bemerkbar. Aber nur Großmutter Angelina sah hin, als ich auf die Treppe zuging.

Sie lächelte, nahm mich einmal ganz fest in die Arme und sagte: »Franky, vergiss uns nicht!«

Am oberen Ende der Treppe entdeckte ich einen riesigen

Raum, der viel älter war als der Rest des Hauses. Auf seinen fleckigen hölzernen Fußbodendielen waren verwohnte Möbelstücke, Holzkisten und verschimmelte Gemälde hoch aufeinandergestapelt. Ein kleiner Junge saß mit dem Rücken an der Wand und war gerade dabei, eine der Kisten zu öffnen. Vier Jahrzehnte, nachdem ich diesen Traum zum ersten Mal hatte, war es immer noch derselbe Junge, ein Freund, der plötzlich verschwunden war – aus der Nachbarschaft, aus meinem Leben –, als wir etwa sechs oder sieben Jahre alt waren. War er gestorben? War seine Familie weggezogen? Ich brachte erst Jahre später den Mut auf, meine Eltern zu fragen, was passiert war. Als ich das Thema bei meiner Mutter schließlich zur Sprache brachte, konnte sie sich nicht mehr an meinen Freund erinnern.

Er gab mir ein Zeichen, zu ihm zu kommen, und dann machten wir uns beide daran, weitere Kisten zu öffnen. Wie der Raum war alles, was sich in den Kisten befand, alt und abgenutzt. Da waren mottenzerfressene Kleider, angelaufene Medaillen und Münzen, verblasste Bilder von Menschen, die ich nicht kannte, die mir aber seltsam vertraut waren. Dann war mein Freund so plötzlich wie im Leben verschwunden, und ich war allein. Am hinteren Ende des Bodenraums ragte jedoch eine weitere Treppe auf. Ich ging zu ihrem Fußende und blickte in einen noch größeren Raum hinauf, der eine gewölbte Decke und geschwärzte, freiliegende Deckenbalken hatte.

Ein schwacher Lichtschein leuchtete herunter, und obwohl ich diesmal große Angst hatte, wurde ich von einer Art Zwang die Treppe hinaufgetrieben, der mir eine Umkehr unmöglich machte. Von der obersten Treppenstufe aus konnte ich übereinandergestapelte Truhen sehen und dahinter eine Tür, die einen Spaltbreit geöffnet war.

Der Traum endete immer dort, als ich zu den Schatten des zweiten Bodenraums hinaufstieg.

Hinter der Tür lag Sizilien, wie ich glaube, oder zumindest das kathartische Sizilien, das ich jetzt suchte, nämlich in einem

Mordfall am Ende einer Straße, die auf keiner Karte verzeichnet ist.

Das war nur ein Reiseweg unter vielen, die man in die Treppe und den Bodenraum hätte hineinlesen können; das Schicksal meines Kindheitsfreunds bot zweifellos eine weitere Möglichkeit. Auch Träume und ihre veralteten Symbole bieten Wahlmöglichkeiten. Aber Sizilien war die Tür, die ich betreten wollte, wenn der Traum von dem Bodenraum wiederkehrte, Sizilien war die Umgebung, auf die ich meine Suche und meinen Bericht mit seinen drei Hauptgestalten beschränken wollte, die fünf Generationen miteinander verbanden. Den Francesco, der zum Mönch wurde. Meinen Großvater. Und mich, Franky. Ihren Erben und Verfolger.

*

Als ich Mitte vierzig war und allein, auf des Messers Schneide stehend, wurde mir klar, dass ich das Leben meines Großvaters wollte. Das Leben, für das sich Paolinu Viviano im Hinterzimmer einer Spielhölle in St. Louis bewusst entschied und das er dann im Verlauf der nächsten fünfzig Jahre in Michigan methodisch aufbaute. Das Leben, das mich von einem Bodenraum aus und den Ikonen des Gedächtnisses her lockte: von dem Korb mit Fisch in Harlem. Dem Händlerkarren in Detroit, der 1916 durch Pferd und Wagen und 1921 durch einen Republic-Laster ersetzt wurde. Der Familie, die mit dem Geschäft wuchs, sechs Kinder zwischen 1918 und 1928. Erst Giuseppe, der nach dem Sohn des Mönchs benannt wurde, dann in schneller Reihenfolge mein Vater Gaetano, Grazia, Pietro, Sal und Angelina – Joe und Tommy, Grace und Pete, Sal und Babe. Die amerikanische Familie von Angelina Tocco und Frank P. Viviano.

Ich wollte *er* sein, der sanfte Patriarch, an den ich mich von den frühen sechziger Jahren her erinnerte, wie er zu Weihnachten im Wohnzimmer in einem Ohrensessel saß.

Meine Großmutter sitzt am Klavier, und mein Vetter Anthony

und meine Cousine Little Joanne aus Brooklyn, die Kinder von Tante Babe und Onkel Vince, haben ihre alljährliche Vorführung mit Gesang und Tanz schon zur Hälfte hinter sich gebracht. Diesmal führen sie Steve Lawrence und Eydie Gorme vor. Anthony verstolpert einen Schritt und dreht eine Pirouette in die falsche Richtung; ohne eine Sekunde zu überlegen, dreht Little Joanne ihre Drehung um, um seinen Patzer zu decken. Diese beiden aus Brooklyn sind unser Broadway, die permanent den ersten Rang einnehmen, noch vor der Routinenummer meines Bruders Sam mit der Bauchrednerpuppe und dem Gitarrensolo meiner Cousine Angela. Ich stehe hinten in einer Ecke mit Big Joanne und versuche, sie nicht zu bewundern. Wir sind inzwischen Teenager und entsprechend befangen und sind bei den letzten zwei Weihnachtsfesten nicht mehr aufgetreten.

Ich bin jetzt der »Dunkle Franky«, um mich von dem »Roten Franky« zu unterscheiden, dem Sohn von Onkel Sal und Tante Santina, einem Rotschopf. Im Wohnzimmer sind achtzehn Enkelkinder versammelt, mein Vater, sowie zehn Tanten und Onkel, Großvater und Großmutter. Einunddreißig Familienmitglieder.

Meine Mutter ist nicht da. Ihre Abwesenheit wurde Ende der fünfziger Jahre immer häufiger, und 1962 fehlte sie ständig. Etwas stimmt nicht zwischen meinen Eltern, und so ist es, solange ich zurückdenken kann. Aus diesem Grund haben Sam und ich viele Monate in der Obhut unserer Großeltern verbracht. Es ist besser, dass Mom nicht da ist, denke ich, wage es aber nicht, das laut zu sagen. So wird es wenigstens nicht dazu kommen, dass sich Mutter und Vater vor allen anderen anschreien oder dass meine Mutter und Großmutter Angelina sich wegen meines Vaters streiten.

Mein Großvater hat am Ende des Weihnachtstages eine raue, stoppelbärtige Wange, und seine Küsse riechen nach Zigarren und Brandy, gemischt mit dem verblassenden Duft von Old Spice.

Als die Musik endet, stellen sich die Kinder dem Alter nach vor ihm auf. Baby Sal und Betsy sind die Ersten; sie werden von ihren Müttern auf den Armen gehalten. Großvater hat ein Bündel Fünf-Dollar-Scheine in der linken Hand und schält einen nach dem anderen davon ab und steckt sie den Jungen in die Hosentaschen und den Mädchen in die Handtaschen.

»So, jetzt bin ich pleite, jetzt geht alle nach Hause«, sagt er, als Big Joanne und ich an der Reihe sind.

»Franky, sprich mit Großmutter, sie ist allein«, flüstert er mir ins Ohr. Was bedeutet, dass er weiß, dass ich zu alt bin, um mich bei diesem Ritual noch wohl zu fühlen, selbst wenn ich es zu sehr liebe – ihn zu sehr liebe –, um es aufzugeben.

Die einunddreißig Menschen in diesem Wohnzimmer waren der Maßstab meiner von vielen Menschen bevölkerten Kindheit, das Maß einer heftigen Umarmung. Ich sehnte mich nach dieser Umarmung, als ich in den Vierzigern und allein unterwegs war. Das war jetzt die Zahl, auf die es ankam, wie ich es sah: eins. Von einunddreißig auf eins.

In den Augen meiner Freunde war mein Leben ein voller Erfolg, wie er sich in Büchern und Nominierungen für den Pulitzer-Preis und dem eselsohrigen Pass eines Auslandskorrespondenten niederschlug. In meinen Augen zählte ein anderer Maßstab: der herzzerreißende Niedergang von einunddreißig auf eins. Privat sah ich mich in dieser Hinsicht als eine Art Laborratte, als ein Experiment, dessen Ziel es war, die üppigsten Phantasien meiner Generation in Amerika auszuleben – der Generation der »Baby-Boomer«, die nach dem Zweiten Weltkrieg geboren war, die Generation der Sechziger –, um zu sehen, wohin sie führten. Ich wusste sehr wohl, dass mein Leben eine Phantasie war, das für die meisten Menschen meines Alters Wirklichkeit geworden war, ein außergewöhnliches Abenteuer. Wie konnte ich erklären, dass es mir leer erschien? Ein Zufall. Es war eine Karriere, die aus Wanderlust und falschen Anfängen heraus entstanden war – als abgebrochener Jurastudent, Möchtegern-Akademiker und gelangweilter Zeitschriftenredakteur –,

eine gescheiterte Ehe hervorbrachte und eine leichtfertig unge-
sicherte Existenz.

Zwischen 1989 und 1995 lebte ich in elf Wohnungen. Es
waren meist Untermietverhältnisse, kurzfristige Regelungen mit
Wohnungsinhabern, die ihre Wohnungen zu verkaufen suchten
oder ein paar Monate im Ausland verbrachten und jemanden
brauchten, der ihre Blumen goss. In denselben sechs Jahren verbrachte ich mehr als eintausend Nächte unterwegs in Hotelzimmern. Es war mir nie sinnvoll erschienen, wie ein normaler
Mensch eine Wohnung zu mieten oder Möbel zu kaufen, weil
ich immer auf Achse war.

Bewegung war zu meinem Leben, meiner Karriere geworden.
Ich spezialisierte mich auf die Reporter-Version der Saga vom
Unterwegs-Sein, in der die Reise die Story ist: Grenzüberschrei-
tungen, zufällige Begegnungen mit Fremden, unerwartete Ent-
wicklungen. Wenn ich in Bestform war, waren die Artikel erfolgreich, da sie das grundlegende Erlebnis von Ereignissen wieder-
gaben. Es war der unmittelbare Schock, das »Gefühl« von Geschichte, auf das ich aus war. Die Straße brachte mir bei, die
Wahrheit woanders als bei offiziellen Interviews zu suchen.

Doch als ich älter wurde, erkannte ich, dass die Straße kein
Ort zum Leben ist. Nachdem ich die große Phantasie meiner Generation erreicht hatte, entdeckte ich, dass ich nirgends lebte.

Vor dem Spätherbst 1990 hatte ich nie über Kinder nachgedacht.
Das war keine Frage von Unentschlossenheit oder Unfähigkeit,
mich zu entscheiden, ob ich ein Zuhause und eine Familie wollte
oder nicht. Es war etwas weit Schlimmeres: das Alter von drei-
undvierzig Jahren erreicht zu haben, ohne auch nur an eine Familie zu denken. Nicht in einer zehnjährigen Ehe, die schließlich
scheiterte, was zum größten Teil an meinem Wanderleben lag.
Nicht in der langen und leidenschaftlichen Beziehung zu S., die
sich anschloss. Bis zur zweiten Oktoberwoche 1990 dachte ich
nie an Kinder.

Ich weiß das Datum noch, weil ich damals L. begegnete, einer Professorin, die bei einem Vortrag zuhörte, den ich an ihrer Universität in Neuengland hielt. Thema war die chinesische Demokratiebewegung, über die ich von ihrem hoffnungsvollen ersten Tage bis zu ihrem schrecklichen Debakel auf dem Platz des Himmlischen Friedens in Peking berichtet hatte. Die Universität hatte ein Kolloquium über »China in Aufruhr« organisiert und mich gebeten, einen Vortrag zu halten. Professor L. interessierte sich nicht sonderlich für China, hatte aber an jenem Abend frei – die Kinder waren bei ihrem Vater –, und eine beiderseitige Freundin von der Fakultät, die meine Einladung ausgesprochen hatte, forderte sie auf, mit uns zusammen zu essen. Ich sah L. am nächsten Abend wieder und dann noch mehrere Abende danach.

Sie war geschieden und hatte einen elfjährigen Sohn und eine sieben Jahre alte Tochter. Sie lebten in einem roten Klinkerhaus mit einem Stutzflügel im Wohnzimmer. Auf dem Flügel standen gerahmte Fotos: der Junge in Eishockeykleidung, das Mädchen, wie es gerade einen Blechweihnachtsmann an einem Weihnachtsbaum aufhängt.

Ich machte zwei weitere Reisen nach Neuengland, um sie zu besuchen. Ihr Alltag rollte vor meinen Augen ab, Vignetten eines Lebens, auf das ich verzichtet hatte, ohne mir überhaupt darüber klar zu werden, dass ich eine Wahl getroffen hatte. Das Lachen und das Jammern der Kinder beim Frühstück. Die Professorin, die in dem schwächer werdenden Licht eines Februarnachmittags in ihrem Wagen vor einer Grundschule wartet. Aufgewärmte Makkaroni mit Käse in der Küche. Ein Abend bei einem Eishockeyturnier, bei dem L. plötzlich der Atem stockt, als ihr Sohn beim Sturm aufs Tor das Gleichgewicht verlor und mit dem Kopf ins Netz flog. Die Tochter sitzt auf der unüberdachten Tribüne neben ihr und windet sich.

Nur ein gewöhnliches Leben, sagte L., und im Vergleich mit meinem war es das auch. Aber die fundamentale Schönheit dieses Lebens, seine atemberaubende normale Anmut, brachte mich aus dem Gleichgewicht.

Am Morgen nach dem Eishockeyturnier nahm ich den Bus nach Boston und erwischte einen Swissair-Flug nach Zürich, dann einen weiteren übers Mittelmeer nach Jordanien. Der Golfkrieg ging allmählich zu Ende. Der jugoslawische Krieg stand dafür unmittelbar bevor. Danach fuhr ich nie mehr nach Neuengland.

Die Bilder von diesem normalen Leben trug ich jedoch überallhin mit mir herum: zu den leeren Einöden zwischen Amman und Bagdad, zu einem fernen Flussufer auf dem Balkan.

*

Wir saßen zu zweit in einem gemieteten Toyota, ein amerikanischer Reporter und ein holländischer Fotograf. Einhundertdreißig Kilometer nördlich von Sarajewo an einem glühend heißen Augustmorgen parkten wir den Wagen in einer Stadt, in der kein einziges Gebäude mehr unbeschädigt war. Jedes Wohnhaus, jede Schule, jede Kirche war dem Erdboden gleichgemacht, mit Querschlägern übersät und bis auf die Grundmauern niedergebrannt.

Die jugoslawische Armee hatte mit schwerer Artillerie vom jenseitigen Ufer der Donau das Feuer eröffnet, als kroatische Nationalisten serbische Stadtviertel in einem Kampf überrannten, bei dem rivalisierende Milizen mal die Oberhand behielten, mal unterlagen. Die Kanonen feuerten Tag und Nacht im Verlauf einer viermonatigen Belagerung, bis in der Stadt kein Kroate mehr am Leben war. Eine Schuhfabrik auf dem Steilufer oberhalb des Flusses hatte Volltreffer von 155-Millimeter-Granaten erhalten. Die Straßen waren mit Sandalen und Schuhen übersät.

Dies war die kroatische Stadt Vukovar im Sommer 1992, drei Monate bevor ich zum letzten Mal mit meinem Großvater sprach.

Ein serbischer Polizeibeamter erklärte sich einverstanden, uns durch die Überreste seines Reviers zu führen. Er zeigte uns den Keller, in dem er sich während des kroatischen Angriffs und des Granatenfeuers versteckt hatte. Nur ein- oder zweimal pro Woche habe er sich hinausgewagt, um nach etwas Essbarem zu suchen. Ein halbes Dutzend seiner Nachbarn lebten immer noch dort, wo ihre früheren Häuser gestanden hätten. Sie lebten wie Höhlenbewohner in zerschossenen Wohnblocks. Einer davon war ein ausgemergelter Mann, wahrscheinlich Ende vierzig, der uns von einem Krater aus anstarrte. Eine Platte mit Dosentomaten und trockenem Brot stand vor ihm auf dem Erdboden. Die Frau in der Ruine nebenan erzählte uns, sie habe die Platte dort hingestellt, »aber er will sie nicht anrühren. Er zieht es vor zu sterben.« Die Familie des Mannes liege unter dem Schutt, sagte sie. Seine Frau und zwei Töchter.

Ein Stück weiter in der Straße hatte ein Händler in Konterbande sein Geschäft eröffnet. Milizen beider Seiten fingen die Hilfslieferungen ab, die so nicht in die Kampfzone gebracht werden konnten. Nahrungsmittel waren sonst nirgends zu kaufen. Der Händler klagte auf Englisch, sein Vorrat sei geschrumpft und liege nur noch bei »drei verdammten Coca-Cola-Kisten und zehn Kilo Bohnen«.

Auf einem Hügel, der sich über die Stadtmitte erhob, wich das Trümmerfeld einer Landschaft aus halbgefüllten Gräben; Kleidungsstücke ragten aus dem Schlamm hervor. Hunderte von Leichen lagen in diesen Gräben. Die Armeen hatten sie auf dem Rückzug in ein Gemeinschaftsgrab geworfen und in aller Hast zugedeckt. »Kein Mensch weiß, welche der Leichen Serben und welche Kroaten sind«, sagte der Polizist. Ich fragte mich, ob ihm das wohl wichtig war, brachte aber nicht den Mut auf, ihn zu fragen. Jeremy, der Fotograf, verschoss mehrere Filmrollen, während ich mit jedem sprach, der bereit war, sich zu dem zu äußern, was passiert war. Der Polizist übersetzte.

Als die Abenddämmerung näher rückte, sagte er uns, wir sollten lieber aufbrechen, denn »Vukovar ist nachts sehr gefährlich«. Angesichts der totalen Zerstörung um uns herum schien seine Warnung unbegründet zu sein. Doch er wiederholte sie, um seinen Worten Nachdruck zu verleihen, und weigerte sich, uns zu verlassen, bis wir in den Wagen eingestiegen und in Richtung Grenze losgefahren waren. Wir gingen davon aus, dass wir uns vor Mitternacht bei einem Beobachtungsposten der UNO melden konnten.

Ein Miliztrupp raste von einer felsigen Höhe herunter, als wir gerade die Kreuzung erreichten. Es waren Männer einer abtrünnigen serbischen Abteilung, Männer, die im Krieg ihre Familien verloren hatten und sich jetzt blindwütig austobten. Wo sie gehaust hatten, blieben überall am Westufer der Donau ausgebrannte Häuser und verstümmelte Leichen zurück. Es konnte kaum ein Zweifel darüber bestehen, was sie mit uns vorhatten. Ich weiß noch, dass ich am Steuer des Toyota saß und auf die weitläufige, fruchtbare Ebene auf dem jenseitigen Ufer des Flusses blickte, wohin der Krieg noch nicht gekommen war. Ein Traktor bewegte sich schläfrig am Horizont, eine kleine schwarze Silhouette, die sich unter dem roten Abendhimmel langsam vorwärts bewegte.

Drei der Serben kletterten auf das Heck eines Jeeps, richteten ihre Kalaschnikows auf den Toyota und befahlen uns, ihnen zu folgen. Ein zweiter Jeep schloss von hinten auf, sodass wir eingeklemmt waren. Ich fuhr zu dem, was ich für den Ort unserer Hinrichtung hielt: eine zerschossene orthodoxe Kirche, deren Kirchturmspitze quer über die Straße gestürzt war. Tovarnik, das Dorf, in dessen Mittelpunkt die Kirche stand, war serbisch. Die Kroaten hatten das Dorf vor einem Jahr mit schwerer Artillerie unter Feuer genommen und in einen Trümmerhaufen aus verbranntem Holz und zerbrochenen Ziegelsteinen verwandelt. Nichts war seitdem wieder aufgebaut worden.

Wir saßen in einem Schuppen aus Hohlziegeln unter dem heruntergestürzten Kirchturm, bewacht von einem grotesk dicken

Psychopathen mit nacktem Oberkörper und Jeans, der immer wieder zwanghaft seinen Revolver lud und entlud, ihn auf unsere Köpfe richtete oder die Wand hinter uns und am Abzug herumfingerte. Als wir mit ihm zu sprechen versuchten, in dem unbeholfenen Pidgin-Deutsch, mit dem wir uns beide behelfen konnten, lachte er nur. Die Ruhe absoluter Machtlosigkeit übermannte uns.

Eine eigenartige, unzusammenhängende Geschichte ging mir in jenen Stunden durch den Kopf. Es war nicht so, dass mein ganzes Leben in kurzer Zeit abgespult wurde, sondern es war eine Sequenz zufälliger Erinnerungen und Gedanken, die zusammengenommen keinen rechten Sinn zu ergeben schienen. Ich war mir dessen bewusst: der Zufälligkeit und des abrupten Wechsels zwischen dem tief Reflektiven und dem Banalen. Ich machte mir Sorgen wegen des Mietwagens. Würde man ihn uns zurückgeben? Ich sorgte mich auch um Jeremy, darüber, wie schrecklich die nächsten Minuten werden würden, wenn sie mich als Ersten erschossen. Ich plante einen Aufmacher für die Story, die ich zu den Akten legen würde, wenn ich überlebte, um sie zu schreiben. Ich stellte mir den Nachruf vor, wenn ich nicht am Leben blieb: »Reporter in Jugoslawien getötet«, wahrscheinlich mit einem Foto in der unteren rechten Ecke der Titelseite. Ich hoffte, S. würde davon hören, bevor sie die Zeitung sah. Ich wollte, dass sie sich an mich erinnerte. Ich wollte, dass sie mich vergaß. Bilder von diesem Wohnzimmer in Neuengland schossen mir durch den Kopf, bis mich ein gezacktes knallrotes Muttermal am Hals des Schießwütigen ablenkte und ich den Blick nicht mehr davon wenden konnte.

Ich dachte wieder an die Story, die ich geschrieben hätte, die rationale Bilanz von politischen Auseinandersetzungen und kulturellen Feindseligkeiten, die in einem Zeitungsbericht von tausend Worten das Unerklärliche verständlich machen sollte. Es war eine Übung in Illusionen. Es war unmöglich, den Wahnsinn des Brudermords in Jugoslawien zu erklären. Es gab keine Erklärung dafür, was mich dazu zwang, ihn mitzuerleben. Es gab nur Fragen.

Wie hatten sich Serben, Kroaten und bosnische Muslime dazu hergeben können, einander gegenseitig die Häuser dem Erdboden gleichzumachen und die Kinder der jeweils anderen abzuschlachten? Warum saß ich in einer Kirchenruine, während irgendein Halbirrer mit einem Revolver auf meinen Kopf zielte, wo ich vielleicht irgendwo im Mittelwesten Orangen hätte verkaufen können, mit einer schnatternden Schar eigener Kinder in einem großen, lärmenden Haus?

Die Fragen verfolgten mich während der Rettungsaktion, die von einem russischen Obersten in Gang gebracht wurde. Seine UNO-Soldaten hatten unsere Gefangennahme mit angesehen und die Kirche umringt. In den folgenden Monaten und Jahren gingen mir die Fragen, die mich in Tovarnik überfallen hatten, als ich auf eine Kugel wartete, immer wieder gebetsmühlenartig durch den Kopf.

Im Dezember 1992 unterschrieb ich einen Mietvertrag über eine Wohnung nahe der Place St. Michel in Paris. Diese hatte eine Terrasse mit Ausblick auf Notre-Dame. Ich kaufte zwei marmorne Bistrotische und vier Stühle, zwei Bodenhalogenleuchten, eine Couch und ein Bett. Ich kaufte mir sogar eine Waschmaschine, einen vierflammigen Herd mit Backofen, eine Espressomaschine und einen CD-Player.

Im Grunde wünschte ich mir das Leben meines Großvaters, achtundsechzig Jahre mit ein und derselben Frau, ein Haus, in dem Kinder steppten und sangen, und ich wusste, dass eine Waschmaschine und eine Aussicht auf Notre-Dame das nicht bewirken konnten.

Weniger als ein Jahr später gab ich die Wohnung auf und lagerte die Möbel bei einem Spediteur ein. Ich hatte kaum etwas davon benutzt. Danach lebte ich weiterhin als Untermieter in den Wohnungen anderer und in Hotelzimmern, während meine

144

unbenutzten Möbel in einem Lagerhaus gestapelt waren. Nicht wegen des trotzigen Unabhängigkeitswillens eines Junggesellen, sondern aus der Verzweiflung eines einsamen Wolfs mittleren Alters über offene Fragen.

Die Fragen trieben mich nach Sizilien. Auf die Suche nach einem Namensvetter. Auf die Suche nach einer elementaren Geschichte, einem Drama, das ich mit einem ermordeten Straßenräuber im Gewand eines Mönchs gemeinsam hatte. Nicht weil die Gewalttätigkeit seines Lebens sich in meinem wiederholte. Ich war ein viel zu rationaler Mensch, um das zu akzeptieren. Meine Geschichte war ebenso sehr wie seine durch das Zusammentreffen von Ereignissen der Außenwelt mit privaten Entscheidungen bestimmt, durch meine eigenen, bewusst und absichtlich getroffenen Entscheidungen, als wie verwirrt diese sich auch herausstellen sollten. Das Bindeglied zwischen uns war nicht das Schicksal, sagte ich mir. Es war ein Rahmen, der ein Porträt eines gewissen Francesco Viviano umschloss, das einen anderen anlockte. Daran musste ich glauben. Und bis zu einem gewissen Grad entsprach es auch der Wahrheit.

12 DER PALAST DES FRANZOSEN

Westsizilien
Januar 1996

In der letzten Januarwoche kam Mike an einem Sonntagmorgen in seinem Lancia in Paternella vorbei und hupte draußen vor dem eisernen Zaun, der den Zitrushain umschloss. Er hatte einen Schlüssel zu dem Vorhängeschloss mit der Kette am Tor, hatte ihn aber nie bei sich. Da stand irgendein Prinzip auf dem Spiel, das ich nicht ganz erfassen konnte, weil er sich auch weigerte, einen Schlüssel zu seinem Haus im Dorf bei sich zu haben. Wann immer wir dort gemeinsam ankamen, läutete Mike an der Haustür und wartete ungeduldig darauf, dass Rosalia oder Nanna die Tür aufmachte. Dabei trat er von einem Fuß auf den anderen, als wäre er ein Briefträger mit einem knappen Zeitplan. Wenn niemand aufmachte, gingen wir weg und kamen später zurück.

Es war nach sieben, als er vor der Villa hielt. Nach Mikes Maßstäben war das spät. Meist war er schon bei Tagesanbruch aus dem Bett, lungerte in der Salumeria herum oder jagte mit seinem Wagen auf der Autostrada irgendeinem Ausverkauf beschädigter Ware in Marsala oder Castelvetrano entgegen, von dem er gehört hatte. Doch er kam nur selten vor Mitternacht ins Bett.

»Mein Dad hält nichts von Hausschlüsseln oder Schlaf«, sagte Alice, wenn ich die Gewohnheiten ihres Vaters zur Sprache brachte. »Von Kreditkarten oder Girokonten hält er ebenfalls nichts«, fügte sie hinzu.

Das war mir auch schon aufgefallen. Alles, was Michele Cortese kaufte, auch die leicht beschädigten Produkte für den Laden, wurde bar bezahlt. Das einzige Telefon der Familie war ein Münzfernsprecher an der Wand hinter Alices Registrierkasse; sie hielt für die Kunden einen großen Vorrat an Zweihundert-Lire-Münzen bereit, um ihn zu füttern.

Die Salumeria befand sich wie gewohnt in einem chaotischen Übergangszustand. Diesmal fand ein Wandel vom Lebensmittel- und Delikatessenladen mit angeschlossener Baumschule zu einem Biergarten und Sandwichladen statt. In einer Ecke des Parkplatzes waren Picknicktische aus Holz aufgestellt worden, die jederzeit unter Kaffeehaussonnenschirmen aufgestellt werden konnten, wenn der Frühling da war. Drinnen war Bobby stark mit dem Geschäftsplan zu einem Haushaltswarenladen beschäftigt. Das war eine Idee, die er aus der Zeitschrift *Millionär* entnommen hatte. In flauen Geschäftsstunden hinterm Tresen der Salumeria las er jedes Wort dieser italienischen Monatszeitschrift, die erfolgreiche Unternehmer vorstellte und Ratschläge für den kürzesten Weg zu einem Millionärsdasein lieferte.

Ich half ihm manchmal dabei, Briefe an internationale Franchise-Unternehmen zu entwerfen – an Hamburgerketten, Computervertreiber, Discounthändler für Haushaltswaren –, die in der Zeitschrift inserierten. Sie reagierten nie. Aus Gründen, die Bobby nur zu gut verstand, gab es auf Sizilien so gut wie keine Ladenketten; die multinationalen Unternehmen hatten nämlich schon einmal von Gaetano Badalamenti und 'Toto Riina gehört.

Doch die Idee mit den Haushaltswaren war nicht schlecht, dachte ich. Obwohl die Hälfte aller Häuser an der Küste von Castellammare ständig im Bau zu sein schienen, befand sich der nächstgelegene Laden, der mehr als eine dürftige Auswahl an Werkzeugen und Geräten bot, in Palermo.

Es lagen noch weitere gute Ideen in der Luft. Der Lagerraum neben dem Wohnraum der Corteses war kein Lagerraum mehr. Er war plötzlich ausgeräumt worden. Mikes Sammlung ausrangierter Kühlschränke und Nannas alte Hosenanzüge waren verschwunden. Dafür war jetzt ein Büro dort eingerichtet worden mit einem großen Chefschreibtisch und Bücherregalen. Pietro Serra, Alices Verlobter, saß hinter dem Schreibtisch und kritzelte in einem Notizbuch herum. Ein Schild über der Tür zur Straße verkündete »Management Services und Consulting«. Ich war ziemlich sicher, dass auch diese Idee aus der Zeitschrift für künftige Millionäre stammte.

»Was ist los?«, fragte ich Mike. Ich versuchte, meiner Stimme einen gleichmütigen Tonfall zu geben, als ich das Vorhängeschloss aufmachte.

Der Lancia vibrierte und zitterte im Leerlauf am Eingangstor und schickte Wolken schwarzen Rauchs in die nach Zitronen duftende Luft von Paternella. Der Wagen lag sichtlich in den letzten Zügen, und ich hatte inzwischen sehr böse Ahnungen, was unsere langen morgendlichen Fahrten anging. Als ich Mike das letzte Mal nach Castelvetrano begleitet hatte, wo wir dreihundert Kilo stark verbilligten Schinken in den Kofferraum, auf den Rücksitz und den freien Raum um meine Beine herum geladen hatten, hatte die Karosserie des Wagens während der gesamten Rückfahrt immer wieder gegen die Reifen geschrammt. Am Ende der Fahrt hatte uns das Duftgemisch von Räucherschinken und verbranntem Kautschuk beide krank gemacht.

Mikes amerikanische Ruhelosigkeit hatte Rosalia schon immer gestört, und der Zustand des Lancia gab ihr eine Waffe in die Hand, die sie im Namen der sizilianischen Unbeweglichkeit schwingen konnte. Sie persönlich weigerte sich grundsätzlich, den Wagen überhaupt zu besteigen, nämlich mit der Begründung, er sei »una bara fitusa di diaulu«, wie sie es eines Abends ausdrückte. Ein dreckiger Sarg für den Teufel. Ihre Wortwahl gab mir zu denken und brachte Mike in Wut. Er stampfte aus dem Haus und ließ es sich angelegen sein, an den nächsten drei Abenden nicht zum Essen zu erscheinen.

»Ich arbeite rund um die Uhr wie ein Stier, Frank. Aber meine Familie weiß nicht, wie man Dankbarkeit zeigt«, sagte er, als ich mich bei Di Maggio neben ihn setzte und ihn dazu zu überreden versuchte, mit mir zu einer Schüssel mit Nannas Pasta in seinem eigenen Haus mitzukommen.

Als Mike wieder zum Essen erschien, herrschte viele Tage lang eine unbehagliche Kälte bei Tisch, gebrochen nur durch Nannas Monologe über die jüngsten Besucher aus dem Weltraum, die neuesten Heiratsprobleme der Fürstenfamilie von Monaco oder über den Ehebruch von Prinz Charles. Dank der italienischen Boulevardblätter konnte sie stundenlang über Außerirdische reden, aber ebenso über das viel beschäftigte Dasein des Prinzen von Wales und die Töchter des Fürsten Rainier. Mike ignorierte sie und aß seine Pasta, ohne zu sprechen.

Heute Morgen war er jedoch guter Laune. »Was ist los, he!«, äffte er mich nach. Mike liebte es, wenn seine Kinder oder ich amerikanischen Slang sprachen. »Ich werde dir was ganz Besonderes zeigen, das du noch nie gesehen hast. Das ist los«, sagte er.

Genauer hatte er sich noch nie über unsere Bestimmungsorte geäußert. Ich hatte gelernt, nicht auf weiteren Informationen zu bestehen. Wenn Mike sagte, etwas sei interessant oder, noch besser, »etwas Besonderes«, stellte sich dies unfehlbar als zutreffend heraus. Ich errang jedoch einen kleinen Sieg oder gar einen großen, wenn Rosalias Charakterisierung des Lancia für bare Münze genommen wurde. Er erklärte sich einverstanden, seinen Wagen in Paternella zu lassen und mich fahren zu lassen. Ich stellte Monacu eine Schale mit Katzenfutter auf die Terrasse. Der Kater war weggerannt und hatte sich in dem Zitrushain versteckt, als der Lancia stotternd vor dem Tor erschienen war. Dann fuhren wir in Richtung Westen.

Die Sonne erwärmte schon die Viehweiden, ein riesiger karmesinroter Globus, der über Punta Raisi schimmerte, als wir die Kreuzung mit der Straße nach Montelepre erreichten. Mike gab mir ein Zeichen, ich solle nach links abbiegen, in die Berge. Es war kaum zu glauben, dass hier vor nicht allzu langer Zeit ein Schneesturm getobt hatte. Der Schnee war jetzt fast überall verschwunden und lag nur noch auf den höchsten Bergkämmen hinter dem Monte Palmeto. Die Hütejungen, die ihre Herden an der Straße entlang führten, trugen T-Shirts.

Es gibt nur wenige Orte auf der Erde, die im Winter strahlender sind als Sizilien. Die Mandarinen- und Orangenhaine von Castellammare reifen in den gleichen Wochen, gleich nach Weihnachten, in denen die Zitronenbäume in üppigster Blüte stehen. Von der Straße, die sich in Richtung Montelepre hinauf schlängelt, ist die Küstenebene ein atemberaubender Flickenteppich aus weißen Blüten und Orangen, die sich vor dem Hintergrund der türkisfarbenen Bucht ausbreiten. Die Hochlandtäler sind mit Gold überzogen. Ihre Wildgräser sind durch den Februarregen üppig gewachsen. Überall blühen Senf- und Butterblumen.

Die Griechen der Antike hatte ihre Allegorie über Tod im Winter und Auferstehung im Frühling im Inneren von Sizilien angesiedelt. Der kleine Pergusa-See südlich von Caltanissetta war der

Ort des mythischen Raubs der Persephone. Hades, der Herr der Unterwelt, hatte sich in das Mädchen verliebt und entführte sie in sein höllisches Reich aus Rauch und Feuer. Ihre vor Kummer gebrochene Mutter, Demeter, Göttin von Getreide und Fruchtbarkeit, brachte in der Oberwelt alle Zeugung zum Stillstand. Später einigten sich Mutter und Liebhaber darauf, dass Persephone pro Jahr sechs Monate in jedem der beiden Reiche verbringen sollte, damit die Erde nicht zu einer leblosen Wüste werde. Der Beginn des Winters markierte Persephones alljährlichen Abstieg in die Hölle, wie die Griechen glaubten, und der Frühling ihre fruchtbare Rückkehr.

Zweitausendsiebenhundert Jahre, nachdem die ersten griechischen Siedler auf der Insel Kolonien gründeten, sind die Sizilianer noch immer von dem metaphysischen Wechselspiel von Tod und Auferstehung fasziniert. Die Ermordung Giovanni Falcones, die an ein Passionsspiel erinnert, passte zu dieser antiken griechischen Allegorie, ebenso die quälenden Prozessionen in der Karwoche, die sich durch die Städte Siziliens schlängeln.

Der Mythos stimmte aber einfach nicht mit der großen Fruchtbarkeit des Winters auf Sizilien überein, dem Überfluss an Farben, der seine sonnenüberfluteten Weiden erhellt, es sei denn, das Klima hat sich in den vergangenen drei Jahrtausenden radikal verändert. Auf Sizilien war es der Sommer mit seinen windlosen Nächten, seiner drückenden Hitze und den sonnenverbrannten Feldern, der mich an Tod denken ließ.

Als wir gut drei Kilometer auf der Straße nach Montelepre gefahren waren, bat Mike mich anzuhalten. »*Ghistu ca, a sinistra*«, sagte er und verfiel plötzlich in den sizilianischen Dialekt. Links, wohin er zeigte, führte eine breite, mit Johannisbrotbäumen gesäumte Allee bergauf zu einem Weinberg. Es war die offizielle Auffahrt zu einem Landgut, die von den Erntewegen des Weinbergs in genau rechtem Winkel gekreuzt wurde. Gut zwei Kilometer bergauf gabelte sich die Allee mit den Johannisbrotbäumen und umschloss eine Gruppe von Gebäuden inmitten von Palmen und Blumenbeeten.

Ich wusste, was ich betrachtete. Dies war »Lo Zucco«, die Hauptresidenz des französischen Herzogs, dessen Ställe sich an der Seeseite des Zitrushains von Paternella befanden. Des Mannes, der Paolo Cocuzza 1851 zu seinem Aufseher gemacht hatte. Das Gut war so groß, dass es ein Viertel der Karte des Architekten füllte. »Das Gut dieses Franzosen«, sagte ich. »Es muss früher wirklich prachtvoll gewesen sein …«

Mike zeigte mir immer, was es in der Gegend an Besonderheiten zu sehen gab. Ich nahm an, dass wir uns einige Minuten über die Glanzzeit des Guts unterhalten würden, um dann schnell zu seinem Ziel weiterzufahren, welches ihm auch vorschweben mochte.

»Fahren wir weiter«, sagte er plötzlich. »Es sieht nicht gut aus, wenn du hier zu lange parkst.«

Er wollte, dass ich in die Allee mit den Johannisbrotbäumen einbog. Ich tat es, wenn auch sehr langsam. Alle neunzig Meter oder so blickte uns einer der Landarbeiter von den Weinreben aus an, als wir vorbeifuhren. Sie hatten sich Gewehre um die Schultern geschlungen.

Am oberen Ende des Hangs zeigte Mike auf die rechte Kurve der Auffahrt, und ich parkte vor einem Palazzo aus Kalkstein, der mit kunstvollen maurischen Blumenmustern dekoriert war. Oder vielmehr dem, was davon noch übrig war. Das Dach des Hauptgebäudes war eingesunken, und durch die offenen Fenster konnte ich dort, wo die Decke hätte sein sollen, den Morgenhimmel sehen. Sonnenstrahlen schienen durch Lücken in den schweren Damastvorhängen, die noch immer über mehreren der klaffenden Fenster hingen. Ein Flügel des Palasts war in Schuss gehalten worden. Die Fenster waren verglast, und ich sah genauso schwere Vorhänge wie in dem verfallenen Bau nebenan, und das ursprüngliche Dach war ersetzt worden.

Ein muskulöser junger Mann in einem engen gelben Polohemd beobachtete uns von der Terrasse aus. Er hatte stahlblaue Augen und gewelltes blondes Haar, Erinnerungen an die Züge der Normannen, die das damals arabische Sizilien im elften Jahrhundert eroberten.

»Michele, *bon giu*«, sagte er. »*Ghe si dici?*« Es war die sizilianische Version von »Was ist los?«. Ich stellte mir gerade die gleiche Frage.

Der Eigentümer, der Vater des jungen Mannes, trat durch die Tür und kam zu uns auf die Terrasse. Er war Ende siebzig oder Anfang achtzig, wie ich vermutete. Sein Bauch quoll ihm ein gutes Stück über den Gürtel, aber er hatte die gleichen mächtigen Schultern wie sein Sohn. Er trug ein geblümtes, lockeres Hawaiihemd, das mit Auslegerkanuten und Ukulele zupfenden Polynesierinnen geschmückt war.

Mike stellte mich vor. »*Salve*, Mr. Viviano«, sagte der Herr von Lo Zucco und benutzte die archaische lateinische Grußformel. Später bestätigte er, dass ihm bekannt war, dass ich Schriftsteller sei, zwar nicht durch einen direkten Verweis auf meine Arbeit, sondern durch diskrete, aber unverkennbare Anspielungen auf den Zweck meines Aufenthalts in Terrasini. Ebenso diskret machte er deutlich, dass sein Name nicht in gedruckter Form erscheinen dürfe. Selbst bei Unterhaltungen mit meinen Freunden in Terrasini gewöhnte ich mir an, ihn »Signore Zucco« zu nennen. Jeder wusste, wen ich meinte.

»Schön, nicht wahr?«, sagte Signore Zucco auf Englisch. Er zeigte mit einem Kopfnicken auf die Landschaft, die sich unter uns ausbreitete, und das üppige Grün mit den Zitrushainen und Weinbergen, die der französische Herzog vor mehr als hundert Jahren gepflanzt hatte.

Wir standen auf der Terrasse und unterhielten uns. Ich fragte ihn nach den Ruinen. Der maurische Palast war nach dem Tod des Franzosen in das Eigentum der Fürstin Gangi übergegangen, einer bourbonischen Erbin, wie Signore Zucco erklärte. Aber die Fürstin tat nichts, um den Palast zu erhalten, und 1968 hatte ein

Erdbeben dem Dach den Garaus gemacht. Signore Zucco hatte das Anwesen zehn Jahre später erworben und den Nordflügel wieder hergerichtet. Was das Hauptgebäude anging, zeigte er sich pessimistisch, ob es möglich sein würde, seine verlorene Grandezza zurückzugewinnen. Die *casa* sei *esaurita*, sagte er auf Italienisch, »erschöpft«. Wie die meisten Menschen um Terrasini herum sprangen er und sein Sohn mühelos zwischen sizilianischem Dialekt und grammatikalisch modernem Italienisch hin und her und streuten gelegentlich einen englischen Ausdruck ein. Jede Sprache hatte seinen Platz und seine Verwendungsmöglichkeiten.

Der alte Mann hatte eine distanzierte Nachdenklichkeit an sich, als er über die Weinberge hinwegblickte. Es war etwas, was über die normale sizilianische Melancholie hinausging, eine Andeutung davon, dass auch er *esaurito* war. »Meine Frau hat diese Aussicht geliebt«, sagte er. »Wir haben Stunden damit zugebracht, nur aufs Meer hinauszustarren, bevor das Ende kam.«

Sie war vor drei Monaten gestorben. An Krebs. »Wir sind fünfundvierzig Jahre zusammen gewesen. Nicht so lange wie Ihre Großmutter und Ihr Großvater, Mr. Viviano, aber eine lange Zeit, eine lange Zeit.«

Das war eine bewusste Andeutung. Er wusste mehr über mich als nur die Tatsache, dass ich Schriftsteller war.

»Okay, *andiamo*«, verkündete Signore Zucco plötzlich. Mike ging um meinen Wagen herum und machte die Beifahrertür auf. Der alte Mann quetschte sich in den Vordersitz des Peugeot und Mike setzte sich auf den Rücksitz. Ich fuhr die Allee mit den Johannisbrotbäumen hinunter, und der Vorarbeiter aus dem Weinberg hob sein Gewehr zum Gruß, als wir an ihm vorbeifuhren.

*

Auf Anweisung Signore Zuccos bog ich in eine Schotterstraße ein, die um das Landgut herumführte. Nach gut eineinhalb Kilometern war auch der Kiesweg zu Ende, und der Peugeot rum-

153

pelte auf einem einfachen Feldweg weiter, der durch die Räder von Traktoren, die den winterlichen Schlamm aufgewühlt hatten, stark in Mitleidenschaft gezogen war. An diesem Morgen war die Straße überwiegend trocken und von der Sonne gehärtet, dafür aber atemberaubend steil. Es gab nicht mehr als ein halbes Dutzend Spitzkehren, die den Anstieg etwas erleichterten.

Wir fuhren behutsam an einem Felsvorsprung über einem Bachbett entlang, das am Westhang des Monte Palmeto talwärts führte. Nur einmal verlor ich kurz die Kontrolle über den Wagen, als er in einem unerwarteten Schlammloch landete. Wir schlitterten seitwärts zum Rand eines plötzlichen Steilhangs. Dreihundert Meter unter uns konnte ich in die klaffende Hülle des maurischen Palazzo hineinblicken. Mike und Signore Zucco schienen es nicht zu bemerken. Sie waren tief in ihre Unterhaltung versunken; ich hörte oft das Wort »Paternella«, doch die beiden sprachen so schnell und in einem so starken gemurmelten Dialekt, dass ich kaum folgen konnte.

Das Tal verjüngte sich zu einer flachen Schlucht. Der Pfad führte an ihrem Südhang entlang. Auf der anderen Seite des Bachbetts sah ich die von Unkraut überwucherten Überreste einer steinernen Hütte auf einem ebenen Stück Land. Was nach einem Jahrhundert von winterlichen Regenfällen davon übrig geblieben war, war eine einzige bröckelnde Wand; das Dach war von den Bergwinden schon längst hinweggefegt worden.

Signore Zucco tippte mir auf den Arm. »Ihr Vorfahr«, sagte er. »Dieses Haus gehörte ihm. Dem Mann, der getötet wurde.«

Er benutzte das Verb *ammazzare*. Das hat auf Sizilien eine besondere Bedeutung und deutet auf einen besonders gewalttätigen Tod hin. Eine Ermordung. Es war ein Hinweis auf den Mönch.

Wir fuhren weitere zwanzig Minuten fast bis zur Portella di Mircene weiter, dem Pass auf dem Gipfel des Monte Palmeto direkt oberhalb von Terrasini. Auf einer Weide, die sich nach Süden hin öffnete, grasten Kühe. Am Rand der Weide befand sich ein hölzerner Schuppen, der von Strohballen umgeben war. In diesem Schuppen gluckerten zwei riesige Kupferkessel über einem Holzfeuer. Der Rauch machte es schwer, klar zu sehen, aber ich sah ein paar dunkelhaarige junge Männer, die auf gemauerten Plattformen oberhalb der Kessel saßen. Sie rührten den Inhalt in einem langsamen Rhythmus um, wobei sie flache Holzpaddel in der Länge und Breite von Ruderbootriemen schwangen. Schweißbäche liefen ihnen am Hals herunter.

»Die *tuma* ist fertig«, sagte Mike. Damit meinte er im sizilianischen Dialekt die Molke des örtlichen Käses, des *cacciocavallo*. Er nahm sich einen Löffel von einem Tisch neben den Kesseln, tauchte ihn in einen Eimer, der zwischen den beiden umrührenden Männern stand, und füllte drei Keramikschalen mit Bergen der weichen, hellgelben Molke. Wir aßen schweigend und sahen zu, wie Dampf von den Kesseln aufstieg. Ein Junge betrat den Schuppen mit zwei großen Kunststoffbehältern und füllte sie mit Tuma. Als wir mit dem Essen fertig waren, trug Mike die Behälter zu dem Peugeot hinaus und stellte sie zusammen mit zwei Kilo Cacciocavallo für jeden von uns auf den Fußboden des Rücksitzes. Die Tuma war für Signore Zucco.

Wir brauchten fast eine Stunde, um auf dem Bergpfad wieder hinunter zu rumpeln. Niemand sprach. Als wir am Palazzo ankamen, ging der alte Mann um den Wagen herum zur Fahrerseite und schüttelte mir ernst die Hand, als Mike sich auf den Beifahrersitz setzte.

»*Auguri*, Mr. Viviano«, sagte er. »Ich hoffe, Sie finden, wonach Sie suchen.«

Signore Zucco verstummte kurz und sah mir fest in die Augen. Dann sprach Mike: »Viele Menschen möchten dich wissen lassen, dass sie wegen dieses Einbruchs draußen auf dem Land unglücklich sind«, sagte er. »Viele Leute möchten gern herausfinden, wer das getan hat.«

Er meinte damit den Einbruch in Paternella während meines

Aufenthalts in der Türkei. Der alte Mann nickte Mike zu und ging in den maurischen Palast zurück. Seine Botschaft war so glockenklar wie das Geläut der Glocken, die jetzt in Maria Santissima delle Grazie die Stunde schlugen.

Ich wusste jetzt, wer *nicht* für den Einbruch verantwortlich war.

*

Die Begegnung mit Signore Zucco ließ mein Interesse an der alten Karte des Architekten Orlando wieder aufleben. Ich brütete über jedem Quadratzentimeter davon und versuchte, ihre besonderen Kennzeichen in ihrer Umgebung des zwanzigsten Jahrhunderts unterzubringen, erforschte ihre Straßen und Feldwege zusammen mit den Tagebüchern und hundertjährigen Reiseerinnerungen als Reiseführer des Risorgimento.

An kalten Abenden rollte sich der Kater Monacu zu meinen Füßen zusammen. Wir beide wärmten uns an einer Kerosinheizung, die Rosalia mir geliehen hatte. Jetzt machte ich mich auch daran, möglichst viel über den französischen Aristokraten zu erfahren, dem das Landgut einmal gehört hatte. Der Mönch, ja sogar sämtliche Vivianos bis zur Geburt von Paolinu waren praktisch Leibeigene dieses verbannten Herzogs gewesen.

Wie Signore Zucco nannte auch Großvater ihn einfach immer nur *lu Francese*, »den Franzosen«. Offizieller war er Henri d'Orléans, Duc d'Aumale, dessen riesige Ländereien einmal die gesamte Contrada Paternella umfasst hatten. Er war der vierte Sohn des französischen Königs Louis-Philippe und der Königin Maria-Amelia Beider Sizilien.

1853 erwarb Aumale sein Landgut in Castellammare – die *Tenuta dello Zucco*, »Das Weingut«, von einem verarmten Bourbonen-Granden. Als andere Landgüter von Adligen nach dem Risorgimento der Obhut von Pächtern übergeben oder Stück für Stück an wohlhabende Bürgerliche verkauft wurden, weigerte sich der französische Herzog, sich auch nur von einem einzigen Hektar zu trennen. Lo Zucco blieb bis zu seinem Tod dort im

Jahre 1897 ungeteilt. Das Gut umfasste fast zwölf Quadratkilometer mit Weinbergen, Mandel-, Pistazien- und Zitrushainen, die von dem großen maurischen Palazzo überragt wurden, der am Hang des Monte Palmeto in zweihundert Meter Höhe thronte.

Von der halbkreisförmigen fliesenbelegten Terrasse aus konnte Aumale bis zum Capo San Vito blicken, das mehr als achtzig Kilometer auf der anderen Seite der Bucht liegt, sowie fast bis zur nordafrikanischen Küste, wo er eine außergewöhnlich ereignisreiche Jugend verlebt hatte. 1840 war er im Alter von achtzehn Jahren als Ordonnanzoffizier in der Armee seines älteren Bruders, des Kronprinzen, des Herzogs von Orléans, nach Algerien geschickt worden. 1843 ernannte man ihn zum Generalleutnant und Oberbefehlshaber der Provinz Constantine. Er führte einen Überraschungsangriff, der den algerischen Widerstand gegen die französische Herrschaft brach. 1847 – er war erst fünfundzwanzig Jahre alt – ernannte man ihn zum Generalgouverneur von Algerien.

Einige Monate später fegte die Revolution von 1848 über Europa hinweg. Louis-Philippe wurde von dem französischen Thron gestürzt, und um ein Haar wären auch die Bourbonen auf Sizilien entmachtet worden. Doch als die Nachricht Aumale in Algier erreichte, übergab er sein Kommando auf der Stelle einem Offizier, der auf Seiten der Revolution stand. Im Grunde war der französische Herzog ein Liberaler.

Er war jedoch ein Liberaler von ungeheurem Reichtum – man könnte sogar behaupten, dass er das größte Privatvermögen Europas besaß – und seinen *viddani*-Pächtern an Rang und Temperament viel zu überlegen, um sich mehr als ihren widerwilligen Respekt zu verdienen. Der Franzose von Terrasini war der Sohn eines Königs mit der kühlen intellektuellen Haltung und dem scharf geschnittenen Aristokratengesicht der Familie Orléans. Dazu trug er einen Kinnbart, der immer militärisch kurz gestutzt war. Außer Lo Zucco besaß er noch einen Palast in Palermo, der von einem hundertfünfundsiebzig Morgen großen privaten Park umgeben war, fünftausend Morgen Land mit Zuckerrohr in Brasilien sowie eine Kunstsammlung, in der sich berühmte Werke von Raphael, Delacroix, Ingres und Watteau befanden. Die Bilder hingen an den Wänden seiner eindrucksvollsten Immobilie, des großen Schlosses von Chantilly nördlich von Paris mit ganzen Quadratkilometern gestalteter Gärten und einem Stall, in dem zweihundertvierzig Pferde untergebracht waren sowie einhundertfünfzig Hunde für die Jagd.

Doch Aumales entschieden moderne Mentalität und kein Aristokratenstolz war für seine Weigerung verantwortlich, seine sizilianischen Ländereien zu verkaufen. Selbst in seinem Exil in dem rückständigsten Land in Europa war der französische Herzog entschlossen gewesen, seine neuen Ländereien mit der neuesten Technik zu bebauen. Er wandelte Lo Zucco in ein riesiges Landwirtschaftsexperiment um, in ein Modellgut. An der Seeseite des Dorfs ließ er ein imposantes steinernes Lagerhaus errichten, das noch immer den Hafen beherrscht. Es war von 1880 an durch Bahngleise mit einer Verladestation in der Mitte der Weingärten von Lo Zucco verbunden. (Die zum Untergang verdammten jungen Österreicher waren in Aumales Lagerhaus eingesperrt gewesen, als die Spanische Grippe die meisten von ihnen hinwegraffte.)

Das Gesamtergebnis seiner Bemühungen war zum Erstaunen seiner Nachbarn, der trägen sizilianischen Gutsbesitzer, dass Aumale in Terrasini eine Exportindustrie auf die Beine stellte. Fast zwei Generationen lang errangen seine »Zucco«-Weine im Norden Europas einen ungeheuer profitablen Markt.

Aumale war ein Dissident. Ein moderner Mann in einem antiken Land. Ein Aristokrat, der sich in einen Unternehmer verwandelte. In einer Ecke Europas, welche die Mentalität der Feudalherrschaft nie ganz abgeschüttelt hatte, war er ein Liberaler, mochte sich das Land nach dem Risorgimento auch den Anschein einer Demokratie geben.

Nirgends war dieser Widerspruch offenkundiger als bei der Verteilung von Land. Nach der Vereinigung von Sizilien und Italien im Jahre 1861 wurden fruchtbare Landgüter nach und nach von Männern aufgekauft, die sich nur selten für die neuen Methoden interessierten, für die der Eigentümer von Lo Zucco eintrat. Ihren Interessen und ihrem Profit war eher damit gedient, dass Sizilien im Dunkeln gehalten wurde. Diese Männer hatten keine Lust, die Insel ins Licht zu zwingen.

Man kann nicht erwarten, dass der Herzog von Aumale die lokalen Realitäten verstand. In einem Land, in dem Eingeborene von Terrasini Besucher aus der Nachbarprovinz Trapani als *straneddi*, »Ausländer«, und Italiener als eine vollkommen andere Rasse ansahen, würde er immer »der Franzose« bleiben. Er blieb immer ein Außenseiter, der sich aus wissenschaftlichen Gründen weigerte, sich auch nur von einem kleinen Teil seines Landes zu trennen. Er war von Nachbarn umgeben, die nur das behielten, was wertvoll war, die aber nichts taten, um es zu nutzen.

Was für die *viddani* übrig blieb, das, was ihnen oft im Austausch gegen Arbeit verkauft wurde, da sie kein Kapital besaßen, waren winzige Landparzellen auf unfruchtbaren Berghängen, die höchstens ein paar ausgemergelte Schafe ernährten. In Montelepre, der felsigen Bergstadt, in der Paolo Cocuzza und der berühmte Bandit des zwanzigsten Jahrhunderts Salvatore Giuliano geboren wurden, wurden 1890 zweitausend Morgen trockener Bergweiden unter achttausend Landarbeitern aufgeteilt.

Das gleiche verzerrte Bild ergab sich auf der alten Militärkarte des Architekten Orlando, auf der winzige Bauernstellen die Namen der Viviano, Valenti und anderer *viddani*-Familien aus Terrasini trugen.

Niemand konnte mit dem Ertrag winziger Bauernstellen von dieser Größe überleben. Aus diesem Grund verdingte sich mein Namensvetter als Stallbursche beim Herzog von Aumale, wenn er sich nicht gerade in den Bergen aufhielt und Nachschubtransporte der Regierung ausraubte oder wohlhabende Reisende –

eine Beschäftigung, mit der in dieser aufsässigen Region keinerlei Schande verbunden war.

Von den siebzehn Kleinbauernfamilien, die auf der Terrasini-Karte des Architekten Orlando namentlich genannt waren, tauchten neun später bei Ermittlungen der Kriminalpolizei in Italien oder den Vereinigten Staaten auf. Inzwischen war das frühere Banditentum einer Kriminalität großen Stils gewichen und zum ausgereiften *sistema del potere* geworden, das mit einem gewaltigen Landhunger einherging.

Unter den größeren Käufern des aufgeteilten Aumale-Landguts im zwanzigsten Jahrhundert erscheinen dieselben Familiennamen. Nur wenige Jahre nach dem Tod des französischen Herzogs hatten seine Erben ihre Anteile an Lo Zucco für Wohnungen am Seineufer in Paris und Segelyachten in den Häfen von Portofino und St. Tropez hergegeben.

Auf der Karte des Architekten fiel mir noch etwas anderes auf, etwas, was ich mir gern als ein Kopfnicken meiner Großmutter vorstelle.

Im neunzehnten Jahrhundert stand ein Haus namens »Villa Carolina« direkt angrenzend an die Ställe, in denen der Mönch gearbeitet hatte. Es war ein Nebengebäude von Lo Zucco, das nach Maria-Carolina Augusta benannt war, der Fürstin von Salerno und Ehefrau des französischen Herzogs. Diese Villa wurde von dem herzoglichen Haushalt bewohnt, wenn die Wintertemperaturen im Hochland den maurischen Palazzo ungemütlich machten. Die aus bernsteinfarbenem Kalkstein des Monte Palmeto errichtete Villa Carolina war zeitgenössischen Berichten zufolge ein schönes, wohlproportioniertes Gebäude, ein weithin sichtbares Wahrzeichen der Gegend, bis die Baronesse Fassini es abreißen ließ und durch ihr Herrenhaus im Jugendstil ersetzte.

Der Herzog von Aumale bewirtete in der Villa Carolina eine glanzvolle Gesellschaft königlicher Vettern und Bekannter, in Versammlungen des europäischen Adels, die deutsche und rus-

Frank Viviano und Angelina Tocco bei ihrer zweiten Heirat in Detroit 1917, einen Monat nach ihrer Entführung nach Kanada.

Eine Studioaufnahme meines vierjährigen Großvaters in Sizilien, mit seiner Mutter, Grazia Tocco, und seinen zwei Schwestern, Angelina (links) und Maria.

Die Großeltern Viviano 1946 mit meinem Vater, Tommie, und
meiner Mutter, Prudy DiGiuseppe, in der Woche, als ihre
Verlobung bekannt gegeben wurde. Zehn Monate früher war mein
Vater von der U.S. Navy nach Nagasaki gesandt worden, um über
die Auswirkungen der Atombombe zu berichten.

Mein Großvater mütterlicherseits, Salvatore DiGiuseppe,
in Detroit, um 1950.

Der Autor im Alter von vier Jahren mit seiner Großmutter mütterlicherseits, Caterina Cammarata.

Terrasini, Sizilien,
Blick vom Fischereihafen.
(Foto: Frank Viviano)

Rechte Seite:
Die verlassene Paternella-Villa, wo
der Mönch beschäftigt war im Stall
des Herzogs von Aumale, des Sohns
von König Louis-Philippe von
Frankreich. (Foto: Guido Orlando)

Das »Fest der Junggesellen« auf der
Piazza Duomo in Terrasini, im
Hintergrund die Kirche Maria
Santissima delle Grazie. (Foto: Guido
Orlando)

Der Brigant Antonino Cammarata, Polizeiaufnahme nach seiner Ergreifung in den 1870er Jahren. (Mit freundlicher Genehmigung des Museo Etnografico Siciliano Pitre, Palermo)

Der Strand bei Favarotta, um 1870. Der Mönch und seine Kameraden wurden hier von der bourbonischen Armee im April 1860 gestellt, nachdem ihr Aufstand gescheitert war.

Vukovar, Kroatien, 1992, nachdem die Stadt von der jugoslawischen Armee und serbischen Milizen verwüstet worden war. (Foto: Jeremy Stigter)

Ein verlassenes Kind in den Ruinen von Vukovar, Kroatien, 1992. Ein paar Stunden nach dieser Aufnahme wurden der Autor und der niederländische Fotograf Jeremy Stigter von einer abgespaltenen Serbenmiliz gefangen genommen. (Foto: J. Stigter)

Der Autor bei der Arbeit im Paternella-Haus, 1996. (Foto: Chiew Terriere)

Monacu, die Katze. (Foto: Chiew Terriere)

sische Grafen, abgesetzte Bourbonenprinzen und sogar Kaiserin Eugenie von Frankreich nach Terrasini brachten. Einer der häufigen Gäste, eine Frau, die nur wenige hundert Meter von der Kate Francesco Vivianos und seiner Söhne Giuseppe und Gaetano in seidener Bettwäsche ruhte – des Onkels Gaetano, den mein Großvater als den »Falken« bezeichnete, den mit einer roten Schärpe ausgestatteten Liebhaber einer Königin in den Geschichten Großmutter Angelinas –, war die frühere Prinzessin des Königreichs Beider Sizilien. Nicht direkt die Königin von Neapel, doch sie kam dem schon verlockend nahe.

Am 11. Mai 1860, als Giuseppe Garibaldi mit seinen tausend Freiwilligen bei Marsala landet, ist sie ein verführerisches Lächeln, ein Blick über den Dorfplatz.

13 RISORGIMENTO

Westsizilien
Mai 1860

In seiner Lehmhütte in Paternella lauscht Francesco Paolo Viviano dem Boten aus Cinisi und gibt die Neuigkeit dann an Maria weiter. Er holt sein Gewehr, das seit dem 17. April in der Hütte versteckt gewesen ist. Sein drei Jahre alter erstgeborener Sohn Gaetano, der eines Tages viele eigene Waffen tragen wird, sieht zu. Francesco küsst Gaetano zweimal auf jede Wange und wickelt sich dann die rote Schärpe um die Taille. Er sieht Maria an. Sie dreht sich um und blickt weg.

Paolo Cocuzza sieht vom Gelände der Villa Carolina aus zu, wie sein Stallbursche die Bourbonenstraße überquert. Cocuzza ist seit 1854 Aufseher des französischen Herzogs, ein Straßenräuber, der ehrbar geworden ist. Für die Männer jedoch, die für ihn arbeiten, bleibt er der Robin Hood von Montelepre. Man hat ihn in aller Stille darüber informiert, dass Giuseppe Garibaldis Armee nach Sizilien unterwegs ist. Cocuzza ist zu alt, um selbst wieder in die Berge zu gehen. Er kann nur zusehen.

Der Herzog von Aumale befindet sich auf dem Rückweg von einer Geschäftsreise nach Brüssel und ist gerade zu dem maurischen Palazzo hoch auf dem Hang des Monte Palmeto unterwegs, als ihn eine Nachricht Cocuzzas erreicht, worauf die Reise beendet wird. Zwölf Jahre sind vergangen, seit die Monarchie seines Vaters zusammengebrochen ist und Aumale ins Exil geschickt hat; er weiß, dass jetzt wieder eine Dynastie stürzen wird. Der Herzog bedauert seine Frau und seine Mutter, die Bourbonenprinzessinnen sind. Ihm ist klar, dass seine Verbindungen zu dem alten Regime eine Rückkehr nach Sizilien unmöglich machen. Es werden neun Jahre vergehen, bis er die Insel wieder sieht. Bei Gesprächen mit Garibaldis Verbündeten im Norden hat er aber auch durchblicken lassen, dass er die Gründung einer italienischen Republik unterstützt.

Aumale glaubt an die Logik der Evolution, an die Unvermeidlichkeit des Wandels. Er fragt sich, ob Lo Zucco, sein großes Experiment, die nächsten Wochen überleben wird.

Über den Küstenebenen wartet Zu 'Piddu Badalamenti in einer Schlucht des Monte Palmeto. Einer von Garibaldis sizilianischen Adjutanten ist mit detaillierten Plänen für die bevorstehende Invasion bei ihm. Der alte, halb gelähmte Capo hat Wort gehalten. Der Waffenstillstand vom 17. April war nur eine Pause und nicht das Ende des Aufstands. Die Männer, die damals in untröstlicher Niedergeschlagenheit von den Stränden Favarottas nach Hause zurückkehrten, umzingelt von Bourbonentruppen, werden erneut squadre bilden. Es sind nicht die gleichen Männer, die sich hier vor fünf Wochen trafen. Inzwischen liegt die Schlacht von Monreale hinter ihnen.

Die Soldaten des Königs erinnern sich ebenfalls an Monreale und eilen nach Westen, um sich Garibaldi entgegen zu stellen. Sie fürchten sich vor jedem Zitronenhain, vor jedem großen Felsen auf der Ebene von Castellammare. Die picciotti könnten sich überall verstecken und darauf warten, sie mit einem Schuss zu Krüppeln zu machen und ihnen anschließend mit einem Messer die Kehle zu durchschneiden. Diese Furcht wird sich als ein entscheidendes Element in dem beginnenden Krieg erweisen, der die auf Sizilien fast sechs Jahrhunderte lange Herrschaft von Spaniern und Bourbonen beendet. Diese Angst wird sich als prophetisch erweisen.

Giuseppe Garibaldi ist im Frühjahr 1860 dreiundfünfzig Jahre alt, ein heimatloser Glücksritter, der den größten Teil seines erwachsenen Lebens im Ausland verbracht hat, der in lateinamerikanischen Revolutionen mitgekämpft hat oder seine Zeit als eingewanderter Fabrikarbeiter in New York abwartete. Ihm ist klar, dass die Invasion Siziliens seine größte und wahrscheinlich letzte Möglichkeit ist, Geschichte zu gestalten, etwas mehr zu sein als ihr extravaganter Diener.

In seinem politischen Empfinden ist Garibaldi zutiefst unrealistisch, sogar naiv. »Er besitzt keine große Bildung, und obwohl seine Ansichten breit gefächert und ehrlich sind, erheben sie sich nur selten über das Niveau banaler und volkstümlicher Gemeinplätze«, meldet ein britischer Militärattaché in Italien an Lord John Russell, den damaligen Außenminister Großbritanniens. Doch Garibaldi ist auch der Sohn eines Fischers und selbst ein armer Mann, ein ehemaliger Matrose und Viehhirte, der seine Familie unter Bauernpächtern in Brasilien, Uruguay und Argentinien großgezogen hat.

Er hat ein feines Gespür für das Denken der Bauern, und anders als seine Anhänger im Norden, die dem Mittelstand angehören, erkennt er, dass es ohne die viddani *keine Revolution geben wird.*

Seine erste offizielle Proklamation besteht aus nur zwei Befehlen, die er nach dem Sieg über die Bourbonen erlässt:

Artikel Eins: »Künftig wird von niemandem mehr verlangt, einen Gutsherrn als ›Euer Exzellenz‹ anzureden.«

Artikel Zwei: »Das Bacciamano wird für illegal erklärt.« Diese Sitte verpflichtete Kleinbauern und Landarbeiter, einem Gutsherrn die Hand zu küssen.

Garibaldi begreift, dass eine aufständische Kleinbauernschaft das Meer ist, in dem eine Revolutionsarmee schwimmen muss. Die Konsequenzen eines solchen Aufstands auf Sizilien sind ihm jedoch nicht in allen Punkten klar.

Die Landung bei Marsala geht unerwartet unblutig vonstatten. Die Tausend dampfen mit zwei gestohlenen Raddampfern in den Hafen, der Piemonte und der Lombardo, *die prompt hundertfünfzig Meter von der*

Pier entfernt auf Grund läuft. Als die Männer der Piemonte *an Land gehen und Fischerboote damit beginnen, Passagiere und Artillerieteile von der manövrierunfähigen* Lombardo *an die Küste zu bringen, erscheinen aus dem Süden eine mit sechzig Kanonen bestückte bourbonische Fregatte und zwei Kanonenboote, die sich knapp außerhalb des Hafens in Stellung bringen. Eine wohl gezielte Kartätschenbreitseite in diesem Augenblick, die die* Lombardo *von vorne bis achtern durchsiebt und die Landungsbrücke einebnet, hätte Garibaldis Mannschaft dezimiert und fast mit Gewissheit die Invasion beendet.*

Aber die Bourbonen enthalten sich eine fatale Stunde lang des Feuers, erstarrt vom Anblick der HMS Intrepid *und HMS* Argus, *zweier britischer Kriegsschiffe, die einen Kilometer vor der Küste ankern. Sie repräsentieren die schlagkräftigste Seekriegsmacht, und die Bourbonen sind überzeugt, dass sie für eine Intervention zugunsten der Rebellen gerüstet sind; die britische Regierung hat kein Geheimnis aus ihrer Abneigung gegenüber dem Regime in Neapel gemacht, das London als gefährlichen feudalen Anachronismus betrachtet. Der Bourbonenkapitän macht einen höchst nervösen Eindruck, als die Kapitäne der* Intrepid *und* Argus *herbeigerudert werden, um ihn ihrer Neutralität zu versichern, solange britische Wirtschaftsinteressen respektiert werden. Damit meinen sie die Exporteure des berühmten Marsala-Weins, britische Händler, denen die Lagerhäuser am Hafen und eine Handelsschiffflotte gehören, die im Hafen vor Anker liegt.*

Nicht gänzlich unbesorgt eröffnen die Bourbonenschiffe schließlich das Feuer, verspätet und viel zu zurückhaltend. Die meisten ihrer Schüsse versinken in der offenen See. Garibaldis Männer haben inzwischen Marsala besetzt und sind durch die Stadtmauern geschützt. Die Opferliste der Tausend weist an einem Tag, der die politische Geografie Europas ändern wird, einen an der Schulter Verletzten und einen am Bein getroffenen Wachhund aus.

Am 15. Mai hat die Nachricht von der Landung selbst die entlegensten Dörfer erreicht. Die Straßen von Castellammare sind mit Bauern überfüllt, die der Front zustreben. Die Squadre haben Anführer und Befehle;

164

aber der glühende Wunsch, das alte Regime zu stürzen, der seit der Amnestie noch durch Provokationen der Bourbonen weiter geschürt worden ist, ist stärker als alle Bemühungen Garibaldis, die Truppen zu organisieren.

Wochenlang hat die Polizei auf der Suche nach Waffen Bauernhütten durchsucht. Die königliche Armee hat die Marktstädte besetzt und Tausende von Soldaten in ihren Häusern und an den Piazzas einquartiert. Fünfundzwanzig Infanteriebataillone der Bourbonen, verstärkt durch zwei Artillerie- und Kavalleriedivisionen, erwarten Garibaldis kleine Gruppe in den Provinzen Trapani und Palermo. Die Kavalleristen, Söhne des Adels und Großgrundbesitzer, welche die viddani kaum als Menschen ansehen, lassen ihre Pferde auf den Weizenfeldern der Kleinbauern zwischen Alcamo und Partinico weiden.

Als Francesco Viviano und seine Kameraden hinter Zu 'Piddu hermarschieren, werden sie von Gruppen wütender Dorfbewohner umringt, die sich über die Landschaft ergießen, fest entschlossen, bei der Abrechnung dabei zu sein. Waffen sind selten. Die größte Marschkolonne der Squadre ist eine kombinierte Streitmacht aus mehreren hundert Männern aus Partinico, Corleone, San Giuseppe Jato, Montelepre, Piana dei Greci und Campofelice. Ihnen stehen achtzig Pistolen und Gewehre zur Verfügung. Die meisten der picciotti tragen ebenso wie die Männer, die an ihnen vorbeirennen, Messer, Spitzhacken, Sensen, Schaufeln, Harken sowie Stöcke mit Nägeln an den Enden.

Rund fünfundfünfzig Kilometer westlich von Terrasini, außerhalb des Dorfs Calatafimi, steht die Entscheidungsschlacht bevor. Die Bourbonen biwakieren seit dem 13. Mai auf einem Hügel gegenüber dem Dorf. Am Morgen des 15. Mai melden ihre Kundschafter eine gewaltige Rebellenstreitmacht, die sich von der Stadt Salemi her nähert, die zwanzig Kilometer weiter südlich liegt.

Diese Streitmacht ist eine Illusion, das Ergebnis von Garibaldis Genie für den strategischen Bluff. In Wahrheit führt er weniger als neunhundert ausgebildete Freiwillige nach Calatafimi. Doch die Männer marschieren schnell und werden beständig zurückgeschickt, sodass dieselben kleinen Abteilungen auf Dutzenden nahegelegener Bergkämme gesichtet werden, was den Eindruck erweckt, als näherte sich eine Armee von etlichen tausend Mann.

Der Befehlshaber der Bourbonen, General Landi, ordnet seine Männer auf dem Hügel zur Schlachtordnung und rückt dann langsam auf die nahegelegene Ebene vor. Hinter ihnen steht als Reserve eine auf die ganze Insel verteilte königliche Militärstreitmacht bereit, die insgesamt mehr als neunzigtausend Soldaten umfasst.

Um zwölf Uhr mittags gibt Garibaldi seinem Stellvertreter Antonio Bixio durch ein Kopfnicken ein Signal, worauf die Aufständischen aus einem halben Dutzend Richtungen über die Bourbonen herfallen. »Nino«, sagt Garibaldi ruhig, »wir werden Italien hier erschaffen oder sterben.«

Am späten Nachmittag sind die Bourbonen geworfen und flüchten in vollständiger Unordnung nach Osten. In die Waffen der Squadre. In das tobende Meer aus Kleinbauern.

Sechs Jahrhunderte der Demütigung wogen in diesem Meer, sechs Jahrhunderte des Wartens, die seit 1820 durch drei Generationen fehlgeschlagener Aufstände unerträglich geworden sind. In der Luft von Castellammare ist blinde Wut zu spüren, als ein warmer und klarer Tag über dem Monte Palmeto anbricht. Noch Jahrzehnte später werden sich die Menschen genau an all das erinnern, was am 16. Mai 1860 geschehen ist. Sie werden es mit der scharfen, sinnlichen Intensität höchster Wut nachempfinden. Die üppig grünen Weiden des Frühlings von Castellammare, die goldenen Windblumen auf den Talhängen tun den Augen fast weh.

Gerüchte schwirren durch die Menge, welche die Nacht unter freiem Himmel verbracht hat. Francesco Viviano hört, dass Garibaldi unverletzlich sei, dass er einen magischen Schutzschild trägt, mit dem er Schüsse der Bourbonen abwehrt, als wären sie nichts weiter als irritierende Gnitzenschwärme. Er hört, dass Garibaldi, der die Römisch-Katholische Kirche verabscheut, die lebende Reinkarnation von Jesus Christus sei. Von Zu 'Piddu erfährt er von dem gestrigen Sieg bei Calatafimi.

Die Squadre brechen ihre Lager noch vor Tagesanbruch ab und klettern wieder in die Berge, um sich Garibaldis Vorstoß auf Palermo anzuschließen.

Erschöpft, demoralisiert und inzwischen selbst kaum mehr als ein irrationaler Mob, überquert eine Marschkolonne von zweitausendsechshundert flüchtenden Bourbonensoldaten den Fluss Jato, als der Tag anbricht, und macht in dem Weiler Valguarnera, gut drei Kilometer von Partinico entfernt, Halt, um zu rasten. Plötzlich regnet ein Schauer von Kugeln von versteckten Castellammare-Scharfschützen auf sie herab.

General Landi schickt ein Truppenkontingent von einhundert Kavalleristen in gestrecktem Galopp nach Partinico hinein, in einem vergeblichen Versuch, die dort liegenden Munitionsvorräte zu sichern, während seine Infanteristen im Schutz seiner Artillerie Valguarnera verwüsten. Als sie sich zurückziehen, brennen der Weiler und seine kleine Kirche. Die Castellammare-Scharfschützen lassen jedoch nicht locker, und der drei Kilometer lange Marsch nach Partinico hinein wird zu einem Albtraum. Jedoch nichts im Vergleich zu dem Albtraum, der noch bevorsteht.

Die Artillerie der Bourbonen löscht mehrere Häuserblocks am Rande von Partinico aus. Die königlichen Infanteristen dringen in die Stadt ein und feuern dabei wild in alle Himmelsrichtungen, zertrümmern Haustüren und plündern Wohnungen. Soldaten laufen mit den Armen voller gestohlener Bettwäsche und Silbersachen die Straßen entlang, erschießen Mütter vor den Augen ihrer Kinder und rauben Kirchen aus. Landi hat jede Kontrolle über seine Männer verloren. Er ist Berufssoldat und weiß, dass das Überleben des Regimes von einem ordnungsgemäßen Rückzug abhängt. Er weiß, dass die Schlacht verloren ist.

Kleine Gruppen von Fußsoldaten der Bourbonen, die beim Plündern über die ganze uralte Stadt verstreut sind, müssen bald entdecken, dass sie keine Munition mehr haben und in mittelalterlichen Gassen und Innenhöfen in der Falle sitzen. Es sind aber nicht die Scharfschützen, die sich ihnen jetzt entgegenstellen, es sind die Frauen von Partinico, die mit Schlachtermessern und Hackmessern auf sie losgehen.

Als Garibaldi und seine Freiwilligen am 18. Mai um zehn Uhr morgens, angeführt von picciotti *von Castellammare, in Partinico einmarschieren, sind sie sprachlos vor Entsetzen. Dies ist das Wort, das in den persönlichen Tagebüchern von Garibaldi immer und immer wieder auf-*

taucht: »Entsetzen«. Sie können und wollen nicht glauben, was sie da sehen.

Der Eindruck ist so stark, dass er ihren Schilderungen eine bemerkenswerte Übereinstimmung verleiht, als sprächen diese Tagebücher mit einer einzigen Stimme. Einer der Tagebuchschreiber ist Giuseppe Cesare Abba. »Auf den Türschwellen der kleinen Stadt«, schreibt er, »liegen Haufen von Toten, verbrannt, angeschwollen, auf hundert verschiedene Art gefoltert. Junge Mädchen halten sich bei den Händen und umtanzen die Leichen und singen dabei. Ihre Haare sind so wild wie bei den Furien. Das alles vor dem Hintergrund einer Hauptstraße, die von Bränden geschwärzt ist, die noch nicht gelöscht worden sind. Die Kirchenglocken läuten Sturm. Priester, Mönche, Menschen jeden Standes schreien den Milizionären etwas zu, die hinter Garibaldi herlaufen. Dieser durchquert die Stadt schnell und zieht sich seine Mütze zu den Augen herunter...«

An den Straßen, die aus der Stadt hinausführen, so Abba, »herrscht ein unerträglicher Gestank, der von den Leichen der Soldaten und Bauern aufsteigt, von Toten und verstümmelten Hunden und Pferden«.

Garibaldi biwakiert in den nächsten beiden Tagen in einem nahegelegenen Olivenhain, als die Stadt allmählich wieder zum Leben erwacht. Es werden Jahrzehnte vergehen, bevor er sich dazu äußert, was er in Partinico mit angesehen hat, und von den Gedanken berichtet, die ihm durch den Kopf gegangen waren, als er mit heruntergezogenem Mützenschirm durch die Stadt ging. Rückblickend wird sich Garibaldi an Partinico als eines Leichenhauses erinnern. Die Straßen der Stadt waren voller »Männer, die gefoltert und von ihren eigenen Brüdern mit einer Raserei, die selbst den Teufel entsetzen würde, in Stücke gerissen worden waren«.

Am 18. Mai 1860 ist Giuseppe Garibaldi zutiefst erschüttert. Doch das kann er nicht zeigen, jetzt noch nicht. Die Revolution hat Vorrang. Palermo ist reif für die Einnahme. Garibaldi braucht die viddani. Er braucht diese Stadt. Vom Balkon eines kleinen Hauses an einer Abzweigung der Straße nach Terrasini spricht er zu der Menge.

»Partinico«, sagt er den Männern, »wird in der Geschichte des italienischen Risorgimento die beste Seite einnehmen.«

Am 27. Mai fällt Palermo, als die Squadre von Castellammare in

einer mörderischen Schlacht an der Ponte dell'Ammiraglio, der steinernen
Brücke, welche die östlichen Tore der Stadt bewacht, den hartnäckigen
Widerstand der Bourbonentruppen überwinden.
Am 20. Juli ist Sizilien nicht mehr in den Händen der Bourbonen.

14 EIN GLEICHNIS

Terrasini, Sizilien
Februar 1996

Von Rechts wegen hätte Padre Vincenzo Constantino 1996 einer
der führenden Bürger Terrasinis sein müssen. Er war der Pfarrer
von Maria Santissima delle Grazie, der Hauptkirche des Dorfs,
sprach Französisch und kannte sich überdies bei den lateinischen und griechischen Klassikern aus.

Doch er war auch in Partinico geboren, wo die Constantinos
eine einflussreiche Familie waren, und nicht in Terrasini, wo der
Name Constantino fast genauso ausländisch klingt wie Aumale.
Seine sämtlichen Vorgänger waren seit der Gründung der Kirche
Maria Santissima delle Grazie im Jahre 1684 im Umkreis von
fünfhundert Metern der Piazza Duomo geboren.

»Don Constantino versteht uns nicht, und wir verstehen ihn
nicht«, erklärte Rosalia rundheraus.

Sie meinte alles an dem dreiundsechzigjährigen Priester und
nicht nur seinen hartnäckigen Dialekt eines *partinicosu*. Sein auf-
brausendes Temperament. Seine leicht ungehobelten Manieren
eines Bergstädters. Diese gelten als Eigenheiten von Partinico,
die mit dem, was in Terrasini üblich ist, als unvereinbar angesehen wird.

»Sie hätten ihn bei seinen eigenen Leuten lassen sollen, dort
hätte er sich nützlich machen können«, stimmte Mike zu, als läge
Partinico in einer anderen Hemisphäre und nicht nur wenige Kilometer weiter westlich oberhalb der Ebene von Castellammare.

Ob es nun an Padre Constantinos Weigerung lag, seinen Tonfall und seine Gewohnheiten aus Partinico aufzugeben oder dem betonten Insichgekehrtsein von Terrasini, die Beziehung zwischen Pfarrer und Gemeinde war von offenem wechselseitigem Misstrauen geprägt. Die Gläubigen des Dorfs kehrten der grandiosen Barockkirche an der Piazza Duomo während seiner Amtszeit in Scharen den Rücken; die meisten wandten sich der modernen Gussbetonkirche Maria Santissimo del Rosario zu (die ironischerweise an der Via Partinico liegt).

Vincenzo Constantino war seit dreiunddreißig Jahren Pfarrer von Santissima Maria delle Grazie.

Padre Constantino, ein kleinwüchsiger, drahtiger Mann mit einer Zweistärkenbrille, die wie eine Coca-Cola-Flasche geschwungen war, nahm die Kränkung nicht mit Fassung. Er schien ständig auf alle Welt zornig zu sein mit Ausnahme seiner Bürohilfe, Signora Notaro, einer Frau von himmlischer Geduld, die er aus Partinico importiert hatte, und seiner älteren Schwester, die ebenfalls im Pfarrhaus wohnte und in der Kirche putzte. Der Zorn verschaffte sich in anmaßenden Ausbrüchen Luft, in schrillen priesterlichen Befehlen, Renovierungsarbeiten zu unterstützen oder Verbesserungen an den Kirchengebäuden vorzunehmen, Befehlen, mit denen er seine Autorität als höchster Seelsorger des Dorfs stärken wollte, die aber oft die gegenteilige Wirkung hatten.

Schon früh bei meinen Nachforschungen hatte ich mehrere vergebliche Versuche unternommen, Zugang zu den Gemeindeakten zu erhalten, obwohl man sich im Dorf gar nicht einig war, ob solche Akten sich überhaupt vollständig erhalten hatten. Jedes Mal, wenn ich im Pfarrhaus an der Gegensprechanlage läutete und den Zweck meines Besuchs nannte, hörte ich die zeternde körperlose Stimme von Padre Constantinos Schwester. Ihr Partinico-Dialekt war ein nuschelndes Gewimmel verstümmelter Konsonanten. Sie klärte mich darüber auf, dass der Pfarrer in irgendeiner nicht näher bezeichneten Angelegenheit unterwegs sei. Elektronische Spielzeuge wie die Gegensprechanlage waren in Terrasini der letzte Schrei; sie wurden auf den Straßen um die Piazza Duomo herum von tunesischen Straßenhändlern von Karren aus verkauft.

»Sie schon wieder, Viviano? Kommen Sie ein anderes Mal wieder«, sprudelte die Stimme der Schwester durch ein lautes Rauschen der Gegensprechanlage. Sie sagte aber nie, wann.

Ich versuchte, mich mit meiner Bitte direkt an Padre Constantino zu wenden, als er nach einer frühmorgendlichen Messe und einer Kommunionsfeier den Seitengang von Maria Santissima della Grazie hinunterging. »Padre, kann ich Sie kurz sprechen?«, flüsterte ich. Ich bemühte mich, die Verbeugung wieder zustande zu bringen, die ich als Chorknabe in den fünfziger Jahren beherrscht hatte.

»Nicht jetzt!«, zischte er zurück. »Ich habe Leib und Blut unseres Herrn in mir!«

Giovanni Orlando zufolge, dem Dorfarchitekten und Amateurhistoriker, dessen Broschüre ich die alte Militärkarte zu verdanken hatte, seien »wichtige Kirchenpapiere« während des Zweiten Weltkriegs ins Staatsarchiv in Palermo gebracht worden. Was Einzelheiten anging, äußerte er sich ausweichend. »Meiner Erinnerung nach haben Ihre amerikanischen Landsleute sie zerstört«, sagte er einmal, als ich ihn nach den Taufregistern der Gemeinde aus dem neunzehnten Jahrhundert fragte.

Palermo wurde 1943 von den Alliierten bombardiert. Von anderen hatte ich gehört, darunter auch dem Kurator des Staatsarchivs, dass viele Dokumente in Flammen aufgegangen seien.

Zu Anfang war Orlando hilfsbereit und nannte mir die Namen von Wissenschaftlern und Bibliothekaren, die mir bei meiner Suche vielleicht hilfreich unter die Arme greifen könnten. Doch ich spürte, dass er mich in zunehmenden Maße als einen unwillkommenen Rivalen sah, der historischen Boden beackerte, den er als seine Domäne betrachtete. Ich war nach dem unerklärlichen Mauern des Bürgermeisters und mehrmonatigen Rück-

schlägen bei meinen Nachforschungen, nach so vielen Sack-
gassen verrückt genug zu glauben, dass die Bombengeschichte
nicht das letzte Wort über die Kirchenakten war – ich hatte den
Verdacht, dass hier bewusst konspiriert wurde. Mein Verdacht
wurde noch von Giuseppe Viviano genährt, dem zurückgezoge-
nen lebenden fernen Verwandten, der mir bei unserer einzigen
Begegnung im Bus nach Palermo im vergangenen Frühjahr den
Rat gegeben hatte, die Archive zu vergessen. Ich hatte es aufgegeben, ihm in Di Maggios Café und hinter der Statue der Jungfrau in der Via Cataldi Nachrichten zu hinterlassen; ich hatte
noch immer keine Antwort. Wie es hieß, arbeitete auch er an einer Geschichte des Dorfs.

Mike sprach mir Mut zu. »Mach dir keine Sorgen«, sagte er,
als ich das Gerücht erwähnte. »Worum es bei diesem Buch auch
geht, Giuseppe schreibt schon seit dreißig oder vierzig Jahren
daran. Er wird es nie zu Ende bringen.«

Doch es war nicht das Buch eines Konkurrenten, das mir
Kummer machte. Es war das Schneckentempo meiner Suche
nach dem Mönch und seinem Mörder. Es war die Erkenntnis,
dass ich als Detektiv keinen Boden mehr unter den Füßen hatte,
was ohne die Hilfe von jemandem wie Padre Constantino auch
so bleiben würde.

*

Meine Spaziergänge unten am Hafen, die gleichzeitig mit der
abendlichen Passeggiata stattfanden, brachten wenige unzwei-
deutige Hinweise, die etwas zur Lösung des Rätsels beitragen
konnten. Doch auf ihre eigene seltsame Weise waren diese Spaziergänge produktiver als meine Arbeit als Detektiv und Reporter.

Sie führten meine Geschichte tiefer in das Schattendasein des
Dorfs, in das Reich, in der unausgesprochene, aber ungeheuer
machtvolle Gesetze angesiedelt waren. Sie lieferten Einsichten in
Leben und Tod des Mönchs, wie sie die Gemeindearchive nie
hergeben würden.

Als ich damit aufhörte, mich Leuten vorzustellen und die Gespräche auf sensible Themen zu lenken, begannen sich meine Notizbücher mit Gleichnissen zu füllen. Ich weiß nicht, wie ich die Geschichten, die ich nun hinschrieb, anders bezeichnen soll. Ich bemühte mich nach Kräften, die Dialekt-Begriffe nach bestem Vermögen zu buchstabieren, und hoffte, ihre Nuancen richtig erfasst zu haben.

Wenn die Dorfbewohner auf meine Fragen antworteten, sprachen sie oft in Gleichnissen, in Geschichten mit einer Moral, welche die wilde Gewalttätigkeit der Welt des Mönchs – ihrer Welt – in eine Sprache kleideten, die von einer gleichermaßen wilden Vorstellung von Gerechtigkeit zeugte.

Immer wieder bekam ich die Saga eines ehemaligen Schafhirten zu hören, den man meist *Adannatu* nannte, »den Verdammten«. Diese Geschichte bekam ich so oft zu hören, dass sie offenkundig eine talismanhafte Bedeutung hatte. Dieser Mann war ein Jahr vor dem Beginn meiner Suche nach dem Mönch im Alter von siebenundneunzig Jahren in Terrasini gestorben. Sein langes Leben überschnitt sich mit dem meines Großvaters acht Jahrzehnte lang.

In der Stadt ihrer gemeinsamen Kindheit hatte er sorgfältig und mit großem Bedacht dreißig seiner Nachbarn ermordet, einen nach dem anderen.

Adannatus richtiger Name war Pietro Palazzolo, »Petrinu« im sizilianischen Dialekt. Seine Familie war mit der meiner Großmutter mütterlicherseits verwandt und gehörte zu einem der größten Bauernclans des Dorfs. Er war kein Scharfrichter des *sistema*. Seine Gewalttätigkeit stammte aus einer früheren Ordnung. In der sizilianischen Sicht der Dinge war sie eher geeignet, durch Buße gesühnt zu werden.

Dies war in Terrasini die einhellige Meinung, sogar bei den *carabinieri*, der Polizei. Brigadiere Palmi, ein gutmütiger alter Kauz, der am Empfang des Carabinieripostens im Dorf saß, erzählte mir, es sei »ein Jammer, wirklich ein Jammer«, dass es mir nicht möglich gewesen sei, Adannatu kennen zu lernen. »Niemand hätte Ihnen so helfen können wie er, Signore. Don Petrinu war im gleichen Alter wie Ihr Großvater. Sie sind zusammen aufgewachsen. Er kannte die Geschichte, das steht fest.«

Palmi sprach mit Ehrfurcht von Adannatu, wobei er dessen richtigen Namen nannte und ihm das Ehrerbietige *Don* voranstellte, das allgemein Priestern, hohen Beamten und *sistema*-Bossen vorbehalten bleibt. Wie die meisten Polizeibeamten an der Küste von Castellammare stammte der Brigadiere aus einer anderen Region Italiens, in diesem Fall aus einem Weiler in den Bergen Kalabriens. Nach vierzig Jahren in Terrasini war er im Sprachgebrauch des Dorfs immer noch einer vom »Festland«. Doch inzwischen war Palmi auch etwas mehr als ein Außenseiter, und außerdem hatte er viele der Vorstellungen der Menschen, für die er da war, in sich aufgenommen.

Es tat ihm aufrichtig Leid, dass er mir keine Hilfe sein konnte. Ich war zur Polizei gekommen, um nach Festnahmeakten zu suchen, nach irgendeiner Papierspur, die mich vielleicht zum Mönch führen konnte. Palmi zog ein paar verschimmelte Aktenordner aus einem Aktenschrank. Sie enthielten kurze Skizzen von »Übeltätern«, die vor drei oder vier Generationen von den damaligen Carabinieri nach Gutdünken zusammengestellt worden waren. Der erste Eintrag stammte aus dem Jahr 1929. Der nächste erfolgte nach einem Zeitsprung bis 1932. Das Polizeiarchiv war sogar noch planloser als das der Gemeinde. Palmi war peinlich berührt. »Unsere Akten waren damals nicht gut organisiert…«

Er seufzte, legte die Folianten auf seinen Schreibtisch und erzählte mir, wie Petrinu Palazzolo zu »Adannutu« wurde. Die Geschichte begann, wie es solche Geschichten auf Sizilien oft tun, mit einem törichten Irrtum, der als unverzeihliche Beleidigung aufgefasst wird.

An einem Frühlingsmorgen des Jahres 1925 steht Petrinu, der Kindheitsfreund meines Großvaters, bei Tagesanbruch von seiner Pritsche auf, um die Schafe der Familie Palazzolo auf die Weide zu führen. Er zählt: zwei Tiere fehlen. Es sind Osterlämmer, die in der Karwoche einen sehr guten Preis bringen werden.

Am folgenden Morgen ist ein weiteres Lamm verschwunden.

Die Herde ist noch nicht in den Bergen, wo es vorkommen kann, dass ein Lamm von einem wilden Tier gerissen und weggeschleppt wird. Petrinu weiß, dass der Räuber ein Mensch sein muss. Sein Verdacht konzentriert sich auf einen Schwager, einem zweifelhaften Mann ohne eigene Schafe und einer Vorliebe für Kartenspiele; gelegentlich hat man ihn dazu bringen können, für die Familie Palazzolo auf den Weiden zu arbeiten.

In Castellammare gibt es ein Sprichwort, das zu dieser Situation passt. *Raccumannari la pecura a lu lupu.* »Die Schafe einem Wolf anvertrauen.«

Der Beweis ist leicht zu führen. Drei frisch ausgeweidete Lämmer hängen im Schlachterladen eines Nachbardorfs. Petrinu erwähnt nebenbei den Namen seines Schwagers, ohne jedoch von den Lämmern zu sprechen. Die Frage wird nicht direkt gestellt, jedoch verstanden.

Der Schlachter nickt.

Die Vergeltung folgt auf dem Fuße. Mit seinen fünfundzwanzig Jahren hat Petrinu in den steilen Bergen von Castellammare ein Dutzend Sommer zugebracht und manchmal Kilometer lang kranke Mutterschafe getragen. Er ist ein starker Mann und verprügelt seinen Schwager erbarmungslos am helllichten Tag mitten auf der Piazza Duomo. Die Palazzolos sind beleidigt worden.

Sein Schwager aber auch. Er liegt übel zugerichtet und gedemütigt auf dem Kopfsteinpflaster der Piazza und weint vor den Männern, die am Circolo Contadino an ihrem Amaro nippen, als sein Vater erscheint, um ihn auf den Schultern nach Hause zu tragen. Wie eins der kranken Mutterschafe von Palazzolo.

Der Schwager hegt schon lange einen tiefen Hass auf die Palazzolos, die sich der Heirat widersetzt haben, die ihn in ihre Familie gebracht hat. Sie haben ihre Verachtung für ihn nie verhüllt. Jetzt ist ihm mit Vernunft nicht mehr beizukommen.

Am Karfreitag wird Petrinu Palazzolos Mutter tot auf einem Feldweg gefunden. Ein dünnes Messer steckt ihr noch in der Kehle.

Niemand in Terrasini ist überrascht, als auch der Schwager drei Tage später tot aufgefunden wird. Niemand ist überrascht, als Petrinu Palazzolo festgenommen, wegen Mordes verurteilt und ins Ucciardone-Gefängnis in Palermo gebracht wird. Manchen ist der Tod des Schwagers als Ergebnis einer Messerstecherei in Erinnerung, andere sehen ihn als ein *incaprettamento*, ein »Ziegen-Erdrosseln«. Dabei werden die Beine des Opfers in einem nur schwer erträglichen Winkel zusammengebunden und mit einem festgespannten Seil mit einer Schlinge an der Kehle verbunden. Je größer der Schrecken des Opfers und je heftiger seine Bemühungen, den Druck an den Knien loszuwerden, um so enger zieht sich die Schlinge zusammen.

Irgendwann erdrosselt sich das Opfer selbst.

Mehrere Jahre vergehen. Petrinu Palazzolo ist ein Modellhäftling, wie die Wärter von Ucciardone sagen. Ein bescheidener Mann, der keinen Ärger macht. Sie bemitleiden ihn. »Dass eine Mutter so sterben muss, ohne einen Priester, der ihr für den Himmel die Letzte Ölung geben kann, ohne dass ihre Kinder sie beweinen…«

1929 ist Palazzolo im Herzen schon Adannatu. Doch die Gefängnisbeamten erkennen es nicht.

Ostern dieses Jahres erhält er Urlaub. Man gewährt ihm vierundzwanzig Stunden, damit er den hohen Feiertag bei seiner Familie verbringen kann. Er begibt sich zunächst zum Hof der Palazzolos, wo er seinen verwitweten Vater einmal auf jede Wange küsst. Dann begibt er sich direkt zum Haus seines verstorbenen Schwagers. Der Vater des toten Mannes sitzt am Tisch und will gerade das Osterlamm tranchieren, als die Tür mit einem Fußtritt geöffnet wird und aus einem gestohlenen Revolver Schüsse abgefeuert werden.

Zwei Jahre lang ist Palazzolo auf der Flucht, und die Brüder, Onkel, Neffen und Vettern seines früheren Schwagers verstecken sich. Aber keiner von ihnen entkommt Adannatu. Er findet sie, wo immer sie sich verkriechen, in Hütten in den Bergen, in Dorfkellern, in Seitengassen Palermos. Manche werden erstochen. Manche erschossen. Andere erdrosselt.

Als es in der Familie des Schwagers keine Männer mehr gibt, ergibt sich Petrinu Palazzolo der Polizei und begibt sich ohne Kampf wieder ins Ucciardone-Gefängnis.

»Blut wäscht Blut«, sagte Brigadiere Palmi. Er erzählte mir, er müsse jetzt wieder arbeiten, und sagte, er hoffe, ich würde noch einmal vorbeikommen und mich verabschieden, bevor ich aus Terrasini abreiste.

Mike erzählte mir den Rest von Adannatus Geschichte während einer langen Rückfahrt von Trapani, wo er für die Salumeria mehrere Kisten mit gesalzenen Anchovis geholt hatte. Ich hatte wieder darauf bestanden, mit dem Peugeot zu fahren.

»Er war mehr als dreißig Jahre im Gefängnis«, sagte Mike. »Nach seiner Entlassung hatte er ein wenig Geld. Er tat den Leuten immer noch Leid trotz all der Morde, und sie steckten ihm von Zeit zu Zeit ein paar hundert Lire zu.«

Adannatu hatte im Heizungskeller des Gefängnisses gearbeitet und verwendete seine Ersparnisse jetzt dazu, eine kleine Tankstelle an der Bourbonenstraße zu kaufen. Bevor sie aufmachte, war das einzige Benzin der Gegend von der Familie Badalamenti verkauft worden. Eines Abends »flogen«, wie Mike sich ausdrückte, die Benzintanks der neuen Tankstelle »auf rätselhafte Weise in die Luft«.

Am Tag nach der Explosion in der Tankstelle, fuhr Mike fort, war der alte Schafhirte in ein Zimmer gestürmt, in dem sich Gaetano Badalamenti mit seinen Kollegen zusammengesetzt hatte.

»Niemand konnte sich vorstellen, wie Adannatu von dem Treffen erfahren hatte oder an den Leibwächtern vorbeigekommen war. Aber da stand er. Er tat nichts. Er starrte Badalamenti nur lange an und sagte dann: ›Ich bin zweiunddreißig Jahre im Gefängnis gewesen. Und ich habe Dinge getan, die dafür sorgen, dass ich in die Hölle komme. Wenn Sie also wollen, dass ich sterbe, dann töten Sie mich hier auf der Stelle, Signore. Schießen Sie mich durchs Herz. Aber verlangen Sie nicht von mir, dass ich mit nichts sterbe, als armer Mann.‹«

Mike zufolge hatte Addanatu sich das Hemd aufgerissen und blieb dann mit nackter Brust vor dem verblüfften Badalamenti stehen, bis das Treffen in der allgemeinen Verwirrung beendet wurde.

Als Addanatus Tankstelle einen Monat später wieder aufgebaut wurde, war seine märchenhafte Legende vollständig. Der Mann, der dreißig seiner Nachbarn getötet hatte, wurde in seinen achtziger und neunziger Lebensjahren zum wichtigsten Weisen des Dorfs, der von seinem kleinen Büro hinter den Benzinpumpen Ratschläge erteilte.

»Die Leute kamen mit ihren Problemen zu ihm, mit allen möglichen Problemen«, sagte Mike. »Wenn man ein so schreckliches Leben geführt hat wie er, lernt man bestimmte Dinge, und diese Dinge sind wertvoll. Er war besser als jeder Richter.«

Aber wie jeder im Dorf und wie Addanatu selbst war Mike überzeugt, dass Petrinu Palazzolo in die Hölle gekommen war.

Ich bog von der Autostrada ab, als Mike sprach, und fuhr auf der Bourbonenstraße weiter. Wir waren an der Abbiegung nach Montelepre angekommen, etwa auf halbem Weg zwischen Lo Zucco und Terrasini, als mir eine Gruppe von fünf oder sechs Männern mit den Armen zuwinkte und vor den Wagen traten. Ich hielt am Straßenrand, und Mike kurbelte die Seitenscheibe herunter.

Die Männer starrten auf die französischen Kennzeichen des

Peugeot und sprachen untereinander, ohne ein Wort an uns zu richten. Dann trat einer von ihnen an die Seitenscheibe und sagte leise etwas zu Mike. Dieser antwortete genauso leise, worauf wir durchgewinkt wurden.

Hinter der Kurve war die Straße voller Männer. Hunderte standen hier herum. Etliche von ihnen hatten dicke Bündel Bargeld in der Hand. Die Menge teilte sich, um uns durchzulassen. Ich kroch mit fünfzehn Stundenkilometern weiter in eine zweite Kurve hinein und trat plötzlich auf die Bremse, als ein Pferd quer über die Straße tänzelte. Es war ein Hengst, ein Rappe, dem schlanken und gepflegten Aussehen nach zu schließen ein Vollblut. Ein Junge in Jockeykleidung führte ihn am Zügel. Auf der linken Seite sah ich fünf weitere Reiter und Pferde, die sich an einem hohen Zaun aufgereiht hatten. Einen Kilometer vor uns hielt eine Gruppe von Männern wie die erste, der wir in der ersten Kurve begegnet waren, einen anderen Wagen an.

Ich drehte mich zu Mike um. »Es ist ein Pferderennen, das ist alles«, sagte er, bevor ich eine Frage stellen konnte. »Ein privates Pferderennen.«

*

An den folgenden Tagen dachte ich oft an dieses private Pferderennen, an diese scheinbar heimliche Zusammenkunft um zwölf Uhr mittags auf einer Landstraße. Natürlich war es in irgendeinem absoluten Sinn nicht »heimlich«. Das konnte es nicht, zwanzig Autominuten von Partinico und Terrasini mit den Carabinieriposten und der sichtbaren staatlichen Autorität, die diese repräsentierten. Die Polizei muss gewusst haben, dass Hunderte von Männern sich auf einem Feld unterhalb von Lo Zucco zusammengefunden hatten, um Bargeld auf sechs Vollblüter zu wetten, die eine zwei Kilometer lange Rennstrecke absolvierten.

Die zynische Erklärung lag auf der Hand. Doch die korrupte Logistik des heimlichen Pferderennens, die Bestechungsgelder für die Polizei, die es möglich gemacht haben musste, war nicht das, was mein Interesse weckte.

Je länger ich mich in Sizilien aufhielt, umso mehr wurde mir klar, dass der *sistema del potere* – die heimliche Machtstruktur hinter den sichtbaren Institutionen der Regierung – selbst nur ein Merkmal eines weit größeren heimlichen Universums war, der gleichen unsichtbaren Gegenwelt, die Addanatu in einen salomonischen Richter verwandelte und die Geschichten meiner Großeltern mit einem verborgenen Sinn ausstattete. Die Sizilianer bewohnten einander entgegengesetzte gleichzeitige Realitäten.

Diese waren nicht nur parallele Welten, sondern parallele Universa, vollständig bis zu der Sprache, die sie verwendeten, um ihr Leben zu beschreiben und sogar die Namen, unter denen sie einander kannten: Addanatu, der Falke, der Mönch.

Abgesehen von den Broschüren des Architekten Giovanni Orlando war das wichtigste Nachschlagewerk über Terrasini eine offizielle Geschichte der Gemeinde Maria Santissima delle Grazie, die 1949 von Monsignor Francesco Evola geschrieben worden war, einem Vorgänger von Padre Constantino. Evola war 1866 im Dorf geboren und starb dort sechsundneunzig Jahre später nach einer glänzenden Laufbahn als Prälat und Gelehrter. Nur wenige Beobachter haben über die Jahrhunderte hinweg Terrasini intimer gekannt oder waren besser dafür gerüstet, Licht in ihre Geheimnisse zu bringen.

Auffallend an seiner Arbeit ist die Tatsache, dass sie die unsichtbare Gegenwelt mit keinem Wort erwähnt, ebenso wenig deren kodierten Wortschatz sowie ihre Sitten und Gebräuche. Es gibt keinen Hinweis auf den *sistema del potere*, der sich aus dem anarchistischen regionalen Straßenräubertum zum hochorganisierten Verbrechen entwickelt hatte, und das in den Jahren, in denen Evola junger Priester war. Es gibt keinerlei Hinweis auf die Männer, die dem *sistema* vorstanden, obwohl sie zu den einflussreichsten Gemeindemitgliedern von Maria Santissima delle Grazie gehörten. Keine Erwähnung von Adannatu, der schon seit einem Vierteljahrhundert im Gefängnis saß, als der Monsignore seine Geschichte schrieb.

Terrasini, so schreibt der Autor an mehreren Stellen, »ist eine friedliche Stadt«. Dabei lässt er es bewenden.

Hätte Evola uns an jenem Sonntagmorgen auf der Straße nach Montelepre begleitet, hätte er seinen Lesern eine ausführliche Genealogie des Herzogs auf Lo Zucco angeboten und die genaue Tagestemperatur festgehalten, eine solche Art von Historiker war er. Von dem Pferderennen hätte er jedoch keinerlei Notiz genommen. Der Monsignore weigerte sich wie die riesige Mehrheit der sizilianischen Historiker, das Vorhandensein der unsichtbaren Gegenwelt zu bestätigen. Er zog es vor, sie unsichtbar zu lassen. Sein Buch ist ein Katalog mit den Genealogien von Aristokraten, Erlassen von Bürgermeistern und komplexen intellektuellen Auseinandersetzungen über die kirchliche Gerichtsbarkeit.

Doch die Dorfbewohner, die mit mir über die Vergangenheit sprachen, darunter sogar die Verwandten Evolas, schienen diese Dinge vollständig vergessen oder nie von ihnen gehört zu haben. Ihre Aufmerksamkeit, ihre Obsession, wurde von den kodierten Wahrzeichen des verborgenen Sizilien beherrscht, von der unsichtbaren Gegenwelt und nicht von der Welt sichtbarer Erscheinungen, die das geschriebene Wort beherrschten.

Jetzt war mir klar, dass ich das Mysterium des Todes von *Il Monacu* nur in der unsichtbaren Gegenwelt würde lösen können.

Dieses eine Ereignis, die Ermordung des Mönchs, lastete immer schwerer auf meinen Nachforschungen. Nach monatelanger Jagd war ich dem Datum und den Details seiner Ermordung nicht näher gekommen, als ich schon vor einem Jahr gewesen war. Ich hatte in den vorhandenen Wälzern im Nebengebäude der Stadt mit dem Stadtarchiv jede Seite umgeblättert, ohne seine Todesbescheinigung zu finden. Ich hatte den Text jedes

Grabsteins auf dem Friedhof von Terrasini gelesen und die Archive des Gancia in Palermo durchkämmt.

Es gab zahlreiche Francesco Paolo Vivianos auf dem Friedhof, doch sie waren alle lange nach 1825 geboren. In einer Flut morbiden Aufräumens vor sechzig Jahren hatten Benito Mussolinis lokale Beamte die alten Grabsteine aus dem Boden gerissen und alle präfaschistischen Überreste auf Sizilien exhumiert und in einfachen Gräbern gestapelt. Wenn die Gebeine des Mönchs sich in seinem Geburtsdorf befanden – und wenn er woanders gestorben wäre, war das keineswegs sicher –, lagen sie unter dem Marmorfußboden von Maria Santissima delle Grazie, wohin man sie zusammen mit denen ungezählter anderer in einem unmarkierten Grab abgelegt hatte, das man in den 1930er Jahren ausgehoben und gefüllt hatte.

Die Gebeine von Domenico Valenti konnten sich ebenso gut dort befinden, doch es war nicht möglich, das festzustellen. In ihrem Übereifer, das neue Jahrtausend einzuläuten, hatten sich die *fascisti* gar nicht erst die Mühe gemacht, Listen über die Exhumierten anzulegen. Die alten Grabsteine wurden neben den Kalksteinblöcken ins Meer gekippt, welche die Fischer als »Atlantis« bezeichneten.

*

Padre Constantino war meine letzte Chance. Ich musste an diesem zeternden »Kommen Sie ein anderes Mal wieder« über die Gegensprechanlage vorbei. An den nächsten Tagen lungerte ich ständig in der Nähe von Maria Santissima delle Grazie herum. Es würde Vincenzo Constantino unmöglich sein, mir aus dem Weg zu gehen, wenn ich vom Morgengrauen bis zum Sonnenuntergang in der Nähe von Kirche und Pfarrhaus blieb.

Mike hatte den Stammgästen in Di Maggios Café und im Circolo Contadino die Situation erklärt. Sie beobachteten von ihren Stühlen auf der Piazza aus, wie ich Maria Santissima delle Grazie belagerte, und diskutierten die Vorzüge meiner Strategie.

Meine Suche nach dem Mönch war inzwischen eine Sache des ganzen Dorfs und hatte sowohl Anhänger als auch Kritiker. Beide Lager bezeichneten mich als »den Autor unseres Buches«, obwohl ich noch kein einziges Wort geschrieben hatte. Sie verfolgten meine Bemühungen mit der parteiischen Begeisterung und großen Aufmerksamkeit, die sie auch während der Fußballsaison an den Tag legten.

»Alle interessieren sich wirklich für das, was du tust«, sagte Mike. Aber sie hielten dennoch Distanz.

Als ich eines Morgens kurz nach der Acht-Uhr-Messe am Pfarrhaus vorüberschlenderte, war die Tür offen. Ich zögerte kurz und trat dann in den Flur ein. Links befand sich eine geschlossene Innentür, an der ein kleines Schild befestigt war: »Don V. Constantino«. Das war das Pfarrbüro. Er war anwesend und bellte wie gewohnt zornig etwas ins Telefon.

Riesige Porträts von Padre Constantinos Vorgängern funkelten mich von den Flurwänden an, daneben sah ich einen gerahmten Druck des Vatikans, der sämtliche Päpste von Petrus bis zu Johannes Paul II. in dreihunderteinundzwanzig winzigen Porträts zeigte. Ich studierte diesen Druck eine halbe Stunde lang, während der Pfarrer damit fortfuhr, am Telefon jemanden zusammenzustauchen. Unter jedem der kleinen Porträts befand sich eine kurze Biographie. Der Künstler war bei der Darstellung der frühen Päpste nicht gerade einfallsreich gewesen. Die lange esoterische Abfolge von Päpsten im Mittelalter – Damasus I., Simplicius, Hormisdas, Felix IV., Adeodatus und so weiter – zeigte eine im wesentlichen immer gleiche Wiederholung eines dünnen, weißbärtigen Mannes, dessen Nase etwas größer war, wenn es sich um einen Römer handelte, oder der leicht gelocktes Haar hatte, wenn es sich um einen Griechen oder Nordafrikaner handelte.

»Suchen Sie auch hier nach einem Vorfahren?«

Das war Padre Constantino, der in der Tür seines Büros stand und mich ansah. Wie fast jeder in Terrasini wusste er, wer ich war, obwohl wir uns nie miteinander bekannt gemacht hatten.

Ich widerstand dem Drang, mich auf die Knie zu werfen. »Don Constantino«, stammelte ich, »ich sehr brauchen Ihre Hilfe.« Meine italienische Grammatik hatte mich in meiner Panik im Stich gelassen.

Er hatte gehört, dass ich in Paris lebte, und antwortete auf Französisch. »*A votre service, mon fils.*« Er habe es jedoch eilig, fügte er hinzu, und könne mir nur eine Minute widmen. Ich folgte ihm ins Büro und erkannte sofort, dass meine Stoßgebete vor den dreihunderteinundzwanzig Päpsten erhört worden waren.

An der rechten Wand entdeckte ich in einem verglasten Schrank sechs Regale mit dicken Wälzern. Sie waren in Leder gebunden wie ihre Gegenstücke im Nebengebäude des Stadtarchivs, aber in einem kleineren Format – etwa in der Größe eines normalen Buches – und befanden sich in einem weit besseren Zustand. Das Gemeindearchiv existierte nicht nur, sondern war sorgfältig weitergeführt worden. Padre Constantinos Schwester hatte die Bände regelmäßig gelüftet und abgestaubt.

Sie saß auf einer Bank im Büro neben Signora Notaro und deren Sohn, in dem ich einen der jüngeren Carabinieri des Dorfes erkannte. Hatten sie alle drei still dagesessen und nichts getan, während der Pfarrer ins Telefon schimpfte? Wie auch immer: Nach vier Monaten des »Kommen Sie ein anderes Mal wieder« zeigte sich das Personal von Maria Santissima delle Grazie plötzlich liebenswürdig.

»*Buon giorno, Signore*«, sagten die beiden Frauen und der Polizist wie aus einem Mund. Ich erwiderte ihr Buon giorno und unterhielt mich über Belanglosigkeiten. Mein Italienisch erholte sich wieder, und meine Blicke klebten an dem Bücherschrank.

Die Frage lautete jetzt nicht, *ob* ich das Todesdatum des Mönchs finden würde. Die Frage lautete, *wann.*

15 Tod auf einer Landstraße

Meine erste Begegnung mit dem Archiv von Maria Santissima delle Grazie dauerte nicht länger als zehn Minuten. Es genügte jedoch, um mir einen groben Überblick über seinen Inhalt zu verschaffen. Ich konnte sehen, dass sich auf den Regalen drei Register befanden, die *Battezzati*, die *Coniugale* und die *Defunti*. »Taufen«, »Eheschließungen« und »Todesfälle«. Dies waren die kirchlichen Gegenstücke des Stadtarchivs, in denen Geburten, Eheschließungen und Beisetzungen festgehalten waren, die von Padre Constantino und seinen Vorgängern während zwanzig Generationen registriert worden waren. Auf dem Rücken jedes Bandes waren Daten eingeprägt; die Sammlung reichte bis ins siebzehnte Jahrhundert zurück.

Es war schwer zu ertragen, dass ich zwar durch die Glasscheibe des Bücherschranks einen Blick riskieren konnte, es aber nicht wagte, ihn ohne ausdrückliche Aufforderung von Padre Constantino zu öffnen. Ich plauderte mit Signora Notaros Sohn, dem Carabiniere, über Belanglosigkeiten. Wir sprachen über die jüngsten Fußballergebnisse, während der Priester mit seiner Assistentin und seiner Schwester über Termine in der Fastenzeit sprach. Mir blieb keine Wahl. Ich musste warten, bis ich an der Reihe war. Wenn ich jetzt den falschen Eindruck machte – wenn ich es zu eilig hatte und Padre Constantinos Empfindlichkeiten zu wenig Achtung entgegenbrachte –, würde mir das Gemeinderegister vielleicht für immer verschlossen bleiben.

Ich ging behutsam näher an den Schreibtisch heran und räusperte mich leise, um auf mich aufmerksam zu machen. Dann spielte ich aus, was sich, wie ich hoffte, als Trumpfkarte erweisen würde: »*Allora*, Don Constantino, soviel ich weiß, sind wir beide *partinicosi*.«

Er blickte hoch. »*Comu?*«

»Der Vater meiner Mutter, Salvatore DiGiuseppe, wurde in Ih-

rer Heimatstadt geboren«, sagte ich, hütete mich aber hinzuzufügen, dass seine Familie von Partinico nach Terrasini gezogen
war, als er noch ein Säugling war.

»Schön, wundervoll«, erwiderte der Priester. »Dann haben Sie
sicher nichts dagegen, einem Mitbürger für ein paar Stunden
Ihre Dienste zu leihen.«

Mit diesen Worten stand er auf, ergriff mich beim Arm und
führte mich hinaus, direkt zu meinem Peugeot auf der Piazza
Duomo.

Den Rest des Tages verbrachten wir in Gemeindeangelegenheiten: Wir prüften die Fortschritte bei Aufräumarbeiten an einer abgelegenen Kapelle; feilschten mit dem Inhaber einer
Schmiede über den Preis eines Eisengitters für das Vordertor der
Kirche; versuchten herauszufinden, warum eine Getriebereparatur
tur am Wagen des Priesters, einem schwarzen Fiat 600, noch
nicht wie versprochen beendet war. Es war mir nicht in den Kopf
gekommen, dass ein Landpfarrer mit so vielen unkirchlichen
Verpflichtungen belastet sein könnte – dass er nicht nur ein
Beichtvater und Priester sein musste, sondern auch ein pfiffiger
Geschäftsmann und Personalchef.

Ich saß eine Stunde lang vor einem Haus auf dem Land und
wartete, als er einer fünfunddreißig Jahre alten Frau die Letzte
Ölung gab, die an Brustkrebs litt und im Sterben lag. Ihr Mann
und ihre weinende Tochter, ein Teenager, begleiteten Padre Constantino wieder auf die Straße. Als wir losfuhren, seufzte er und
sagte mir, er habe sich nie an diesen Teil seiner Arbeit gewöhnen
können.

»Es ist immer schmerzlich. Selbst nach mehr als vierzig Jahren
als Priester …«

Am Morgen war ich voller Furcht und Zagen zu Pfarrer Vincenzo Constantino gekommen und hatte mich gefragt, wie ich
mich in das Wohlwollen eines Tyrannen einschmeicheln konnte. Am Ende des Tages wollte ich aber nicht völlig mit der Einschätzung brechen, die das Dorf von ihm hatte; er war in den

meisten Dingen alles, als was ihn seine Kritiker bezeichneten: aggressiv, ungeduldig, mürrisch bis zur Grobheit. Er war ohne Zweifel ein schwieriger Mann. Er versuchte aber auch trotz seiner üblen Laune, in einer schwierigen Stadt eine schwierige Aufgabe zu meistern. Padre Constantino ist bereit, sich zu ändern, dachte ich, wenn Terrasini ihn nur ließe.

Die Gemeindevorschriften hat er nach diesen Besorgungen für mich zurechtgebogen, wenn auch so langsam, dass ich mir frustriert hätte die Haare ausreißen mögen. Es war eine Sache, keine Vorstellung davon zu haben, wo und wann der Mönch gestorben war, nicht zu wissen, wie man es anstellen soll, den Rest der Geschichte zu erschließen. Doch es war etwas ganz anderes, Tag für Tag an dem geschlossenen Pfarrhaus vorbeizugehen, und das in der fast hundertprozentigen Gewissheit, dass es das Geheimnis meines Großvaters barg.

Es war Vorschrift, dass niemand die Archive ohne persönliche Anwesenheit Padre Constantinos untersuchen durfte. Die Kehrseite war, dass er es hasste, in seinem Büro gestört zu werden, es sei denn, es handelte sich um äußerst dringende Gemeindeangelegenheiten. Am Abend nach den Besorgungen löste er diesen Widerspruch auf der Stelle auf, indem er sagte: »Seien Sie am Freitag um acht Uhr morgens hier, wenn ich die Messe lese.«

Man würde mir erlauben, das Büro zusammen mit Signora Notaro zu betreten und mich dort etwa vierzig Minuten aufzuhalten. Dies war die Zeit, die der Geistliche brauchte, um nach den einleitenden Worten bis zum Ende der Messe zu kommen. Er sagte, ich sei im Himmel und auf Erden mit meinem Leben dafür verantwortlich, dass nichts beschädigt wurde.

»Dies sind alte, sehr alte Bücher. Sehr empfindlich. Meine Schwester und ich gehen mit ihnen um, als erzählten sie das Leben unserer eigenen Vorfahren und nicht Ihrer. Wenn sie auseinander fallen, lassen sie sich durch nichts ersetzen.«

Der erste vierzigminütige Termin war eine Katastrophe. Von

einer plötzlichen Hilfsbereitschaft ergriffen, kreuzte um acht auch Signora Notaros Sohn auf. Während die Signora sich dem hilflos nachsichtigen Lächeln einer Mutter ergab, begann er damit, die *Defunti*-Akten willkürlich aus den Regalen zu ziehen, wobei er jeweils zwei oder drei Bände ergriff und sie auf dem Schreibtisch übereinander stapelte.

»Nicht hier, nicht hier, nicht hier. Ich sehe überhaupt keine Vivianos«, sagte er, als er die Bände für 1874, 1875 und 1876 durchblätterte und sich dann über die 1880er Jahre hermachte.

Ich entdeckte mutlos, dass die alten Akten tatsächlich sehr empfindlich waren, dünne Blätter brüchigen Papiers, die zwischen aufgeplatzte Lederdeckel gepresst waren. In zwei oder drei Bänden saßen die Seiten schief, nachdem Carabiniere Notaro mit ihnen fertig war. Als ich das Register des Jahrgangs 1880 aufschlug, sah ich auch, warum er keine Einträge unter »Viviano« gefunden hatte.

Dies waren Akten der Kirche und nicht der Stadtverwaltung. Sie waren nach dem christlichen Taufnamen geordnet, mit Anklang an einen Heiligen, und nicht nach dem Familiennamen.

In der kunstvollen Handschrift der damaligen Zeit waren sämtliche Francescos, die in jenem Jahr in Terrasini gestorben waren, zusammen im Register aufgeführt, daneben ihre Todesdaten. Die Einträge über die Beisetzungen waren chronologisch geordnet. Es wurde das Alter des *defunto* genannt, Vor- und Nachnamen seiner Eltern, der Ort seines Todes und eventuelle Zeugen, die anwesend gewesen waren. Es würde nötig sein, jeden einzelnen verstorbenen Francesco in jedem einzelnen Band aufzuschlagen, bis ich zufällig auf den Mönch stieß.

Etwa zehn Minuten vor dem Ende der Messe – in der Kirche, auf der anderen Seite des Hausflurs, läutete gerade die Sanktusglocke – nahm ich die abgelegten Bände an mich, quetschte die losen Seiten wieder hinein und legte sie wieder aufs Regal. Ich dankte dem jungen Notaro überschwänglich für seine Hilfe.

Übers Wochenende blieb das Pfarrhaus verschlossen. Auf mein Klingeln meldete sich niemand über die Gegensprechanlage. Am Montag war die Tür offen, und Signora Notaro saß im Hausflur. Allein. »Don Constantino sagt, dass Sie behutsamer sein müssen«, murmelte sie. Sie ließ mich ein, ohne ein weiteres Wort zu sagen.

Ich begann mit dem *Defunti*-Register für 1864, dem letzten Jahr, von dem ich sicher sein konnte, dass der Mönch noch lebend gesehen worden war, als er vor dem Taufbecken von Maria Santissima delle Grazie stand, als ein Priester Weihwasser auf meinen Urgroßvater Giuseppe träufelte, der damals noch ein Säugling war. Die Inschriften waren schwach und auf Lateinisch geschrieben. Es war quälend langsame, methodische Arbeit. Als vierzig Minuten vergangen waren und Padre Constantino ins Büro zurückkehrte, war ich gerade mit meinem Überblick über das Jahr 1864 fertig. Das Ergebnis waren sechzehn tote Francescos, von denen fünf Francesco Paolos waren. Doch es gab keinen Francesco Paolo Viviano.

Der Mönch war in jenem Jahr neununddreißig geworden. Soviel ich wusste, hätte er in seinen Vierzigern ermordet worden sein können oder aber noch so spät wie zur Zeit der Jugend meines Großvaters zu Beginn des zwanzigsten Jahrhunderts. Ich sah schon eine quälend lange Reihe von Vormittagen vor mir, die ich im Büro des Pfarrhauses würde verbringen müssen.

Eine Woche verging. Ich arbeitete mich durch die Verstorbenen von 1865, 1866 und 1867 hindurch. Als ich schon weit in der zweiten Woche war, war ich am Ende des Jahrzehnts angelangt und hatte mehrere Francesco Paolo Vivianos entdeckt, jedoch nicht den, den ich suchte. Die Geburtsdaten und Namen der Eltern waren immer falsch.

Es war ein makabres Unternehmen, all diese Seiten umzublättern und nur die Namen all dieser Toten zu lesen. Auf dem Friedhof, den Regalen des Gemeindebüros und dem Stadtarchiv hatte ich den halben Winter unter den Toten zugebracht. Ein Eintrag des Kirchenregisters von 1869 wurde so oft wiederholt, dass ich beim Zählen durcheinander kam. Der Eintrag war für ein kleines Mädchen, das als Baby gestorben war. Sie war einfach als »Ioanna« eingetragen, die latinisierte Form von Giovanna, aber ohne Familiennamen. Sie war im Jahr ihrer Geburt gestorben. Das genaue Datum wurde allerdings nie genannt. Diese Ioanna tauchte auf Dutzenden von Seiten auf, ein geisterhafter Säugling in hellbrauner Tinte auf dem brüchigen Papier. Die Handschrift war leicht zittrig, und neben dem Namen war stets ein Kreuz gezeichnet. Manchmal war der Satz »In nomine Patri« unter Ioannas Kreuz hingekritzelt. »Im Namen des Vaters.«

Diese Inschriften sind so etwas wie ein verzweifeltes Gebet, dachte ich, entweder um Ioannas willen oder des Priesters, dessen Hand beim Schreiben gezittert hatte. War er der unbestätigte Vater des Kindes gewesen? Hatte er seine Gewissensbisse wegen ihres Todes je überwunden, bevor der Tod seinen eigenen Namen dem Register hinzufügte?

Gelegentlich hob ich das Leichentuch mit kurzen Ausflügen unter den *Battezzati* hoch. Eines Morgens schlug ich die Taufdaten meiner Großeltern auf und stellte sie mir als Babys vor, wie sie verwirrt weinten, als man ihnen aus dem alten marmornen Taufbecken von Maria Santissima delle Grazie Wasser auf die Stirn goss.

Da war der Namen meiner Großmutter, Caterina Cammarata, die im Januar 1900 getauft worden war, der künftige gute Geist unserer Familienküche. Sie starb als gebrechliche und seit zwanzig Jahren stocktaube alte Dame im Alter von einundneunzig Jahren.

Die Mutter meines Vaters aufzuspüren war schon schwieriger. Nach einer ergebnislosen Suche unter den Angelinas von 1900, dem Geburtsjahr, das in den Papieren von 1955 genannt war, mit der sie zur amerikanischen Staatsbürgerin wurde, entdeckte ich sie schließlich in dem Wälzer für das Jahr 1899 – 3. Dezember, auf wundersame Weise mein eigener künftiger Geburtstag und zugleich Tag des heiligen Franziskus. Angelina Tocco war nicht nur eine sehr eitle Frau, sondern auch eine großartige Geschichtenerzählerin; sie muss es unerträglich gefunden haben, in einem früheren Jahrhundert geboren worden zu sein, und so hatte sie es mit Erfolg fertig gebracht, ihr wahres Alter achtzig Jahre lang zu verschweigen.

Dann entdeckte ich meinen Großvater, der bei seiner Taufe am 12. November 1897 als »Paulus Vivianus« eingetragen wurde. Das zweite unserer hundert Jahre alten Familienrätsel. Als ich ihn mir vor dem marmornen Taufbecken vorstellte, dann mit meinem Babygesicht, dem Bild, das von Fotos von meiner Taufe im Jahre 1947 stammte. Ich hatte sein fünfzig Jahre altes Taufkleid getragen, das meine Urgroßmutter von Terrasini nach Harlem mitgebracht hatte. Den Abend vor meiner Taufe verbrachte sie damit, Fussel von dem Spitzenkleid abzubürsten und es sorgfältig glatt zu bügeln. Drei Tage später starb sie.

Da war auch das Baby, das eines Tages zum Mönch werden würde, getauft am 4. August 1825. Es vergingen mehrere Tage, bevor ich einen Eintrag für Domenico Valenti entdeckte, seinen angeblichen Mörder, geboren am 26. März 1802 als Sohn von Matteo Valenti und Caterina Orlando.

Im Coniugale-Band von 1848 fand ich den Heiratseintrag für den Mönch und seine erste Frau, Antonina Randazzo. Sie war bei der Hochzeit gleichaltrig mit ihm, dreiundzwanzig, ein Dutzend Jahre jünger als meine Ur-Ur-Großmutter Maria Bommarito bei der zweiten Hochzeit des Mönchs 1855.

An einem milden Mittwochmorgen in der zweiten Februarwoche las ich die Notiz vom Tod des Mannes, der mir meinen Namen gegeben hatte. Der Eintrag, der am 18. November 1876 in das Register eingefügt worden war, war kurz: »*Franciscus Paulus Vivianus, Alter einundfünfzig, Sohn von Gaetanus, wurde heute in Terrasini begraben.*«

Außer einem einzigen Datum, das für immer die Welt meiner Familie veränderte, gab es keine weiteren Details.

*

Die *Biblioteca Centrale della Regione Siciliana*, die wichtigste Bibliothek auf der Insel, ist in einem weitläufigen Palazzo in der Stadtmitte von Palermo aus dem achtzehnten Jahrhundert untergebracht. Sie füllt einen ganzen Straßenblock des Corso Vittorio Emmanuele aus und grenzt direkt an die Kathedrale. Ursprünglich diente das Gebäude als Jesuitenseminar; dessen stilles Echo hat sich in einem mit Wacholder und Palmen bepflanzten Innenhof erhalten sowie in den Lesesälen mit vergoldeten Kronleuchtern und sechs Meter hohen Zimmerdecken. Der Haupteindruck jedoch, den die Bibliothek heute erweckt, ist der eines mühsam zurückgehaltenen Aufruhrs. Hunderte von Studenten, Wissenschaftlern und Literaturinteressierte drängen sich in die kunstvoll geschmückte Halle und halten den Sicherheitsbeamten Ausweise und Forschungsgenehmigungen unter die Nase.

Ich war mit den Launen der Wärter nur zu vertraut, denn sie hatten mir an einem Tag Einlass gewährt, nur um ihn mir am nächsten zu verweigern, und das ohne jeden erkennbaren Grund. Zum Glück und in Übereinstimmung mit der auf Sizilien üblichen Praxis kamen mir Verbindungen zu Hilfe. Eine Angestellte der Bibliothek war eine Freundin einer Freundin mit Verwandten in Detroit. Sie brachte mich mit einer Bibliothekarin zusammen, Laura Terranova, die dafür sorgte, dass ich den Hintereingang des Palazzos benutzen durfte, durch den normalerweise nur die Angestellten das Gebäude betraten. Laura Terranova war ein Geschenk des Himmels gewesen; sie zapfte die staatlichen Computer an, um eine Bibliographie für mich zusammenzustellen, durchsuchte alte Manuskripte auf alles, was für meine Nachforschungen wertvoll sein konnte, und stellte mich dem freundlichen Kurator des Mikrofilmraums vor.

Dorthin war ich am Donnerstagmorgen, dem 15. Februar

1996, unterwegs. Ich befand mich in einem Zustand äußerster Aufregung und hatte die ganze Nacht nicht schlafen können. Ich war so oft aus dem Bett aufgesprungen, dass ich damit den Kater erschreckt hatte, der weggerannt war, um sich zu verstecken. Das Todesdatum des Mönchs brannte mir ein Loch in den Magen. Da ich jetzt genau wusste, wann er gestorben war, musste ich noch herausfinden, wie.

Die Biblioteca barg die Antwort in einer Sammlung auf Mikrofilm aufgenommener Ausgaben des *Giornale di Sicilia*, die bis ins Jahr 1862 zurückreichten. Wenn Francesco Paolo Viviano tatsächlich ermordet worden war, wie mein Großvater behauptet hatte, musste sich im *Giornale* irgendein Hinweis darauf finden. Jede Ausgabe enthielt eine langweilige Spalte über Vorkommnisse bei der Polizei, die »Chronik der öffentlichen Sicherheit«. Dort wurden Morde erwähnt, Körperverletzungen, Raubüberfälle und Brandstiftungen, wie sie auf dem turbulenten Sizilien schon damals an der Tagesordnung waren.

Terranova wartete am Hintereingang auf mich, als ich an der Tür läutete. Ich hatte den Bus um sieben Uhr dreißig genommen, um sicher zu sein, zu dem Zeitpunkt bei der Bibliothek zu sein, zu dem sie aufmachte, nämlich um neun. Auf dem Weg in die Stadt unterhielten sich zwei meiner Mitreisenden über einen vorgeschlagenen Streik im Öffentlichen Dienst. Ich hatte Terranova vom Bahnhof aus angerufen und war dann die zwölf Straßenblocks zur Bibliothek gelaufen, als sie das Gerücht bestätigte.

»Der Streik beginnt um zehn Uhr fünfundvierzig, Signor Viviano. Kein Mensch kann sagen, wie lange er dauern wird.«

Wir hatten also noch eine Stunde und fünfundvierzig Minuten.

Terranova und ich eilten in den Mikrofilmsaal, wo der Kurator an einem Projektor stand, in den er schon die *Giornale*-Ausgaben für 1866 auf Mikrofilm eingefädelt hatte. Nach zwanzig Minuten wurde der Artikel auf der Leinwand scharf, ein ungewöhnlich langer Bericht im Polizeibericht vom 24. November:

Am Abend des sechzehnten November befand sich ein gewisser Onorato Evola aus Terrasini auf der Rückkehr von einer Fahrt zum Dorf Giardinello in seinem Pferdekarren. In seiner Begleitung waren vier weitere Landarbeiter. Doch als sie die Contrada Quattro Vanelle erreichten, rief ihnen eine Stimme von einer Hecke am Straßenrand zu, sie sollten sich mit dem Gesicht nach unten auf den Boden legen.

Sie taten es, und als der Pferdekarren plötzlich ohne Kutscher wegrollte, wurden zwei Schüsse abgefeuert, die ein Pferd verletzten. In diesem Moment sprang ein Mann aus der Hecke, um das Pferd beim Zügel zu packen. Da sie ihn vielleicht irrtümlich für eins ihrer Raubopfer hielten, schossen seine Komplizen zweimal auf ihn. Er starb auf der Stelle.

Evola und seine Begleiter flüchteten und retteten sich auf diese Weise. Die Angreifer, drei an der Zahl, zogen sich ebenfalls flüchtend zurück. Man nimmt an, dass das Motiv für ihren Überfall war, Evola auszurauben und zu ermorden. Die Behörden sind den drei Missetätern auf der Spur.

Die Polizeibeamten, die an den Tatort eilten, bezeugen, dass der Tote ein fünfzig Jahre alter ehemaliger Mönch aus Favarotta ist mit Namen Viviano, Francesco Paolo.

16 DAS BANDITENREICH

Madonie, Sizilien
Februar 1996

Mit meiner Entdeckung des Artikels im *Giornale di Sicilia* war der Tod des Mönchs plötzlich ans Licht gekommen. Doch zunächst fand ich in seiner Geschichte jetzt noch weniger Klarheit als zuvor, als seine Ermordung noch im Dunkel eines ganzen Jahrhunderts verborgen gelegen hatte. Er war ein in Rätseln begrabenes Rätsel. Wenn man eine Schicht von Fragen abschälte, sah man sich gleich der nächsten gegenüber.

War mein Namensvetter tatsächlich Mönch gewesen, wie im Artikel des *Giornale* behauptet wurde? Oder einfach nur ein als Priester verkleideter Bandit? Wurde er zufällig bei einem misslungenen bewaffneten Raubüberfall erschossen? Oder von einem mächtigen Feind ermordet, wie es mein Großvater in seinen letzten Tagen immer wieder behauptet hatte?

Was war aus Antonina Randazzo geworden, Francescos erster Frau, deren bloße Existenz aus dem kollektiven Gedächtnis unserer Familie verschwunden war? Die beiden hatten am 20. September 1848 in Maria Santissima delle Grazie geheiratet, inmitten des Aufruhrs der damaligen Revolution, als das Dorf in den Händen der Aufständischen war. Ich hatte das Aufgebot des Paares im Gemeindearchiv entdeckt. In den Wälzern über die *Defunti* war Antoninas Tod jedoch nirgends registriert worden. Padre Constantino zufolge bedeutete dies, dass sie nicht in Terrasini gestorben war. Antonina und Francesco müssen das Dorf irgendwann verlassen haben, nachdem der Aufstand im Frühjahr 1849 niedergeschlagen worden war. Aber wohin sind sie gegangen? Und wie ist sie gestorben?

Mike sagte, die Geschichte des Mönchs sei wie eine *cacocciula*, die purpurrote Artischocke, die wild in den Schluchten des Monte Palmeto wächst. Ihre Blätter haben rasiermesserscharfe Spitzen, die eine Hand zerfetzen können. »Das Herz der Cacocciula wird durch hundert Dolche geschützt. An das Herz kommst du nicht heran, wenn du nicht hungrig genug bist, mein Freund, und ohne Schmerz schaffst du es auch nicht heranzukommen.«

Ich wusste, dass die Cacocciula auch eine Metapher für den *sistema* war, die dazu verwendet wurde, die eng miteinander verwobenen und sich wechselseitig überlappenden Schichten der Verantwortung in der Cosa Nostra darzustellen. Wieder ein Rätsel, das in einem Rätsel begraben war.

Ich musste nachdenken. Ich musste weg von Palermo und Terrasini und den Archiven mit all diesen Toten. Weg von dem Telefon, das mich an meine Ressortleiter und die Nachrichtendienste fesselte, das Echo ferner Schlachtfelder. Weg von dem Labyrinth aus Rätseln und dem Irrgarten aus Namen. Also belud ich den Wagen mit Büchern und Notizen, ließ für Monacu auf der Terrasse einen großen braunen Beutel mit trockenem Katzenfutter zurück und fuhr dorthin, wohin sich der Mönch und seine Braut begeben haben müssen – wohin die geschlagenen Aufständischen der Küste sich schon immer geflüchtet hatten, um ihren Verfolgern zu entkommen. In die Berge. In das Banditenreich.

Die Madonie-Berge beginnen ihren steilen Weg nach Osten, der irgendwann die Lavafelder des Ätna erreicht, in einer Reihe von Bergkämmen aus Kalkstein, die von der tyrrhenischen Ebene in der Nähe von Palermo nach Süden ragen. Knapp fünfzig Kilometer weiter östlich wird aus den Bergkämmen eine dichte Konzentration von Gipfeln, von denen manche höher als eintausendachthundert Meter sind und eine Hochebene beherrschen. Am Nordrand der Ebene weichen die scharfen Winkel der Madonie-Berge den bewaldeten Bergschluchten und Alpentälern der Ne-

brodi-Berge, einer benachbarten Bergkette. Zusammen bedecken die beiden Bergketten mehr als dreitausend Quadratkilometer des Landesinneren von Sizilien.

Die Autobahn von Palermo nach Catania, welche die beiden
größten Städte der Insel verbindet, führt direkt durch die süd-
lichen Vorberge der Madonie. Doch ich hatte es nicht eilig. Ich
nahm die alte Römerstraße, die der Mönch und seine Braut nach
der fehlgeschlagenen Revolution von 1848 bei ihrer Flucht genommen hätten. Er war Stallbursche und *carritteru*, Pferdekut-
scher; das waren fast alle Männer der Familie Viviano. Ich stellte
ihn mir also an den Zügeln eines offenen Wagens vor, Antonina
an seiner Seite, wie die Holzräder sich drehten, während ich in
dem Peugeot nach Osten rumpelte, vorbei an Corleone und
Prizzi.

Bei Lercara Friddi schlängelte sich die Straße in eine Ödnis
trockener schwefelfarbener Schluchten hinunter, bevor sie bei
dem verschlafenen Bergdorf Scillato wieder hinaufführte. Dahinter lag eine ungeheure weite Wildnis, auf der befestigte Dörfer aus Kalkstein und Lava wie Perlen an einer Schnur aufgereiht
lagen. Über allem ragte als vulkanischer Wächter der Ätna auf.

Dies ist das ländliche Europa, wie es zur Zeit meines Urgroßvaters aussah. Das Leben der Dorfbewohner hat seitdem nur
wenige Veränderungen erlebt, wenn man von der Einführung
der Elektrizität und der Asphaltierung von Hauptstraßen absieht. Was es überhaupt an Tourismus gibt, bleibt ein zartes
Pflänzchen, das sich hauptsächlich an die Sizilianer in den Städten mit verwandtschaftlichen Bindungen an die Berge wendet.
Hotels findet man nur in den größten Städten, in den administ-
rativen Zentren, in denen Handelsvertreter und Verwaltungsbeamte absteigen.

Die wenigen Besucher von außen, die hier vorbeikommen,
finden die Madonie-Berge oft fremdartig, ja sogar beunruhigend. Ihre Bewohner sind so introvertiert, dass man sie für
stumm halten könnte – sizilianische Melancholie, wie sie zu ei-

nem wortlosen Extrem geführt ist. Wenn diese Menschen überhaupt sprechen, dann in der förmlichen Mundart einer archaischen Sprache, in die dialektale Anredeformen des »Ihr« und »Euer« einfließen. Diese Sprache zeichnet sich durch poetischen Einfallsreichtum aus. Mikes Gleichnis von der Artischocke ist im Hochland entstanden; sein Vater war aus den Madonie-Bergen gebürtig und lernte Nanna während seines Wehrdienstes an der Küste im Zweiten Weltkrieg kennen, worauf er sich in Terrasini niederließ. Das Bergbauernidiom des Vaters überlebte den Umzug, aber nicht nur das, sondern auch die außerordentliche Besonnenheit des Hochlands. Mike erzählte mir einmal mahnend, dass es ein Sprichwort aus den Madonie-Bergen gebe, das auf jeden anwendbar sei, der Familiengeheimnisse nicht wahre: »Wenn man Hunde ins Haus lässt, kann es sein, dass sie Knochen hinausschleppen.«

Dieses Sprichwort folgte mir bis in die Täler der Madonie-Berge. Der schneebedeckte Kegel des Ätna, der dennoch in einem roten Feuerschein glühte, war schon bald bei jeder östlichen Biegung der Straße sichtbar und stieß Rauchwolken in die kristallklare Luft mehr als dreitausenddreihundert Meter über einem legendären Meer – in das weindunkle Ionische Meer von Homer und seinen griechischen Kriegern, die sich bei ihrer Heimkehr vom Fall Trojas verirrten.

Griechen, Phönizier und Römer. Byzantiner, Sarazenen und Normannen. Angevinen, Aragonier und Bourbonen. Die tausendjährige Abfolge der Fremdherrscher Siziliens, von denen jeder eigene Sprichwörter und Fabeln in die Landschaft hineinlas, war hier eine ununterbrochene Geschichte, als hätte man den langen Verlauf der Geschichte der Insel in einen einzigen Augenblick erstarrter Zeit zusammengepresst. In Homers *Odyssee* erleidet ihr Held Schiffbruch an der ionischen Küste Siziliens, wo seine Männer von Polyphem, dem riesigen Zyklopen des Ätna, bei lebendigem Leibe gefressen werden. Die Römer verwendeten sizilianische Gebirgseiche zum Bau der Flotte, die das afrikanische Karthago zerstörte, was ein zentrales Thema in Vergils *Äneis* und in Dantes *Göttlicher Komödie* ist. Die Sarazenen hinterließen überall auf der Landkarte der Madonie-Berge ihre Spuren, nämlich in gewundenen Straßenmärkten, die an die *souks* von Tunesien und Marokko erinnern, sowie in Dörfern mit heute noch erkennbar arabischen Namen: Gibilmanna, Alimena, Calascibetta.

Oft hat man wie in der ehrwürdigen Kirche von San Antonio Abate in der Stadt Polizzi Generosa ein muslimisches Minarett einfach in einen gotischen Campanile verwandelt. Andere Kirchen wurden griechischen Tempeln aufgepfropft, sodass deren strenge Säulen heil blieben und von da an normannische Türme des elften Jahrhunderts stützten oder die Maibäume für die Seraphim und Cherubim darstellen, die sich auf spanischen Barockfassaden tummeln.

Die Städtenamen, die Kirchen, das synkretistische zeitliche Durcheinander: Sie erinnern alle an Eroberer, die wiederum selbst erobert wurden, an Herrscher von der Küste, die von ihren Nachfolgern hinweggefegt wurden und in die Berge flüchten mussten. In das aufrührerische Herz Siziliens.

Bei meiner ersten Fahrt durch die Madonie-Berge nach der Ermordung Richter Falcones 1992 hatte ich in Polizzi Generosa angehalten, um in einer kleinen Osteria zu essen. Über dem Eingang an einer mit Kopfsteinpflaster belegten Piazza in der Nähe von San Antonio Abate las ich »Da-da-da Cicciu«. Ein anderer der Gäste erklärte, dass der Inhaber, Francesco Ficile, als Junge gestottert habe. Inzwischen war er ein barscher und wettergegerbter Einundachtzigjähriger und verkündete das Tagesmenü mit der gleichförmigen Monotonie, die von Stotterern kultiviert wird, um sich nicht zu verheddern. Auf diese Weise war er die Da-da-das losgeworden. Als er 1950 die Osteria eröffnete, erbte sie den Namen.

Nach Gebirglerart war Cicciu von eiserner Schweigsamkeit,

genau wie die Dorfbewohner, die stundenlang an drei Tischen am hinteren Ende des Raums Karten spielten und seiner Frau, Rosa Di Martino, beim Kochen zusahen. Ihre Unterhaltung ging nur selten über das »Bon giu« hinaus, mit dem Neuankömmlinge begrüßt wurden, und das altmodische »a Diu«, »Geh mit Gott«, wenn jemand hinausging. Rosa, eine schöne Frau mit gut geschnittenem Gesicht in den Siebzigern mit sanften grünen Augen, war sogar noch schweigsamer als ihr Mann und die Gäste.

Hinter der Reserviertheit verbarg sich eine unendliche natürliche Warmherzigkeit. Polizzi Generosa besaß kein Hotel, aber Francesco und Rosa boten mir an, in einer Mühle zu wohnen, die sie in der Nähe auf dem Land besaßen, als ich sie fragte, ob sie mir ein Zimmer vermieten könnten. Ihr Sohn brachte mich in seinem Wagen hin. Die Mühle lag gut einen Kilometer von der Stadt entfernt auf einer Waldlichtung.

Sie war im Jahr 1601 erbaut worden. Dieses Datum war in einen Querbalken über einer Wasserrinne geschnitzt, durch die geschmolzener Schnee aus den Hochtälern strömte und unter dem Gebäude hinweggurgelte. Der Mühlstein saß in einem riesigen Holzkasten in der Mitte des heutigen Wohnzimmers, um das herum drei Schlafzimmer angeordnet waren. Am hinteren Ende sah ich eine einfache Bauernküche. Man blickte auf einen Garten mit Kastanien, Walnüssen, Pfirsichen und Kirschen, die auch winterliche Schneestürme überstehen konnten. Ein roter Terrakottaherd, den generationenlanger Gebrauch geschwärzt hatte, brannte in dem Zimmer mit dem Mühlstein, gefüttert mit Ästen getrockneter Pinien und Eichen, die draußen in einem kleinen Schuppen gestapelt waren.

Ich blieb eine Woche und aß in der Osteria jeden Tag zwei üppige Mahlzeiten. Alles, angefangen beim Olivenöl und den Tomaten in der Pastasauce bis hin zu dem gebratenen Hasen, dem Wildschwein, dem Pecorinokäse, dem Wein und dem Grappa, die das Mahl abrundeten, stammte entweder aus Rosas Garten, war von Francesco auf Flaschen gezogen oder im Bergwald von den Karten spielenden Stammgästen geschossen worden. Nachdem die Rechnung für Kost und Logis nach einer halben Stunde des Räusperns und anstrengenden Rechnens fertig war, löste sie ein komisches Ballett aus. Francesco machte ein gequältes Gesicht, als er schließlich eine Zahl erhielt. Er kritzelte sie in die Ecke einer alten Tageszeitung, die er abriss und mir in die Hand steckte. Die Summe war so niedrig, dass ich einen Hunderttausend-Lire-Schein hinter eine Vase auf der Bar klemmte, in der Hoffnung, Rosa würde sie später finden. Doch beim Abschied umarmte sie mich und steckte mir das Geld in die Jackentasche; ich entdeckte es jedoch erst, als ich wieder zu Hause in Paternella war.

Beim nächsten Mal war gar keine Frage, wo ich schlafen würde. Als ich von Terrasini aus in der Osteria anrief und Cicciu fragte, ob er sich an mich erinnere, sagte er nur »Aspettiamu«. »Wir erwarten Sie.«

*

Die Welt, die den Mönch und seine Braut in diesen Bergen anderthalb Jahrhunderte vor mir erwartete, forderte die Konventionen ihrer Zeit noch gründlicher heraus, als sie es tat, als ich Polizzi Generosa kennen lernte. Sie war in jeder Hinsicht eine eigene Welt, außerhalb des Rechts, in der auch die Zeit keine Rolle spielte.

Die Madonie-Berge hatten den Rebellen und Überlebenden von Siziliens gewalttätiger Vergangenheit mehr als eintausend Jahre Unterschlupf geboten. Hier fand jeder Flüchtling diskrete Gastfreundschaft. Es wurden weder Fragen gestellt noch Bedingungen. Überdies boten die Berge die Möglichkeiten zum Überleben: So konnte man beispielsweise wehrlose Reisende auf den gewundenen Bergstraßen ausrauben, die Palermo mit Catania verbanden, den Westen Siziliens mit dem Osten der Insel. Auf diesen Straßen verwandelten sich abgesetzte Aristokraten oder erfolglose Revolutionäre in Straßenräuber und Banditen. So legten Generationen von Straßenräubern Generationen von Reisenden Hinterhalte.

Als Francesco und Antonina 1848 aus Terrasini flüchteten, hatte sich dieses Muster schon so verfestigt, dass es zur Schablone der sizilianischen Geschichte geworden war: An der Küste tobt ein Kampf zwischen Eindringling und Einheimischem. Infolge seiner großen Überzahl und schlauen Verrats fällt der Sieg dem Eindringling zu. Die Besiegten ziehen sich in die Berge zurück, und in der jungfräulichen Wildnis wird ein natürlicher Adel von Banditenfürsten heimisch. Sie herrschen über ein Reich im Exil.

In den Annalen des gebirgigen Landesinneren von Sizilien finden sich vereinzelte Hinweise auf Gesetzlose schon aus der Zeit vor Christi Geburt, als das Grundmuster von Eroberung und Rückzug zu dem Schmelztiegel der phönizischen, griechischen und römischen Invasion umgeschmiedet wurde. Doch erst im vierzehnten Jahrhundert werden mit den Brüdern Nino und Biagio, »den beiden Banditen aus dem Wald von Partinico«, die in einer volkstümlichen Ballade aus dem vierzehnten Jahrhundert gefeiert werden, die erkennbaren Wahrzeichen einer dauerhaften Tradition etabliert.

Das Wort »Bandit«, *banditu* im sizilianischen Dialekt, hat seinen Ursprung in dem mittelalterlichen lateinischen Verb »bannire« (verbannen, ächten, für vogelfrei erklären), später ging daraus das spanische Wort »banditos« hervor – wörtlich »geächtete Männer«. Historiker nehmen an, dass die meisten unter ihnen Steuerrebellen waren, die sich weigerten, die königlichen Steuern auf ihre Ländereien und Ernten an die Herrscher über die Insel in Madrid zu zahlen.

Die Tradition ist unendlich poetischer. In der volkstümlichen Ballade über den Wald von Partinico ist der Bandit Nino ein ritterlicher Held, der Partinico verkleidet besucht und den Blick einer schönen *contessa* auffängt. Sein Bruder warnt ihn vor den

Gefahren einer verbotenen Leidenschaft, aber Nino ist hoffnungslos verliebt. Mit Hilfe Biagios überklettert er die Mauer zu dem Palast der liebreizenden Contessa. Wie meine Großmutter es ausgedrückt hätte, erlebten sie in jener Nacht »wahre Liebe«.

Am nächsten Morgen kämpfen sich die beiden Brüder ihren Weg aus dem Palastgelände gegen eine Streitmacht von dreißig bewaffneten Männern frei und entkommen in die Berge. Als die Sturmwinde jedoch durch den Wald heulen, hört Nino in ihnen für immer die ferne Stimme der Contessa: »Er wird zurückkommen, er wird zurückkommen.«

Erotische Abenteuer, gestohlene Nächte verbotener Leidenschaft zwischen adliger Frau und einfachem Mann, finden sich überall in der Erzähltradition der Banditen. Nino ist erkennbar ein Urahn Gaetanos des Falken auf dem Markt von Terrasini und das Seufzen der Contessa kündigt das Seufzen der Königin von Neapel in der Geschichte meiner Großmutter an.

Doch das Leitmotiv des Banditen hat in der Ballade von Partinico noch ein zweites, bedeutsameres Merkmal. Die flüchtigen Brüder erhalten Zuflucht in den entlegenen Festungen adliger normannischer Familien, die von den neuen Herrschern der Insel abgesetzt worden sind und sich in ein getrenntes Reich mit eigener Geschichte, Sprache und Kodes zurückgezogen haben. Somit hat schon mehr als fünfhundert Jahre vor der Geburt des *sistema* die sizilianische Phantasie vor der streng am Buchstaben des Gesetzes festhaltenden Gegenwart in einer heimlichen Vergangenheit Zuflucht gesucht. Justiz und Moral haben mehrfache, einander widersprechende Definitionen erhalten.

Der Würfel ist gefallen.

Im sechzehnten Jahrhundert findet die Unterwelt der Banditen in der Bevölkerung schon so weit verbreitete Unterstützung, dass die spanische Krone sich genötigt fühlt, diese Hilfe zu einem Kapitalverbrechen zu machen.

»Hiermit erklären wir, bestimmen und ordnen an«, so Kaiser

Karl V. im Jahre 1535 mit Nachdruck, »dass jeder, der diesen Banditen einen Tag, zwei oder drei Tage und bis zu zehn Tagen Beistand gewährt, nach Belieben der Gerichte bestraft werden soll; wer dies mehr als zehn Tage tut, soll der Todesstrafe verfallen.« Die Banditen selbst können gegen Belohnung von jedem getötet werden, dem es gelingt, sie zu finden.

Fünfunddreißig Jahre später hat sich nichts verändert. Der Vizekönig von Palermo erlässt eine Proklamation, die unabsichtlich sehr ausführlich die eindrucksvolle Bandbreite von Diensten aufzählt, welche die Sizilianer den Banditen immer noch gewähren. Diese Proklamation ist de facto auch eine Verurteilung des Regimes, ein Anzeichen dafür, wie tief die Untertanen ihrem Herrscher entfremdet sind. Die Proklamation droht damit, »all diejenigen, auch Adlige, zu deportieren, die bei der Flucht oder dem Entkommen von (Banditen) Hilfestellung geben oder anbieten oder dazu ermutigen, ferner, wenn sie diese über gerichtliche Anklagen informieren oder dafür sorgen, dass sie ärztliche Behandlung oder Medikamente erhalten, Pulver oder Musketenkugeln, Speise oder Trank, jede Art von Waffen, Pferde oder andere Dinge, die für die Pflege der Pferde notwendig sind, oder wenn sie Konterbande oder Geld annehmen, das ihnen von besagten Banditen gegeben worden ist.«

Die letzte Klausel ist viel sagend: Banditen berauben die Krone und teilen die Beute mit den Kleinbauern.

Das Vorbild ist der gefeierte Giangiorgio Lancia, der von 1570 bis 1600 mit einer Armee von mehreren hundert Briganten über die Madonie herrscht. »Lancia kämpfte hauptsächlich gegen Wucherzinsen nehmende Geldverleiher und die Reichen«, schreibt Salvatore Lo Presti, der kenntnisreichste Historiker des Banditentums auf Sizilien. »Und alles, was er ihnen wegnahm, gab er an seine Männer und die Armen weiter.«

Damit ist Robin Hood in den Bergen Siziliens erschienen, der Vorläufer der Reihe, die später zu Paolo Cocuzza und dem Mönch führen wird. In den Madonie-Bergen, so gesteht der letzte Vizekönig, sei die wirkliche Regierung nicht Spanien, sondern »das Reich derer, die man Banditen nennt«.

Madrid zeigt sich frustriert und zornig über den Widerstand im Volk gegen seine Gerichte und seine Polizei und reagiert auf die chronische Gesetzlosigkeit mit eigener Gesetzlosigkeit. Es werden Söldnerhauptleute ernannt, die ermächtigt werden, Truppen bezahlter Bürgerwehren aufzustellen und alle ihnen notwendig erscheinenden Maßnahmen zu ergreifen, um die Geißel des Banditentums zu bekämpfen und im ländlichen Westsizilien »Ruhe und Ordnung« wiederherzustellen.

Dem Regime ist klar, dass die Robin Hoods der Madonie-Berge die Quellen von Legenden und Träger des gefährlichen Unwillens im Volk sind. Man muss an ihnen ein Exempel statuieren und sie einem rücksichtslosen und unerbittlichen staatlichen Terror aussetzen.

Mit der Festnahme und Hinrichtung Lancias lassen die Behörden erkennen, was sie vorhaben. Seine vier Gliedmaßen werden im Hafen der Hauptstadt an je ein Heck eines Kriegsschiffs gebunden. Die Schiffe lichten vor den Augen Tausender von Palermitanern die Anker, und Lancias Körper wird auseinander gerissen.

Im Lauf des folgenden Jahrhunderts wird die Unterdrückung des Banditentums immer brutaler. Als der Bandit Antonino Catinella – in sizilianischen Dialekt unter dem Namen *Sata li Viti* bekannt, »der Rebenspringer«, weil er außerordentlich wendig ist und immer wieder entkommt – 1706 gefangen wird, foltert man ihn vier Tage lang, um ihn dann zu enthaupten. Sein abgetrennter Kopf wird auf einem Speer gepfählt und »für immer« auf der Stadtmauer Palermos ausgestellt, bis das Fleisch in der Sonne verwest und nur noch ein nackter Schädel übrig ist.

Ein ähnliches Ende erwartet Catinellas berühmtesten Nachfolger in den Madonie-Bergen, Antonio Di Blasi. Dieser ist für die Morde an ungerechten Großgrundbesitzern so berühmt, dass die Bauern ihn als »den gerechten Scharfrichter« bezeichnen. Besser bekannt ist er unter dem Namen *Testalonga*, »Langkopf«, weil er ein langes, schmales Gesicht und eine schmale Stirn besaß. Man könnte sich vorstellen, dass er wie eine düstere Christusgestalt von El Greco ausgesehen hat.

Testalonga wird 1737 nach den dynastischen Kämpfen geboren, bei denen die Herrschaft über Sizilien von Madrid zunächst auf das Haus Savoyen übergeht, dann auf Österreich und schließlich auf die spanischen Bourbonen. Dieser Machtkampf zieht sich zwei chaotische Jahrzehnte lang hin, zwischen 1713 und 1734. Doch was die Sizilianer betrifft, ist das neue Regime das alte: Immer noch herrschen Fremde über das Land, und immer noch verlassen sich die Machthaber auf die immer brutaleren Bürgerwehren der Söldnerhauptleute, die auf ihre Weise im Lande »Ruhe und Ordnung« herstellen wollen.

Auch die Berge bleiben die gleichen: Sie sind immer noch das gesetzlose Banditenreich. Im ersten halben Jahrhundert der Bourbonenherrschaft ist Testalonga sein Fürst. 1767 gerät er nach einer kurzen, aber Aufsehen erregenden Laufbahn als Bandit, bei der er sich als Rächer der Witwen und Waisen auszeichnete, im Alter von dreißig Jahren zusammen mit vier seiner Männer in einen Hinterhalt eines Söldnerhauptmanns. Wie inzwischen üblich, werden die Männer grausam gefoltert und anschließend enthauptet.

*

Diese berechnenden und tüchtigen und bis zum Sadismus methodisch gewalttätig vorgehenden Söldnerhauptleute bereiteten schon früh den Boden für 'Toto Riina und Giovanni Brusca vor. Für den *sistema del potere*.

Doch vor dem Ende des neunzehnten Jahrhunderts gibt es keinen *sistema*. Die Mafia, die Institution, die sich aus den Freischärlerarmeen der Söldnerhauptleute entwickeln wird, ist noch nicht einmal ein Begriff, als Francesco und seine erste Frau, Antonina Randazzo, heiraten.

Das Banditenreich steht 1848 auf der Höhe seiner Macht. Es ist eine Welt für sich mit eigenen Helden und Legenden. Es hat ein eigenes, höchst subversives Vokabular, das Vokabular der Eroberten, das gegen die Eroberer eingesetzt wird. Seine Begriffe sind Gefängniserfahrungen entnommen, dem kodierten Dialekt, in dem die Gefangenen – sowohl die politischen als auch die kriminellen sowie die ungezählten Schattierungen dazwischen, wie sie für Sizilien typisch sind – miteinander kommunizieren und ihre Kerkerknechte verwirren. *Lingua furbesca*, wie sie der sizilianische Anthropologe Giuseppe Pitre genannt hat. »Die Sprache der Gerissenheit.«

Im Banditenreich bedeutet *addurmisciri* töten, obwohl es wörtlich »schmücken« heißt. Ebenso *aggiuccari*, »in den Hühnerstall sperren«. Gestehen heißt *cantari*, »singen«. Dieser Sprachgebrauch der Unterwelt wird die Einwanderung in die USA überleben und auch dort üblich werden. Der Schlafplatz eines Wegelagerers ist *la purtedda*, der Schlupfwinkel. Jemand, der als Bandit und Soldat des Reichs in den Bergen bekannt ist, ist eine *calia*, eine Haselnuss.

Sämtliche Beamte des Strafjustizsystems einschließlich der Polizei und des Militärs sind *surci*, Mäuse. *Teniri*, aushalten, bedeutet, dass man bei einem Verhör Stillschweigen wahrt. Dies gilt als besonders bewunderte Eigenschaft, da die Mäuse meist zu *subbiri* neigen, dem Leiden, der Praxis der Folter.

Dies ist die Welt, in die Francesco Viviano und Antonina Randazzo flüchten, ein unbeständiges Gemisch aus erbarmungslosen Verbrechen und ebenso erbarmungslosem Söldnertum, anarchischer Gebirgsfreiheit und stickiger Unterdrückung im Tiefland, und das alles in die Gestalt einer romantischen Legende gehüllt.

Diese Legende erreicht mit Pasquale Bruno und Antonino Buzzetta ihre volle Reife, zwei Banditen, die nahezu Zeitgenossen des Mönchs sind und dessen Taten die Kindheitsphantasien meines Namensvetters beflügelt haben müssen.

Sie zahlen für ihre Attacken auf den Bourbonen-Frieden in der inzwischen schon traditionellen Weise, nämlich mit ihrem Kopf – und im Fall Brunos auch mit beiden Händen, die am Handgelenk abgehackt werden. Nach seiner Hinrichtung werden die Hände dem Fürsten von Castelnuovo zusammen mit dem Kopf überreicht, alles in einer eisernen Schatulle verschlossen. Je nach Quelle wurde Buzzetta 1823 festgenommen und hingerichtet, eventuell hat er aber auch bis in die 1830er Jahre gelebt. Die Strafakten, die darüber genau Aufschluss geben könnten, wurden bei der Bombardierung Palermos durch die Alliierten 1943 vernichtet. Es haben sich nur wenige dokumentierte Fakten über diese beiden Männer erhalten. Bestimmte bemerkenswerte Einzelheiten haben jedoch überlebt.

In Beschreibungen wohlhabender Raubopfer hat Pasquale Bruno unfehlbar sein besonderes Kennzeichen um die Taille geschlungen, eine *cintura di seta rossa*, »eine Schärpe aus roter Seide«. Antonino Buzzetta – seine *'nciuria* lautete *Fra Diavolo*, »Bruder Teufel« – trug bei seinen nächtlichen Streifzügen in den Bergen von Castellammare das Gewand eines Mönchs. Er war dafür bekannt, dass er oft überraschend in den Häusern der Kleinbauern auftauchte. Als Geschenke brachte er Lebensmittel und gestohlenes Bourbonengold mit.

17 DIE FABEL VON DER KICHERERBSE

Schon lange bevor ich die Madonie-Berge sah, sprachen meine Großeltern in ihren Fabeln von dem Banditenreich. Die Berge waren auch ein Hauptbestandteil in Großmutter Angelinas Geschichte von der Kichererbse. In deren scheußlichem Höhepunkt macht die Beherrschung einer geheimen Sprache den Unterschied zwischen Leben und Tod aus. Die Erzählung beginnt mit einer schönen Frau namens Santuzza, der die trällernde

Stimme Angelina Toccos durch die Straßen einer Küstenstadt folgt:

»Santuzza machte an jenem Abend einen viel längeren Spaziergang als sonst. Sie dachte über irgendein kleines Problem zu Hause nach, bis sie sich plötzlich allein auf einer Piazza wieder fand, die sie noch nie zuvor gesehen hatte, als die Nacht anbrach.«

Meine Cousinen Donna und Angie hielten den Atem an. Sie wussten, was jetzt kam. »*Stupida*!«, rief Großmutter plötzlich aus und sah sie böse an. »Allein! Abends! Das dürft ihr Mädchen niemals tun, sonst bringe ich euch beide um!«

Dann blickte sie mir fest ins Auge. Seit ich sieben geworden war, wurde von mir erwartet, dass ich Donna und Angie auf Schritt und Tritt begleitete. Die beiden lebten in unserer zweistöckigen Wohnung in der Detroiter Eastside im oberen Stockwerk. In der Rangliste von Vettern und Cousinen bis zur Grundschule und wieder zurück kamen sie gleich nach mir.

»Vielleicht hatte Santuzza Wichtiges zu tun, aber nichts ist so wichtig«, fuhr Großmutter fort. »Und tatsächlich kamen in jener Nacht Soldaten des Königs vorbei, und als sie dieses schöne Mädchen allein sahen, konnten sie sich nicht beherrschen. Sie schändeten sie, *mischina*. Sie machten es ihr unmöglich, jetzt noch einen Ehemann oder Kinder zu haben, und schändeten den Namen der Jungfrau Maria.«

Es würde noch einige Jahre dauern, bis auch nur einer von uns mehr begriff als die Tatsache, dass Santuzzas Leben durch die Soldaten des Königs irgendwie ruiniert worden war.

Die Nachricht von der Schändung Santuzzas verbreitete sich aus der Stadt, mitgebracht von Reisenden, durch die sie auch in die entlegene Gebirgsschlucht gelangte, wo ihr Bruder »'Turiddu« – »Salvatore«, der Erlöser – einen Trupp von Männern befehligte. Straßenräuber, um genau zu sein, obwohl uns ihr Handwerk in etwas sympathischerer Form präsentiert wurde.

An dieser Stelle schaltete sich mein Großvater gern ein. »'Turiddu nimmt immer von den großen Leuten und gibt den Armen.«

»Großvater, sei still, ich erzähle ihnen die Geschichte.« Meine Großmutter hasste es, unterbrochen zu werden.

»'Turiddu weinte, als er hörte, was geschehen war, weil er seine Schwester liebte. Er sammelte seine Männer um sich, und sie kamen zu dem Schluss, dass etwas unternommen werden müsse. Die Stadt wurde damals von einem König aus einem anderen Land regiert. Er war böse, und seine Anhänger waren genauso böse wie er. Es gab nur einen Ort, an dem man vor ihm sicher war, nämlich das Reich in den Bergen. Dort gab es keine ausländischen Soldaten.«

Einer von 'Turiddus Männern, sein engster Berater, bat um das Wort. Es gebe da ein Problem, betonte er. »Woran werden wir unsere Feinde erkennen? Sie sind Fremde, aber ihre Gesichter sind wie unsere.«

Das war der Moment, wie Großmutter erklärte, in dem die Jungfrau 'Turiddu im Traum erschien und ihm den Plan mit der Kichererbse vorschlug. Wie bei so vielen von Großmutters Erzählungen kam es hier entscheidend auf einen Namen an. Überall in Europa, erzählte sie uns, äßen die Menschen diese kleinen goldenen Erbsen, und überall hätten sie einen anderen Namen, »aber niemand außer einem wahren Sizilianer kann den Namen aussprechen, den wir verwenden«.

Die Kichererbse heißt im sizilianischen Dialekt *lu ciciru*. Richtig ausgesprochen ähnelt das Wort dem Geräusch einer Brise, die in den Blättern eines Gartens raschelt. »*Lu schii-schii-ru.*« Falsch ausgesprochen kann es leicht mit Dialektbegriffen für einen Vogelschnabel, einen kleinen Fisch oder den Penis eines Säuglings verwechselt werden.

'Turiddu berief ein Treffen aller Trupps in den Bergen ein. Jeder Mann erhielt eine Ciciru. Die Straßenräuber machten sich dann mit frisch gewetzten Messern über die Hauptstadt des bösen Königs her. Ich fühle noch heute, wie mir ein leichter

Schauer über den Rücken läuft, wenn mir die jetzt folgenden Szenen in Tagträumen wieder vor Augen treten.

»Sie stahlen sich nachts in kleinen Gruppen von vier oder fünf Männern in die Stadt«, sagte Großmutter, »und hielten jeden an, den sie auf den Straßen sahen. Nur die Anführer der Gruppen sprachen, und sie sagten nichts weiter als dies:«

Sie hielt eine getrocknete Kichererbse zwischen zwei Finger und hielt sie mir langsam vors Gesicht. »Signore, bitte sagen Sie mir, was Sie da in meiner Hand sehen?«

Das böse Reich stürzte in jener Nacht, und die dunkle Stadt war mit den Leichen ihrer Herrscher übersät.

Das Märchen meiner Großmutter von der Kichererbse war ihre Version einer klassischen Legende, der Erinnerung an eine blutige Revolte, die am Ostermontag des Jahres 1282 begann, als in Palermo die Glocken zur Abendmesse läuteten. Man kennt sie im Volk als »die Nacht der sizilianischen Vesper«. Der Aufstand erfasste bald die ganze Insel und regte an den Herrscherhöfen im Europa des dreizehnten Jahrhunderts zu Terror an und Giuseppe Verdi sechshundert Jahre später zu einer Oper.

Die Legende wollte auch wissen, dass die Soldaten einer ausländischen Armee eine sizilianische Frau beleidigt hätten, was die aufgebrachte Bevölkerung dazu gebracht habe, die Fremden ohne Ansehen der Person abzuschlachten. Wie in Angelina Toccos Fabel erkennen die Aufrührer ihre Feinde, indem sie sie dazu auffordern, den Dialektbegriff für Kichererbse zu sprechen.

Der historische »böse König« war Herzog Karl I. von Anjou, der Bruder von König Ludwig IX. von Frankreich. Die Angevinen kamen 1266 in den Besitz von Sizilien. Sie setzten den jungen erblichen Herrscher der Insel ab, Manfred, den sie mit finanzieller und militärischer Unterstützung des Vatikans stürzen konnten. Karl war ein tyrannischer Größenwahnsinniger, und obwohl man glaubt, dass er Sizilien während seiner sechzehnjährigen Herrschaft nur einmal besucht hat, plünderten seine Barone die Insel in seinem Namen erbarmungslos aus.

Historiker sind unterschiedlicher Ansicht in der Frage, ob der Aufstand zur Zeit der sizilianischen Vesper wirklich spontan war oder ein von Manfreds entmachteten Adligen inszenierter Staatsstreich. Viele von ihnen waren von den Angevinen von ihren Ländereien an der Küste verdrängt und in die Berge getrieben worden. Fest steht jedoch, dass die Revolte fast augenblicklich an Wucht zunahm und zu einer sozialen Explosion wurde, die das Grundprinzip der feudalen Ordnung bedrohte. In einer Vorahnung des Schlachtens, das Giuseppe Garibaldi im Jahre 1860 so entsetzte, fielen Tausende mit Sensen und selbst gemachten Speeren bewaffnete Bauern über die Küstenstädte her. Während der langen Nacht jenes Ostermontags des Jahres 1282 nahmen die Menschenmengen Rache an jedem, der mit französischem Akzent sprach. Die Unfähigkeit, den sizilianischen Dialekt fließend zu beherrschen, war im Leben wie in der Fabel ein Todesurteil.

Am Ende der Woche gab es mit Ausnahme einiger Ritter, die in der Felsenbastion von Sperlinga knapp fünfzig Kilometer östlich von Polizzi im Schatten des Ätna aushielten, keinen lebenden Franzosen mehr.

Fünf Monate nach der berühmten Vesper herrschte eine Musterrepublik in Sizilien, ein naives mittelalterliches Experiment in Demokratie, das bald in Anarchie endete, wenn man zeitgenössischen Berichten glauben darf. Bei der kleinen und privilegierten Klasse derer, die damals lesen und schreiben konnten, in einer Zeit, in der diese Fähigkeit noch seltener war als zur Zeit meines Namensvetters, ist keine andere Ansicht zu erwarten. Wie immer die Wahrheit gewesen sein mag: Im Herbst war die Wut der Bauernschaft verraucht, und das Experiment endete im Nichts.

Die Republik wurde am 4. September 1282 von Peter III. von Aragon gestürzt, im ersten von sechs Jahrhunderten mit spanischen und bourbonischen Herrschern, die in Sizilien mit eiserner Faust regierten. Er kam mit der aktiven Unterstützung mehrerer anderer Monarchen auf den Thron, darunter früheren Verbündeten von Karl von Anjou. Kein Königshof in Europa war sonderlich darauf bedacht zu erleben, dass Bauern sich selbst regieren.

Die sizilianische Vesper gelangte sehr schnell ins Reich der Mythen, wobei Karl und seine Angevinen in einer unübersehbaren Literatur von Dialekt-Poesie, Sprichwörtern und Liedern die Rollen des bösen Königs und habgieriger Soldaten annahmen. Sie wurden in grellen Schlachtenszenen an die Seitenwände von Pferdekarren gemalt und tauchten noch – zwar anonym, aber immer noch erkennbar – in den Geschichten sizilianisch-amerikanischer Großeltern auf.

Die Erzählung von der sizilianischen Vesper wurde durch die Generationen hindurch immer wieder neu erzählt und nahm so von der kollektiven Phantasie der Insel Besitz. Diese Legende wurde zum Angelpunkt ihrer Geschichte, zum Kernstück dessen, was als sizilianisch gilt.

Diese Geschichte war auch, wie mir schien, eine, die in eine andere eingebettet war; sie war Ausdruck einer Vielschichtigkeit von Denkweisen, die an diese seltsamen, synkretistischen Kirchen mit ihren dorischen Säulen und ihren Barockfassaden denken ließ. Je mehr ich mich in Siziliens Vergangenheit vertiefte, umso mehr sah ich die Legende von der sizilianischen Vesper als eine Art Vorhang.

Dahinter sah ich, zwar geisterhaft, aber unverkennbar, die Gründungsfürsten des Banditenreichs, die Vorfahren des Mönchs und auch meine.

*

Auf Cicciu Ficiles Drängen fuhr ich in den Osten der Insel, um mir am Wochenende vor Aschermittwoch in Acireale einen Eindruck vom dortigen Karneval zu verschaffen, bevor die Fastenzeit begann. Die Wintersonne warf lange Schatten auf die alte Römerstraße, die sich in engen Serpentinen wie ein Halsband um die Dörfer der Madonie-Berge schlängelt. Das kühle und windumtoste Petralia Soprana auf einem Bergkamm hoch über der Baumgrenze blickt auf ihre Schwester im Tal hinunter, Petralia Sottana, ein Dorf, das sich eines gemäßigteren Klimas erfreut. Gangi quillt auf beiden Seiten eines grünen Hügels in Kaskaden weißen Stucks ins Tal. Sperlinga wirkte auf mich wie ein kleiner Weiler von Höhlenbewohnern; es besteht aus höhlenähnlichen Häusern, die man in einen Kalksteinfelsen unterhalb der düsteren Festung, in der die letzten Angevinenritter aushielten, in den Felsen gehauen hat.

Im Dorf Centuripe verirrte ich mich irgendwie und fand mich plötzlich auf einer sehr steilen und schmalen Straße bergauf fahren, sodass mir keine andere Wahl blieb, als einfach weiter zu fahren. Kurze Zeit später ging nichts mehr. Mit einem Rad stand ich am Rand eines Abgrunds, bei dessen Anblick sich mir der Magen umdrehte. Mit der Fahrerseite meines Peugeot streifte ich die Wand eines Hauses. Der Hauseigentümer, dessen zerkratzter und zerbeulter Fiat auf einer wackligen Holzplattform über dem Abgrund schwebte, kam mir zu Hilfe. Er setzte sich ans Steuer, fuhr den Wagen Stufe für Stufe rückwärts eine steinerne Treppe hinauf, schaffte es irgendwie, den Wagen zu wenden, und brachte mich zu einer Nebenstraße, die zur Hauptstraße zurückführte.

Hinter Centuripe hörten die aus Kalkstein gebauten Dörfer urplötzlich auf und wurden durch Siedlungen ersetzt, die ausschließlich aus schwarzen vulkanischen Steinblocks gebaut waren, die vom Ätna stammten. Der Berg hatte in den letzten Jahren ein halbes Dutzend Ausbrüche erlebt. Ströme erstarrter Lava durchzogen in verschiedenen Richtungen die umliegenden Felder und verschlangen die verbrannten Überreste von Bauernhäusern fast in ebenholzschwarzem Gestein. Auf den wenigen verbliebenen Stellen mit Mutterboden hatte man neue Reben angepflanzt und Spaliere errichtet. Der Ätna verschlingt schon seit viertausend Jahren ländliche Dörfer und Bauernhöfe, doch die Bauern kehren immer wieder zurück. Die vulkanische Erde ist zu fruchtbar, um aufzugeben.

Zwischen Polizzi und Acireale, das jenseits des Ätna am Ionischen Meer liegt, sind es weniger als zweihundert Kilometer. Ich brauchte jedoch einen halben Tag, um die gewundene Straße zu bewältigen und kam in der Abenddämmerung in Aci Trezza an, der vorletzten Stadt vor meinem Bestimmungsort.

»Zu viele Autos in Acireale. Lassen Sie Ihren Wagen draußen an der Autobahn«, hatte mir Da-da-da Cicciu empfohlen. Ich tat sogar noch mehr und ließ ihn in Aci Trezza stehen. Dort bestieg ich den Zug einer Schmalspurbahn, der um den Fuß des Vulkankegels herum schnaufte.

Der Lärm von Acireale war schon zu hören, bevor die Stadt selbst auftauchte; es war ein dichter Lärmteppich, der den Zug einhüllte, als er in einen Vorortbahnhof einfuhr. Der Krach wurde ohrenbetäubend, als ich zu Fuß weiterging. Ein anhaltendes Brüllen menschlicher Stimmen erfüllte die Luft, ein einziger anhaltender Ruf, der Tausende von Stimmen explosionsartig vereinigte und auf eine Mauer von Autohupen prallte.

In jeder Straße standen die Wagen Stoßstange an Stoßstange und konnten weder vor noch zurück. Sie bildeten riesige Schlangen, die auf einer Piazza in der Stadtmitte zusammenliefen. Die Fahrzeuge, die der Piazza am nächsten standen, waren still; ihre Fahrer, denen inzwischen aufgegangen war, dass sie dort für den Rest der Nacht stehen bleiben würden, waren über dem Lenkrad zusammengesunken oder versuchten, zappelige und quengelnde Kinder zu beruhigen, die auf den Rücksitzen herumhüpften. Viele der Wagen hatten ihre Besitzer einfach stehen lassen.

Es sei jedes Jahr das Gleiche, sagte mir Bobby Cortese später. Er war sogar überzeugt, dass jedes Jahr die gleichen Autofahrer aus Catania und Palermo mit ihren Familien wiederkämen, nämlich in der unerklärlichen Hoffnung, der Verkehr werde diesmal geringer sein.

Inzwischen war es vollständig dunkel geworden, aber die Stadtmitte von Acireale wurde von bunten Glühbirnen grell erleuchtet, die man über der Piazza und den beiden wichtigsten Durchfahrtsstraßen der Stadt aufgespannt hatte. Motorisierte Festwagen fuhren langsam in einem drei Kilometer langen Rundkurs an ihnen entlang. Sie transportierten riesige Bildnisse von Teufeln, italienischen Politikern, Geistern, Schlangen und Drachen, von Kröten und Eidechsen. Viele von ihnen waren sechs oder neun Meter hoch und konnten mechanisch den Kopf heben oder senken. Große Lautsprecher auf einigen Festwagen ließen die Balkons von Palazzi und Kirchengebäuden an der Paradestraße erzittern. Dort starrten Gruppen von Nonnen und Priestern mit Rosenkränzen in den Händen auf den Festumzug hinunter.

Ich blickte gerade zu einer dieser kleinen Menschengruppen hinauf, als eine ältere Frau sich plötzlich aus der Menge löste und mir mit aller Kraft mit einem Plastikhammer auf den Kopf schlug. Ich duckte mich, als sie zu einem zweiten Schlag ausholte. Hysterisch lachend humpelte sie davon. Dann wurde ich erneut geschlagen, diesmal von einem Teenager, dann noch ein drittes Mal von einem mageren Mann mit einer Brille, den ich für ihren Vater hielt. Je mehr ich mich duckte, um so mehr Schläge hagelte es, bis sechs oder acht Menschen, eine ganze Familie von den Großeltern und Onkeln bis hin zu heranwachsenden Kindern, wie ein Mann auf mich einprügelten. Die Hämmer waren mit Pfeifen verbunden, die jedes Mal ein lautes Quieken ertönen ließen, wenn sie trafen.

Ich versetzte dem nächsten Schläger, einem Mann in den Vierzigern, einen heftigen Stoß, und als er rückwärts auf die Straße stolperte, lief ich weg.

Die Piazza war inzwischen voller kleiner Folterkreise wie der, der mich soeben umringt hatte. Menschen jeden Alters und jeden Schlages vollzogen ihre prügelnde pfeifende Strafe an jedem, der den Platz zu verlassen suchte. Es gab nur eine Möglichkeit, ihnen zu entkommen, indem man sich gegen die Wand eines der Gebäude presste. Fest entschlossen, mich zu befreien, riss ich einem kleinen Jungen, der neben mir mit seiner Mutter an der Wand stand, einen Hammer aus der Hand und begann mit voller Kraft auf jeden einzudreschen, der sich mir in den Weg stellte. Nach einigen Minuten schloss ich mich einem marschierenden Zug an, der im Gänsemarsch neben einem Festwagen entlang schlenderte, auf dem eine monströse Statue Giulio Andreottis aus Papiermaché zu sehen war, des siebenmaligen italienischen Ministerpräsidenten, der jetzt in Palermo wegen des Verdachts der Korruption und organisierten Verbrechens angeklagt war; diese Gestalt schwankte auf ihren mechanischen Beinen von einer Seite zur anderen und stürzte in regelmäßigen Abständen vor, um in einen Stapel übergroßer Banknoten hineinzubeißen, der am vorderen Ende des Gefährts befestigt war. Hinter Andreotti tanzte eine Truppe stark geschminkter junger Mädchen in den Gewändern adliger spanischer Damen frenetisch zu einem italienischen Rapsong.

In seinem Irrsinn und seiner unverhüllten Gewaltphantasie war Acireale nicht einfach nur ein anderer Hintergrund für die Karnevalsfeste, die sonst überall vor der Fastenzeit in der traditionellen katholischen Welt gefeiert werden, dachte ich, als ich endlich wieder Atem schöpfen und nachdenken konnte. Hier kam noch etwas anderes zum Ausdruck: In der tosenden Nacht ertönte noch ein anderer Schrei.

Das Marionettentheater ist die wichtigste Volksbühne Siziliens. Vor dem Aufkommen des Fernsehens zogen wandernde Puppenspieler mit ihren Requisiten und handgemachten Darstellern aus Holz in die entlegensten Dörfer, wo sie viele der Legenden aufführten, die meine Großmutter beim Mangeln erzählt hatte.

Das Herzstück des Puppentheaterrepertoires ist immer ein

Zyklus von Heldensagen aus dem achten und neunten Jahrhundert gewesen, in denen die *paladini di Francia* dargestellt werden, die Ritter Karls des Großen, die auf der Iberischen Halbinsel das Banner Christi gegen den Islam in die Schlacht trugen. Angesichts von Siziliens Geschichte als wichtigem Schlachtfeld zwischen Islam und Christentum kann dies nicht überraschen. Aber die moralischen Mehrdeutigkeiten dieses Kriegs in der Puppenspielerversion ist oft wirklich sehr überraschend. Und nirgends mehr als in der Geschichte von einem Paladin namens Viviano, die dem Mönch in dessen Kindheit gewiss bekannt gewesen sein muss.

In dem Puppenspiel wird der Name »Viviano« als arabisch dargestellt, obwohl er keinem mir bekannten arabischen Namen ähnelt und im Arabischen keinen Sinn zu ergeben scheint. Er wird dem Helden von Abalante gegeben, dem Emir des damals muslimischen Portugal, der ihn als Säugling entführt. Der Emir zieht den Jungen als seinen eigenen Sohn groß. Als junger Erwachsener ist Viviano ein berühmter muslimischer Krieger, und Abalante stellt ihn an die Spitze seiner Armee.

Als Viviano eines Tages verwundet worden und dem Tode nahe ist, kommt ein Engel zu ihm – das Echo von Anos Ruf muss die Aufmerksamkeit des Mönchs genauso erregt haben wie meine – und enthüllt ihm seine wirkliche Herkunft: Er ist »Bernardo«, der lange vermisste Sohn des Paladins Buovo d'Agromante.

Der Krieger wird wieder gesund, nimmt das Christentum an und sichert sich seinen ihm gebührenden Platz unter den Rittern Karls des Großen. Doch er nimmt nie den Namen Bernardo an. Er bleibt »Viviano«, die Quelle seiner heldenhaften Identität, die immer noch in seiner Erziehung und seinen Taten als Muslim wurzelt.

Die Volkskultur Siziliens ist ein Strudel solch unerwartet subversiver Strömungen. Da gibt es zum Beispiel die beliebte Erzählung von *la tarantella*, der »Tarantel«, dem wilden Volkstanz der

Insel. Die Sizilianer glauben, dass seine Ursprünge in der erfolglosen ersten Belagerung des arabischen Palermo durch normannische Kreuzfahrer im Jahre 1064 zu suchen seien. Die Normannen schlagen auf einem Bergkamm oberhalb der Stadt ihr Lager auf, bemerken jedoch nicht, dass es mit Taranteln verseucht ist, deren Stiche das unkontrollierbare nervöse Zittern auslösen, das in diesem Tanz Ausdruck findet. Die Normannen heulen vor Schmerz und schlagen verzweifelt nach den Spinnen. Jetzt sind sie gezwungen, sich von Palermo zurückzuziehen. Schon die Natur, so will es die Legende, verabscheut den Eindringling – selbst dann, wenn die Eindringlinge Christen und die Verteidiger Muslime sind.

Die Tarantella ist eine weitere Übung in Kodes, eine Art Hintersinn in den Träumen der Insel. Die sichtbare Oberfläche des sizilianischen Lebens, seine bewusste Sensibilität, ist westlich und christlich. In ihrem verschlüsselten Traumleben jedoch ist die Insel östlich und islamisch.

Dies ist eine Möglichkeit, den heftigen Widersprüchen einen Sinn zu geben, die das sizilianische Verhalten auslösen und das Grundmuster der sizilianischen Geschichte prägen. Die Trennung zwischen »Realität« und Träumen – zwischen der sichtbaren Gegenwart und der verborgenen Vergangenheit – ist ein Stellvertreterkrieg, dessen Schlachtfeld das geteilte Herz ist. Es ist nicht irgendein Krieg: Es ist der *Krieg der Kriege*, der folgenreiche Konflikt, der in der halben Welt tobt, seit Mohammeds Anhänger im siebten Jahrhundert die Wüste verließen, die Geburtsstätte des Islam, einen riesigen Teil des christlichen Europa eroberten und auf Sizilien eine wichtige Schlüsselstellung schufen.

Als normannische Kreuzfahrer Ende des elften Jahrhunderts die Insel zurückeroberten, nachdem nordafrikanische Muslime dort zweihundertfünfzig Jahre geherrscht hatten, zogen sich die besiegten Araber zunächst in die Berge zurück und danach in ein geisterhaftes Universum dunkler Phantasien, begrabener Namen und versteckter Motive.

Als ich darüber nachdachte, fragte ich mich, ob unser Vorfahr Ano einer dieser arabischen Geister war, ein Mann, der durch das Eingreifen Marias und ihres Engels einen neuen Namen erhält, »erlöst« und bekehrt wird.

Der Aufstand der sizilianischen Vesper wurde ebenso wie seine rituelle Neuinszenierung in Acireale in die christliche Fasten- und Osterzeit integriert. Hinter dem Vorhang riefen seine Anhänger ihren Widerstand gegen alles hinaus, was das christliche Europa repräsentierte, stießen jedem ein Messer in die Brust, der das Wort »ciciru« nicht korrekt aussprechen konnte – dieses Dialektwort ist arabischen Ursprungs –, und schwangen nachts Hämmer gegen Eindringlinge.

In den zehn Jahrzehnten, die der sizilianischen Vesper vorausgingen, war die Insel immer wieder von Volksaufständen heimgesucht worden, die in der Nacht zum Ostermontag des Jahres 1282 kulminierten. In den ersten sieben dieser Jahrzehnte waren die Aufstände eindeutig muslimisch. Und zufällig kam der größte ihrer Anführer aus den Bergen von Castellammare.

Sein arabischer Name war Mohammed ibn Abbad, doch er war eher unter seinem latinisierten *nom de guerre* bekannt, Mirabettus, »der Wundersame«. Er selbst bevorzugte einen selbst verliehenen arabischen Titel, *emir el muslimin*, »Fürst der Gläubigen«.

Im Jahre 1210, als Mirabettus einen allgemeinen Aufstand gegen die christliche Herrschaft anführte, beherrschte er einen riesigen Teil des Inneren von Sizilien, der sich von den Hochtälern der Madonie-Berge bis zu den fruchtbaren Feldern der Gegend von Alcamo erstreckte, das rund vierzig Kilometer südwestlich von Terrasini liegt. Mittelalterliche Quellen bezeichnen dieses Reich als das »Emirat der Berge«. Seine kaum verhüllten Erinnerungen an das muslimische Sizilien finden sich überall. Die Olivenhaine von Alcamo wurden von einem arabischen Bauern namens »Al-qamah« gepflanzt. Cinisi hat seinen Namen von dem arabischen *cins*, »geheiligter Boden«. Der Name des Strandes von Magaggiari, wo die *picciotti* im April 1860 von der Bourbonenarmee eingeschlossen wurden, stammt von dem arabischen *margia-el-giari*, »Flussmündung«. Und der von Quellen gespeiste Fluss Favarotta verdankt seinen Namen dem arabischen *fawar*, »die Quelle«.

Mirabettus wurde schließlich im Jahre 1222 von einer Armee aus sechzigtausend christlichen Fußsoldaten und zweitausend Reitern besiegt. Südlich von Terrasini machten seine Anhänger im Jahre 1243 einen letzten verzweifelten Abwehrversuch, bevor sie auf das italienische Festland zurückgeworfen wurden oder sich in die Madonie-Berge zurückzogen. Damit war das Muster vorgegeben:

Zwischen Eindringling und Einheimischen kommt es zum Kampf. Kraft seiner Waffen und infolge schlauen Verrats fällt der Sieg dem Fremden zu. Die Besiegten ziehen sich in die Berge zurück, wo sich ein natürlicher Adel von Banditenfürsten herausbildet.

Die wichtigsten Städte des Emirats der Berge waren neben Cinisi und Alcamo Partinico, Corleone, Montelepre, Prizzi und Jato – das später in »San Giuseppe Jato« umbenannt wurde –, wo die Entscheidungsschlacht gegen Mirabettus stattfand. Kurz, die Topographie seines Reichs entspricht genau dem der Brigantensquadre, die in den fehlgeschlagenen Revolutionen von 1820 und 1848 und später an der Seite Garibaldis kämpften. Um 1900 wurde das Gebiet zu einer Landkarte des *sistema del potere*, auf der als Orientierungspunkte die Geburtsorte von 'Toto Riina, Gaetano Badalamenti und Giovanni Brusca liegen.

Es war auch der Schauplatz der Wanderungen meines Namensvetters mit Antonina Randazzo.

18 ANTONINA RANDAZZO

Madonie, Sizilien
September 1851

Die Schluchten westlich von Polizzi Generosa sind in der Bergsonne blendend weiß, weiß wie die Schwefelgruben, die den Lercara-Bergkamm durchlöchern. Weiß wie ein Leichentuch. Der Karren fährt ächzend und schwankend über das Bachbett hinweg, und das Pferd überanstrengt sich unter Francescos Peitsche. Antonina hält bei jedem Ruck der Räder den Atem an.

Sie weiß, dass da nichts zu machen ist. Die Straßen unterhalb der Madonie-Berge sind eben und werden von Winden von der Bucht gekühlt; das Flachland gehört aber der Bourbonenpolizei, und ihr Mann wird steckbrieflich gesucht. In Terrasini wird es jemanden geben, der sie versteckt. In den Lercara-Schluchten tragen die ausgetrockneten Flussbetten, die als Wege dienen, die glühend heiße Sonne und der Schwefelstaub, der das Atmen schwer macht, dazu bei, die sbirri *auf Abstand zu halten.*

Antonina Randazzo ist sechsundzwanzig Jahre alt und schwanger. Ist es nur ihre und Francescos Bindung an ihr Zuhause, was sie aus ihrer Bergzuflucht nach Norden treibt? Antoninas Sehnsucht nach der tröstenden Hand ihrer Mutter? Francescos Ängste um seine Frau und sein ungeborenes Kind? Die genauen Gründe, die Argumente für und gegen diese Rückkehr werden eineinhalb Jahrhunderte später für immer verloren sein. Aber der nackte Zusammenhang von Ursache und Wirkung ist deutlich und geht selbst aus den bruchstückhaften Akten hervor, die erhalten geblieben sind.

Der Karren rumpelt an den Ruinen der Festungen des Gebirgsemirats vorbei, an anderen Flussbetten entlang, die Prizzi und Corleone umgehen, zu einem Maultierpfad, der sich um die ausgedörrte Senke zwischen San Giuseppe Jato und Montelepre dahinschlängelt. Mitte September sind Francesco und Antonina in Terrasini.

Die Vendemmia ist gekommen, und die Weinberge unterhalb von Palmeto sind ein sarazenischer Teppich, der mit seinen reifen Früchten wie ein Teppich in Rot und Gold aussieht. Die Erntehelfer kauern in den Weinreben. Auf dem Rücken sind kegelförmige Strohkörbe festgebunden. Die Luft von Castellammare ist trunken vor zerstoßenen Weinbeeren, Orangenblüten und salzhaltigem Dunst von der Bucht her.

Im westlichen Sizilien läuft eine ganze Armee von Flüchtlingen herum. Mehr als sechzehntausend Männer – hart gesottene Verbrecher, kleine Hühnerdiebe, Gegner der Bourbonenherrschaft – sind im Chaos des Jahres 1848 aus den Gefängnissen von Palermo entkommen. Einige haben die harten Bedingungen der königlichen Amnestie akzeptiert; viele haben in den Madonie-Bergen Zuflucht gefunden. Wenn die Not sie zwingt, folgen sie den Flussbetten und Maultierpfaden an die Küste, direkt vor der Nase von Polizei und Armeekommandeuren, die bestochen worden sind und beide Augen zumachen. Ende 1851 tauchen die Flüchtlinge zu regelmäßigen Besuchen bei ihren Familien auf. Nach außen hin muss der Schein gewahrt werden, und auch die Verwandten müssen einen Teil des Risikos auf sich nehmen. Jemand muss sich einverstanden erklären, diese Wegelagerer aus dem Banditenreich heimlich bei sich aufzunehmen.

Francesco und die hochschwangere Antonina werden an den Türen ihrer Eltern abgewiesen. Wie eindringlich die Mütter auch flehen, die beiden Väter, Gaetano Viviano und Pasquale Randazzo, sind nicht bereit, der Polizei das notwendige Bestechungsgeld zu zahlen.

Die Feindschaft zwischen diesen Männern ist bitter. Bei Francescos und Antoninas Hochzeit 1848 war kein Viviano oder Randazzo unter den sechs Trauzeugen gewesen, deren Namen in den Registern von Maria Santissima delle Grazie erscheinen. Es ist eine Liebesheirat, eher die Frucht einer unwiderstehlichen Anziehungskraft als ein vertragliches Arrangement, selbst im Sizilien des neunzehnten Jahrhunderts ein seltenes und verdächtiges Ereignis. Ein Ereignis, das die Familien nicht vergeben wollen, obwohl sie beide viddani *sind, wie es in den Akten heißt, mit dunklem Haar und schwarzem Schmutz unter den Fingernägeln.*

Das Paar muss woanders Unterschlupf suchen. Bei Freunden im Dorf, wenn sie das wagen, in Francescos grob zusammengezimmerter Hütte hinter der Kuppe des Monte Palmeto, wenn die Gefahr einer Festnahme zu groß ist.

Am 30. September bringt Antonina im Versteck einen Jungen zur Welt. Die Geburt wird den Verwaltungsbehörden nie offiziell gemeldet. Der Hebamme ist sofort klar, dass hier etwas nicht stimmt. Sie lässt einen Priester kommen. Der Säugling wird getauft, erhält die Letzte Ölung und wird im Kirchenarchiv als »Francesco Paolo Viviano« eingetragen.

Dies ist von Antoninas Seite ein Akt der Liebe, der sich bei Francesco mit einem Akt bitterer Verachtung mischt. Der Vater des strampelnden Säuglings, mein Namensvetter ebenso wie seiner, hat sich gegen die Familie gewandt, die seine Heirat ablehnt, und seine Herausforderung in einem Namen ausgedrückt – seinem eigenen. Einem Namen, der nicht der seines Vaters ist.

Am 2. Oktober 1851 stirbt das drei Tage alte Baby. Pasquale Randazzo meldet dies den Behörden; für die Akten erklärt er, dass der Vater des toten Kindes Francesco Paolo Viviano sei. Es ist die einzige Bestätigung der Familie Randazzo, dass Antonina einen Ehemann und ein Kind gehabt hat, und der einzige offizielle Beweis dafür, dass das Kind je existiert hat.

In dem Buch mit den Defunti *wird keine Todesursache eingetragen.*

Es werden sechsundneunzig Jahre vergehen, bis die Familie einem anderen Säugling den Namen Francesco Paolo Viviano gibt.

Dieser Junge bin ich.

*

Zwei Jahre nach dem Tod ihres Sohnes folgte ihm Antonina Randazzo ins Grab. Ihr Hinscheiden wurde nur durch einen kurzen Hinweis bei dem kirchlichen Aufgebot für Maria Bommarito und Francesco Paolo Viviano von 1855 bestätigt. Anfangs wusste ich nicht, wie ich mit dieser Entdeckung umgehen sollte. Aber als ich in die Madonie-Berge reiste, auf den Spuren der alten Bergstraßen, die mein Banditen-Namensvetter während seiner Flüchtlingsjahre gekannt haben musste, wurde mir klar, dass Antonina den Schlüssel darstellte, nach dem ich die ganze Zeit gesucht hatte. Vor ihrem Auftritt im Drama war der Mönch selbst ein Schatten gewesen; je mehr ich über Antonina erfuhr, umso schwerer und dichter wurde dieser Schatten.

Wie Giuseppe Vivianos Weigerung, meinen Großvater Francesco zu nennen – der Beleg für eine andauernde emotionale Kluft zwischen dem Mönch und seinem Sohn –, waren die Einzelheiten seiner kurzen, tragischen Ehe mit Antonina dabei behilflich, den Mönch zum Leben zu erwecken.

In der Woche nach meinem Aufenthalt in den Madonie-Bergen hatte ich mich wieder in die dicken Wälzer der Kirchengemeinde vertieft. Jede Seite trug mich jetzt weiter von den einfachen Fragen eines Reporters weg. Die dokumentarische Unterlage war schmal und doch aussagekräftig wie ein japanisches Aquarell, das auch den leeren Raum mit Sinn und Details füllt – nämlich durch das, was fehlt –, aber auch durch die Pinselstriche, die das eigentliche Bild ausmachen. Ich lernte aus den leeren Räumen der Dokumente, dass mein Namensvetter die Liebe gekannt und verloren hatte. Dass er danach von einer Bitterkeit verzehrt wurde, die er nie mehr abschütteln konnte, einer Verzweiflung, die ihn überlebte.

Die eigentümliche Art der Registrierung nach dem Vornamen statt dem Familiennamen machte es notwendig, die Listen sämtlicher Antoninas durchzusehen, die zwischen 1848, dem Jahr ihrer Eheschließung, und 1855, als der verwitwete Francesco seine zweite Frau heiratete, in Terrasini gestorben waren. Damals kannte ich das Todesjahr von Antonina Randazzo noch nicht, geschweige denn die Tatsache, dass ihm der Tod eines Sohnes vorausging – dem die Geburt eines zweiten und dessen Tod folgten.

Tagelang führte die Spur nicht weiter. Padre Constantino hatte Recht: Antonina musste nicht in Terrasini gestorben sein. Es hatte auch nicht den Anschein, als wäre sie dort geboren. Bei ihrer Hochzeit war sie dreiundzwanzig gewesen, genauso alt wie ihr Mann. Doch unter den Taufen von 1825 gab es bei den Antoninas keine Randazzo. Frustriert nahm ich mir den Wälzer der Kirchengemeinde vor, in dem die Eheschließungen von 1855 verzeichnet waren, und hier endlich fand ich den kurzen Hinweis auf Antoninas Todesjahr, eine schwarze Fußnote zu der Messe, bei der Francesco und Maria Bommarito getraut wurden.

Es fand sich aber etwas anderes, einige Zeilen weiter unten im Eintrag – ein ebenso kurzer Hinweis auf zwei Söhne, die in den Gemeindeakten nicht einmal genannt worden waren: Francesco Paolo, *anche defunto*, »ebenfalls verstorben«, und ein jüngerer Bruder, Gaetano.

Wie bei Antonina gab es leere Räume in den öffentlichen Archiven und auch in der Erinnerung unserer Familie. Mit Hilfe der Vornamen der Jungen hatte ich schnell herausbekommen, was es an Gemeinderegistern gab. Francesco Paolo, innerhalb von drei Tagen des Jahres 1851 getauft und gestorben. Und dann Gaetano, geboren irgendwo außerhalb von Terrasini, dort aber am 28. Juli 1855 für tot erklärt.

Die leeren Räume illustrierten die Flucht des jungen Paars aus dem Dorf und ihre desperate Rückkehr zu einer heimlichen Geburt und dem Begräbnis eines Säuglings.

Der Name des vergessenen Kindes, *Francesco*, war ein deutlicher Hinweis auf die Kontroverse, welche die Heirat seiner Eltern umgab, und auf die Familienstreitigkeiten, die diese auslöste.

Die Geburt eines zweiten Sohnes, der weder von der Kirchengemeinde noch von den Verwaltungsbehörden festgehalten war – der diesmal aber nach seinem Großvater väterlicherseits benannt war –, bezeichnete den Höhepunkt einer weiteren Flucht in die Berge und das Bemühen, mit so etwas wie verspäteter Sohnesliebe den älteren Viviano und seinen gesetzlosen Sohn miteinander zu versöhnen.

An den unausgefüllten leeren Stellen, wo Antoninas letzter Atemzug hätte verzeichnet sein sollen, fand ich einen Todesfall, der sich weit von zu Hause ereignet hatte.

Der Rest muss Mutmaßungen überlassen bleiben. Eine Choleraepidemie wütete 1853 in den Madonie-Bergen; in der Hafenstadt Messina, in der die Krankheit nach Sizilien gelangt sein soll, tötete sie in sechs Monaten fünfzehntausend Menschen. Antonina Randazzo kann ebenso gut aber bei der Geburt ihres Sohnes gestorben sein, irgendwo in einem primitiven Versteck in den Bergen, wo die Geburt eines Kindes oft tödlich verlief.

Francesco, der allein mit einem mutterlosen Säugling zurückblieb, scheint 1854 wieder offen in Terrasini gelebt zu haben, ein Mann, der zu vernichtet war, um die Demütigungen der Regierungsamnestie abzulehnen, und zu schwach vor Trauer, um dem Druck der Familie zu widerstehen.

Auch das ist reine Mutmaßung, die aber auf festem Grund ruht. Die Heirat mit Maria Bommarito wurde schnell arrangiert und keine zwei Jahre nach Antonina Randazzos Tod im Alter von achtundzwanzig Jahren bei einer kirchlichen Trauung geschlossen. Maria war Francescos Cousine mütterlicherseits, eine fünfunddreißigjährige alte Jungfer: Auf Sizilien eine Verirrung, denn sie war nach den Maßstäben der Zeit ein »spätes Mädchen«, das überdies unziemliche fünf Jahre älter war als ihr frisch gebackener Ehemann.

Sogar das Datum der Heirat, der 14. Mai, lässt Eile vermuten, den Wunsch, den Bräutigam festzunageln, bevor er es sich anders überlegte. *Maiulina non si gudeva la cuttunina*, mahnt ein Sprichwort in Terrasini. »Der Monat Mai ist für die Bettdecke nicht geeignet.«

Damit wird unterstellt, dass Mai-Bräute ihren Ehemännern keine loyalen Söhne gebären werden.

Elf Wochen nach der Wiederheirat seines Vater starb der dreijährige Gaetano Viviano aus unbekannten Gründen. Zwei Jahre später, im April 1857, wurde Maria von einem zweiten Gaetano entbunden, der auf Sizilien eines Tages »der Falke« genannt werden würde und in Amerika »Big Tom«.

Am 4. Mai 1864 gebar Maria Bommarito im Alter von vierundvierzig Jahren meinen Urgroßvater Giuseppe, das letzte bekannte Kind von Francesco Paolo Viviano. Der Stammbaum der unmittelbaren Familie meines Namensvetters, seiner zwei Familien, ließe sich jetzt vervollständigen:

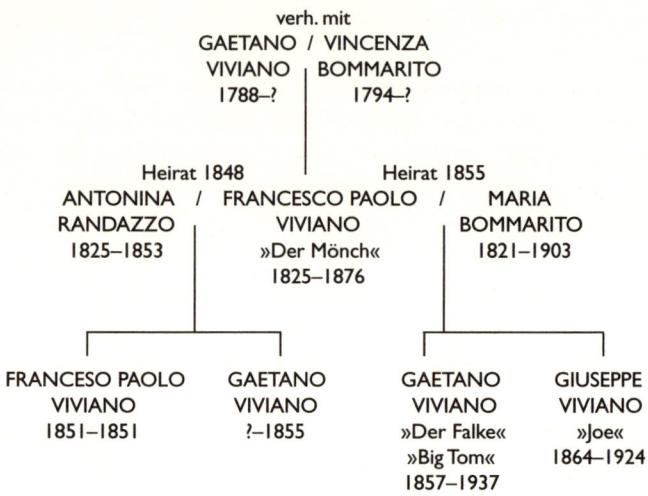

verh. mit
GAETANO / VINCENZA
VIVIANO BOMMARITO
1788–? 1794–?

Heirat 1848   Heirat 1855
ANTONINA / FRANCESCO PAOLO / MARIA
RANDAZZO VIVIANO BOMMARITO
1825–1853 »Der Mönch« 1821–1903
1825–1876

FRANCESO PAOLO   GAETANO   GAETANO   GIUSEPPE
VIVIANO VIVIANO VIVIANO VIVIANO
1851–1851 ?–1855 »Der Falke« »Joe«
»Big Tom« 1864–1924
1857–1937

Den Kirchen- und Behördenunterlagen zufolge wohnte Francesco nicht länger in Terrasini, als sein zweiter Sohn von Maria geboren wurde. Danach nahm die dokumentarische Spur in beiden Archiven ein plötzliches Ende. Ich hatte jetzt keinen Ort mehr, in dem ich nach gesicherten Tatsachen suchen konnte, der Kette von Ereignissen, die mit drei Gewehrschüssen auf einem Feldweg enden würde. Mein Namensvetter war wieder einmal in den Madonie-Bergen verschwunden.

Ich glaube, dass er sich zu dieser Zeit in den Mönch verwandelt hatte, dessen wahre Identität durch Verluste bezeichnet war. Eher durch das, was jetzt in seiner Welt fehlte als durch das, was sich darin fand. Bestimmt durch den leeren Raum, den die Todesfälle von Antonina und ihren zwei Söhnen hinterlassen hatten, den Maria und deren beiden Söhne nicht ausfüllen konnten.

19 DAS FEST DER JUNGGESELLEN

Jerusalem
April 1996

Als sich der Frühling über der Ebene von Castellammare mit fruchtbarer Hitze bemerkbar machte und die Mutterschafe in den alten Ställen des Herzogs von Aumale zu lammen begannen, wurde ich in den Nahen Osten geschickt. Der Auftrag kam in einem günstigen Augenblick. Es war wieder einer dieser vielen Wendepunkte, als ich das Gefühl hatte, die Spur des Mönchs für immer verloren zu haben, und dass es zwecklos wäre, die Suche fortzusetzen.

Das hilfsbereite Personal des Tribunale hatte die Archive sorgfältig mehr als einen Monat lang durchgesehen, nachdem ich den Artikel im *Giornale di Sicilia* mit dem Todesdatum des Mönchs entdeckt hatte. Es wurden keine Akten über eine Ermittlung in der Mordsache gefunden, und es gab auch keine Unterlagen über einen Prozess wegen des versuchten Raubüberfalls, bei dem mein Namensvetter tot auf einem Feldweg liegen geblieben war. In der Biblioteca Regionale hatte ich mich mit Lara Terranovas Hilfe durch jede Ausgabe des *Giornale* hindurchgelesen, angefangen mit den Ausgaben vom November 1876, dem Monat, in dem sich die Schießerei ereignet hatte, bis zum Ende des Jahres 1878. Es gab keinen Artikel, der den Zwischenfall bei Quattro Vanelle weiterverfolgte.

Der Pendelflieger der Alitalia nach Rom flog beim Start in geringer Höhe über Paternella hinweg. Unter der Tragfläche waren die Villa Fassini und ihre Nebengebäude deutlich zu sehen, eine Gruppe eng zusammenstehender bernsteinfarbener Blocks zwischen den Weiden und dem Meer. Zwei Stunden später nahm ich am Flughafen Fiumicino einen Flug mit der El-Al nach Jerusalem.

Es war die Zeit der Selbstmordattentate. Vier davon hintereinander in drei israelischen Städten. Über dem verkohlten Gerippe eines Busses hingen immer noch Stücke menschlichen Fleischs in den Bäumen Jerusalems. Sanitäter und Rabbinerstudenten schabten sie behutsam ab, damit sie beigesetzt werden konnten.

Am letzten Märztag entschloss ich mich, nach Ramallah zu fahren, einer Hochburg der Hamas auf der West Bank. Die Hamas galt als die radikalislamische Gruppe, die für die Attentate verantwortlich war. Drei der verdächtigten Attentäter waren in der Stadt geboren oder zur Schule gegangen. Sie liegt etwa dreizehn Kilometer von Jerusalem entfernt. Die Sicherheitsvorkehrungen waren so streng wie nie zuvor. Die gesamte West Bank war vom Militär abgeriegelt, und kaum jemand schaffte es, durch die Kontrollstellen zu kommen. Mein Presseausweis brachte mich durch. Aber nicht wieder hinaus.

Eine schreckliche Stille hing in jener Woche über den trockenen Hügeln, die Jerusalem von Ramallah trennen. Die Stille war aber nicht die diskrete Reserviertheit Siziliens, sondern die Sprachlosigkeit von Menschen, die man zu Krieg führenden Symbolen gemacht hat. Doch wenn man die meisten Israelis neben die meisten Palästinenser stellen würde, würde man sie kaum auseinander halten können, auch nicht in ihren jeweiligen körperlichen Abweichungen. Auf beiden Seiten gab es die elegant geschwungenen Nasen, den braunen Teint und die krausen Locken, wie man es nicht anders erwarten würde, aber es gab auf beiden Seiten auch Rotschöpfe und tiefblaue Augen.

Sie ließen mich an die Serben, bosnischen Muslime und Kroaten denken, an die katholischen und protestantischen Iren Belfasts, die Verkörperung unseres kollektiven Wahnsinns am Ende des Jahrhunderts. Sie ließen mich an Sizilien mit seiner genetisch bedingten Geschichte von endloser Eroberung und Bitterkeit denken.

Ein großer Teil der jungen israelischen Soldaten, welche die nach Jerusalem führenden Straßen bewachen mussten, hatten bei den Palästinensern kein Gegenstück, keinen Spiegel. Sie waren schwarz: äthiopische Juden, die in den 1980er Jahren nach Israel ausgewandert waren. Den sephardischen und aschkenasischen Juden in der israelischen Armee war klar, dass der Dienst an der Grenze der West Bank eine elende Qual war; sie fanden Mittel und Wege, sich auf andere Posten versetzen zu lassen. Aber für die Äthiopier war die Tragödie etwas Neues. Sie konnten kaum Hebräisch sprechen, und nur wenige waren in der Lage, in einer europäischen Sprache mehr als einen Satz oder zwei zu sprechen.

An einem kühlen Abend um neun Uhr, als ein Schneesturm die kahlen Bergkämme peitschte, stieß mir einer dieser jungen Männer seine Uzi-Maschinenpistole in den Bauch, entsicherte sie und schob mich gegen eine Betonbarriere. In seinen Augen las ich offene, unverhüllte Angst.

Zwei nervenaufreibende Stunden vergingen, bis ein israelischer Offizier ankam. Er sprang aus seinem Jeep, als der Fahrer noch nicht einmal gehalten hatte. Er hatte seinen Dienstrevolver gezogen, eine Vorsichtsmaßnahme, die mir auf absurde Weise übertrieben schien. Die Uzi des Äthiopiers war immer noch auf mich gerichtet, und inzwischen waren wir von einem halben Dutzend seiner Kameraden umringt. Der Offizier gab ihnen ein Zeichen zu verschwinden. »Leutnant Zev Faigen«, sagte er mit einem brüsken Gruß und bat auf Hebräisch um meine Ausweispapiere. Ich antwortete auf Englisch, und zwar so zornig, wie ich es unter den gegebenen Umständen wagte.

»Dies ist mein Pass, und hier ist mein gottverdammter Presseausweis. Was geht hier eigentlich vor?«

Der Leutnant sah sich die Papiere an. Er war in Amerika geboren und kam aus Chicago. »Hier haben wir wohl Mist gebaut«, sagte er.

Israelische Offiziere werden nachdrücklich auf die Bedeutung eines günstigen Presseimages in den Vereinigten Staaten hingewiesen. Der Äthiopier, der mich festgehalten hatte, verstand die

Worte »Mist gebaut« und machte ein unglückliches Gesicht. Er tat mir Leid.

Der Leutnant brachte mich persönlich über die Grenze und hielt einen Wagen an, der mich nach Jerusalem mitnehmen sollte. »Eins muss ich Sie fragen«, sagte ich, »warum habe ich diesem Jungen solche Angst eingejagt?«

»Der Bart«, erwiderte er sofort.

Ich habe einen sorgfältig gestutzten schwarzen und leicht gelockten Bart. Es war mir neu, dass er als verdächtig angesehen werden konnte. »Das darf doch nicht wahr sein«, sagte ich. »Viele Israelis haben einen Bart.«

»Aber nicht so einen, Kumpel«, entgegnete er und zeigte auf mein Gesicht. »Israelis mit Bärten sind meist Chassidim, und diese Bärte sind lang und ungestutzt. Ihr Bart ist so einer, wie ihn die Hamas-Leute tragen.«

Er seufzte, drehte mir den Rücken zu und ging weg. Was soll man mit einem Reporter anfangen, der die Sprache von Symbolen nicht versteht, das einzige Vokabular, das Israelis und Palästinensern gemeinsam ist?

*

Am Ostersonntag kehrte ich nach Terrasini zurück. Die *Festa di li Schetti*, das alljährliche Fest der Junggesellen, war auf der Piazza Duomo in vollem Gang. Die jungen Männer des Dorfs drängten sich um einen zweieinhalb Meter hohen Orangenbaum, der an der Wurzel abgesägt worden und mit Seidenbannern geschmückt worden war. Jeder der Junggesellen hob den Baum vom Erdboden hoch und wuchtete ihn sich über den Kopf. Zweck der Übung war es, ihn aufrecht zu halten, auf der Handfläche zu balancieren und dabei gleichzeitig auf das Haus einer künftigen Braut zuzutorkeln. Dieses Fest wurde nur in Terrasini gefeiert, und das schon seit unzähligen Jahrhunderten.

Ein Verwandter von Signore Zucco, ein Kaufmann, der in der Nähe der Piazza einen kleinen Laden hatte, trat an den Kreis der

Schetti und stellte sich neben mich. Nach ein paar Minuten sagte er: »Franky, kommen Sie rüber ins Café. Wir müssen uns unterhalten.«

So traten die *Terrasinese* üblicherweise aneinander heran, wenn eine diskrete Angelegenheit besprochen werden sollte. Das war für mich ein Zeichen, wie stark die Distanz seit dem vergangenen Jahr zwischen den Dorfbewohnern und dem Autor ihres Buches geschrumpft war. Bei mir war das Gefühl des Ausgeschlossenseins und der Isolation nach und nach durch das Erkennen von Gemeinsamkeiten ersetzt worden, die nicht auf Anhieb erkennbar waren. Selbst über das offenkundige gemeinsame genetische Gepäck hinaus – so gut wie jeder in Terrasini war irgendeinem Vetter, Onkel oder einer Tante in Brooklyn oder Detroit wie aus dem Gesicht geschnitten – konnte ich jetzt erkennen, wie viele meiner charakterlichen Eigenheiten den ihren nachgebildet waren: mein instinktives Misstrauen gegen Behörden und mein Jähzorn auf alles, was auch entfernt an eine Beleidigung erinnerte. Ich konnte erkennen, wie ein großer Teil ihres Universums unter der Oberfläche meiner amerikanischen Geburt und Erziehung am Leben geblieben war und in meinem Charakter und meiner Persönlichkeit Wurzeln geschlagen hatte.

Der Kaufmann und ich setzten uns bei Di Maggio hin. »Wegen dieses Diebstahls da draußen auf dem Land«, begann er. »Es waren die Bullen.«

Als ich in Israel war, hatte die Frau eines hiesigen Carabiniere den Vorarbeiter von Signore Zucco angesprochen. Die Polizisten des Innenministeriums seien die Einbrecher, erklärte sie. »Sie hielten den Amerikaner für Giovanni Brusca.«

Von dem Mann, der beschuldigt wurde, den Sprengstoff unter Richter Falcones Wagen angebracht zu haben, wurde allgemein angenommen, dass er sich in einem der Dörfer an der Bucht von Castellammare versteckt hielt. Nicht etwa weil es ihm unmöglich gewesen wäre, Sizilien zu verlassen – die Unmenge kleiner Buchten und Schlupfwinkel an der Küste war ein Paradies für Flüchtlinge und ideal dazu geeignet, Speedboote anlegen zu lassen –, doch er weigerte sich zu verschwinden.

»Es ist für ihn eine Frage des Stolzes, nicht wegzulaufen«, behauptete Mike.

Schon ein Gerücht, man habe Brusca irgendwo gesehen, genügte, um die ganze Insel mit Straßensperren der Polizei und Razzien zu überziehen. Als sich dann also in einem Haus auf dem Land ein rätselhafter Fremder zeigte, in einem Haus, das im Winter nur selten bewohnt war, hatte das Innenministerium einige seiner Klempner hereingeschickt, um mal nachzusehen. Sie haben mein Radio mitgenommen, um so etwas wie ein Motiv zu hinterlassen, wie fadenscheinig es auch sein mochte.

Ich fragte Signore Zuccos Verwandten, warum die Beamten des Innenministeriums so misstrauisch waren. Die Cortese-Villa in Paternella war schließlich nicht das einzige Haus, das in diesem Winter bewohnt war.

»Ihr Bart«, sagte er und zeigte mit dem Zeigefinger auf mein Kinn. »Bruscas Gesicht ist im ganzen Land auf Fahndungsplakaten zu sehen. Sie nehmen an, dass er sich inzwischen wohl einen Bart hat stehen lassen.«

Er stand auf, gab mir die Hand und ging wieder auf die Piazza zurück, wo er schnell in der Menge der Festa-Teilnehmer verschwand.

Ein Gebrüll war zu hören, als ein weiterer der Junggesellen sein Glück bei dem Orangenbaum versuchte. Er war ein stämmig gebauter Bursche Anfang zwanzig, ein Fischer; ich war ihm einmal in einem Café unten am Hafen begegnet. Der Baum war voller Früchte und muss sechzig oder siebzig Pfund gewogen haben. Der junge Mann hielt ihn in Hüfthöhe, balancierte ihn in seiner rechten Hand und schob ihn sich dann senkrecht über den Kopf. Dann taumelte er ein halbes Dutzend Schritte vorwärts und fiel dann kopfüber zu Boden. Der Baum blieb ein paar Sekunden aufrecht stehen, bevor er neben ihm zu Boden stürzte und ein paar Orangen dabei in den Rinnstein der Piazza rollen ließ.

20 EIN PARALLELES UNIVERSUM

Westsizilien
April 1996

In der Stadtmitte des alten Palermo gibt es einen rußgeschwärzten Platz, der fünfzehn Minuten Fußweg von der Biblioteca Regionale und dem massigen Bau des Teatro Massimo entfernt ist, dem Opernhaus. Der Platz heißt Piazza Beati Paoli. Dies ist der Standort eines antiken Monuments in der unsichtbaren Gegenwelt. Zwei Seiten des Platzes werden von der Kirche Santa Maria di Gesù, einem Bauwerk des Spätbarock, und einem Konvent aus dem sechzehnten Jahrhundert eingerahmt. Doch das, was hier wirklich im Mittelpunkt des Interesses steht, ist das, was der Besucher nicht sieht.

Die Sizilianer sind davon überzeugt, dass unter den Pflastersteinen eine Mönchsfestung liegt, eine versteckte Hochburg rächender Mönche. Dies ist der Grund, weshalb ich bald nach der Rückkehr von Israel dorthin fuhr, um bei der Suche nach meinem Namensvetter weiterzukommen.

Ich machte mir keine Illusionen darüber, dass man mir erlauben würde, die Festung zu betreten. Falls sie immer noch da ist. Falls sie je dagewesen ist.

Ich schlenderte durch die schmale Nebenstraße des Mercato del Capo nach Norden zur Piazza. Dies ist das größte der alten arabischen Marktviertel, die sich durch die Stadt schlängeln. Heute sind sie mit Verkaufsständen überfüllt, an denen billige Unterwäsche verkauft wird, Heiligenbilder, Berge von Artischocken sowie Schwert- und Thunfische, die in attraktiver Aufmachung angeboten werden. Eine zartgliedrige ältere Frau, die Witwenschwarz trug, saß dort, wo sich der Markt zur Piazza hin öffnet, auf einem Hocker. Sie entgrätete gesalzene Anchovis aus einer Zwei-Liter-Dose, die sie zwischen den Fußknöcheln auf die Pflastersteine gestellt hatte.

»Signora«, sagte ich, » können Sie mir sagen, wie ich die Festung der Beati Paoli finde?«

Sie lächelte, durchaus nicht unliebenswürdig, und schüttelte sanft den Kopf. Ein Fischhändler ein paar Meter weiter belauschte uns; ich hörte, wie er einem Kunden gegenüber die Worte »Festung« und »Beati Paoli« wiederholte. Also fragte ich auch ihn.

»Von der habe ich noch nie gehört«, sagte er mir. Ich hatte es nicht anders erwartet. Die Mauer höflichen Schweigens.

Volkslegenden zufolge, die bis in die Zeit der Sizilianischen Vesper zurückreichten, waren die *Beati Paoli,* »die gesegneten Pauls«, eine geheime Bruderschaft, deren Bastion unter der Piazza versteckt war. Man sah in ihnen die Vertreter der Volksjustiz, die ermächtigt waren, Streitfragen zu regeln, die der Staat ignorierte. Oft – wie bei der Legende von der Vesper – waren unter diesen Fällen auch Schändungen von Frauen oder Übergriffe korrupter und arroganter Beamter. Wie es hieß, versammelten sich die Mitglieder der Bruderschaft nach Anbruch der Nacht in unterirdischen Räumen unter der Piazza, um sich Zeugenaussagen anzuhören und Urteile zu sprechen. Dann, angetan mit den Gewändern der Mönche von San Francesco di Paola, machten sie sich beim Glockenschlag zwölf daran, die Urteile zu vollstrecken.

Ein ähnlicher, quasireligiöser Geheimorden, den man einfach unter dem Namen »die Rächer« kennt, war bis zu seiner gewaltsamen Unterdrückung durch die Normannen hundert Jahre vor der Sizilianischen Vesper tätig gewesen. Die Beati Paoli waren jedoch nie unterdrückt worden, so lautete jedenfalls das Gerücht.

Allein schon das Gerücht ist bezeichnend und zeigt, wie sehr sich der moralische Rollentausch inzwischen verfestigt hat, der in der frühmittelalterlichen sizilianischen Folklore muslimische Helden und christliche Schurken hervorbrachte. Diese Umkehr durchdrang inzwischen den gesamten öffentlichen Justizapparat und die Polizei und setzte an deren Stelle eine schattenhafte Ge-

genstruktur aus Untergrundsekten, um Schuldfragen zu klären und Volksjustiz zu üben.

»Der Sizilianer hat der Regierung noch nie die Aufgaben der Erziehung, der Leitung und Hilfe anvertraut. Die Einrichtungen der staatlichen Justiz wurden nur eingesetzt, um den Gerechten Schande zu bringen«, schrieb der Historiker Antonino Cutrera im Jahre 1900, als mein Großvater drei Jahre alt war.

Zusammen mit den Rächern und den Beati Paoli standen bei den geheimnisvollsten der Untergrundsekten Siziliens die *anime dei corpi decollati* im Mittelpunkt, »die Geister der Enthaupteten«, eine makabre Armee aus Banditen und anderen Verbrechern, die der Staat hatte hinrichten lassen. Deren Verehrung hielt sich bis ins zwanzigste Jahrhundert hinein. »Männer und Frauen, Jung und Alt, alle haben im Namen dieser okkulten Phantome ein Opfer darzubringen, ein Gebet zu sprechen oder religiöse Riten zu vollführen«, schrieb der Anthropologe Giuseppe Pitre in den 1870er Jahren. Die Enthaupteten, so erklärte dieser Palermitaner, »reagieren sofort auf Gebete um Rat oder Hilfe, aber auch auf die Bitten derer, die etwas über ihr Schicksal erfahren wollen.«

In den Städten, so glaubte man, bewohnten die *decollati* uralte schmale Straßen wie die des Mercato del Capo; auf dem Land seien sie in Flüssen zu finden, und auf dem Meer könne man ihre Stimme bei Stürmen hören, die sie manchmal für ihre Jünger unter den Fischern abflauen ließen. Während Garibaldis Vormarsch durch Sizilien im Jahre 1860 wurde weithin angenommen, dass man die Geister der Enthaupteten an der Seite der *picciotti* mit Gewehren in der Hand und roten Schärpen um die Taille sehen könne.

Der besondere Schutzpatron des Kults war Johannes der Täufer, der selbst enthauptet worden war. Auch die *decollati* galten als Märtyrer, aber nicht infolge eines frommen Lebens oder eines heiligmäßigen Todes. Für sie sprach nur eins: dass sie Staatsfeinde gewesen waren.

Als der Mönch noch ein junger Mann war, erlebte die Legende von den gesegneten Pauls einen neuen Aufschwung, ausgelöst durch die Neuveröffentlichung einer Novelle aus dem Jahr 1750 über die rächenden Mönche, *I Beati Paoli* von Vincenzo Linares. Viele Sizilianer glaubten, dass auch die Bruderschaft im Gefolge der misslungenen Rebellion von 1820 wiederbelebt worden war, um gegen die Bourbonen Mitternachtsjustiz zu üben, und dass sie nach dem Aufstand von 1848 und der verratenen Revolution des Risorgimento ihre Arbeit fortsetzte.

Es wäre jedoch unmöglich zu beweisen oder zu widerlegen, dass mein Namensvetter ein Mitglied der Beati Paoli gewesen war. Was ich weiß, wenn es auch alles ist, was ich weiß, ist Folgendes: Er reiste bei Nacht im Gewand eines Mönchs. Die Polizisten, die 1876 bei Quattro Vanelle seine Leiche fanden, schilderten ihn als »etwa fünfzig Jahre alten Ex-Mönch«. Doch mein Namensvetter hätte kein Mönch in einem herkömmlichen Sinn sein können, jedenfalls nicht mit einer ersten Eheschließung im Alter von zweiundzwanzig und einer zweiten weniger als zwei Jahre nachdem seine erste Frau gestorben war.

So bleibt nur die Legende von den Beati Paoli, um sein Gewand und seine Beschreibung durch die Polizei zu erklären, nur die Sprache des heimlichen Sizilien. Das und die Tatsache, dass sein Enkel Paolinu ihn immer nur Francesco lu Monacu nannte.

*

Religion war in unserer Familie immer in die unsichtbare Gegenwelt gehüllt und lebte unter einer brennenden unsichtbaren Sonne, welche die Geister Siziliens auch in den Wintern von Michigan warm hielt. Das war eine Kluft, die uns von den irischen und slawischen Katholiken trennte, die ihre Kinder in die Gemeindeschulen von Detroit schickten.

Natürlich hatten die Iren und Polen und Kroaten eigene unsichtbare Welten; auch sie hatten eine Kirche im Untergrund, einen heimlichen Glauben. In zufälligen Augenblicken auf der

Straße – an einem vergoldeten Madonnenbild, das von der letzten stehengebliebenen Mauer einer zerschossenen Kapelle in Bosnien herunterblickte, in der reflexhaften Verbeugung eines Schützen der IRA, wenn der Name Jesus ausgesprochen wurde – erkannte ich Symbole und Gesten aus den Häusern meiner Schulkameraden vor dreißig oder vierzig Jahren.

Ich würde sie jedoch nie voll und ganz verstehen, so wie ich auch nie erwartet hatte, dass meine Freunde den sizilianischen Katholizismus verstehen würden, den wir in Amerika nach Kräften hinter verschlossenen Türen zu halten versuchten.

Großmutter Angelina war seine Hohepriesterin. In einer meiner frühesten Kindheitserinnerungen sitzt sie zitternd auf dem Fußboden des Wohnzimmers, hält einen Rosenkranz umklammert und fleht die Jungfrau von Maria Santissima delle Grazie auf Englisch und in ihrem sizilianischen Dialekt an: »Schöne Muttergottes! *Bedda Matri di Diu! Salva mi! Salva mi!* Erlöse mich!«

Niemand konnte vorhersagen, was bei Großmutter einen dieser anfallartigen Trancezustände auslöste oder wann es dazu kommen würde. Niemand konnte sie aufhalten, bevor sie zu Ende gegangen waren. Sie bekam sie zu Hause, auf dem Rücksitz des Wagens meines Großvaters, auf dem Friedhof, bei Besuchen der Gräber ihrer Eltern. Doch nur dann, wenn niemand, der außerhalb der unsichtbaren Gegenwelt lebte, zusehen konnte.

Meine frühere Frau Mary, eine Irin, hat Angelina Tocco zwanzig Jahre lang gekannt und nie einen dieser religiösen Anfälle miterlebt. Mary stammte aus der sichtbaren, rationalen amerikanischen Welt unseres Detroiter Viertels. Die Trancezustände waren so etwas wie Verbindungen zu der unsichtbaren Topographie Siziliens. Wenn die Trance zu Ende ging, hörten die Schreie meiner Großmutter auf und endeten in einem Lied an die Jungfrau Maria: »An diesem Tag, unsere schöne Mutter, an diesem Tag schenken wir dir unsere Liebe…«

Dann strich sie ihr Kleid glatt und wandte sich wieder der Zubereitung des Dinners zu oder beendete eine Autofahrt, als ob nichts passiert wäre.

In ruhigeren Augenblicken erzählte uns Großmutter Geschichten über die *giuviteddi*, Zwerge, die in tiefen Erdhöhlen lebten, wo sie riesige Vorräte von Gold und kostbaren Edelsteinen bewachten. Es sei jedoch ein schlechts Vorzeichen, von Gold zu träumen. Das bedeute, dass die *giuviteddi* sich bedroht fühlten, wie Großmutter sagte, und sich bereit machten, einen zu betrügen. Träume von Fischen oder schwarzen Hunden seien Vorboten unmittelbar bevorstehender Wohlhabenheit. Aber Träume, in denen weiße Hühnchen oder Schnee vorkämen, seien eine Warnung vor Unglück und Bösem.

Sie glaubte fest an die übernatürlichen Kräfte der *fattucchiera*, einer sizilianischen Zauberin, die weiße Magie praktiziere und mit dem Beistand verschiedener Heiliger verzaubern könne. Im Namen einer Auftraggeberin oder eines Auftraggebers besitze die *fattucchiera* die Fähigkeit, einen Mann oder eine Frau vor Liebe verrückt oder einen untreuen Ehemann impotent zu machen. Eine *fattucchiera* könne auch geheime Wünsche, die nichts mit Liebe zu tun hätten, wahr werden lassen, in die Zukunft sehen und Kranke heilen. Doch sei die *fattucchiera* kein flüchtiges Geschöpf der Nacht, sondern eine lebende Frau.

Wir waren nie sicher, wer von Großmutters Freundinnen nun ihre persönliche *fattucchiera* war. Wir wussten nur, dass es eine solche Person gab und dass die Identität dieser Frau geheim bleiben musste, selbst Großvater gegenüber. Manchmal war ich überzeugt, dass es eine hoch nervöse verwitwete sizilianische Nachbarin von uns in Detroit war, die seltsame Sätze in sizilianischem Dialekt intonierte, wenn wir sie begrüßten. Manchmal starrte sie auch stundenlang von ihrem Wohnzimmerfenster auf die Straße. Öfter noch fragte ich mich, ob nicht Großmutter selbst die *fattucchiera* war, obwohl mein Verdacht ebenso sehr durch die Glut ihres Katholizismus geweckt wurde wie durch die vielen Zauberinnen und Zwerge in ihren Fabeln.

Großmutter Angelina und ihre Lieblingsschwägerin Ester waren das, was Sizilianer *monache di casa* nennen, was man etwa als »Hausnonnen« übersetzen könnte. Obwohl sie keinem der herkömmlichen religiösen Orden angehörten und zusammen zehn Kinder empfingen, glaubte man, dass sie eine heimliche Beziehung unterhielten, eine symbolische Ehe mit Jesus Christus, und so betrachtete man sie als Schwiegertöchter Marias.

Die Jungfrau Maria war eine Hauptdarstellerin in Angelinas Fabeln, die den Engel zu Ano in die Wüste geschickt und 'Turiddu dabei geholfen hatte, seine ruinierte Schwester in der Nacht der Sizilianischen Andacht zu rächen. Der Rosenkranz, den meine Großmutter in ihren Trancezuständen umklammert hielt, enthielt ein Stück durchsichtigen Knochens in einem silbernen Kästchen, das an dem Kruzifix befestigt war. Das Knochenstück stammte von dem Schädel einer Schafskopfsbrasse; wenn sie es ins Licht hielt, sollten wir die Umrisse der Jungfrau Maria in dem Knochen sehen, die mit einer Hand auf dem Herzen und einem Strauß Rosen in der anderen gen Himmel fuhr.

Tante Ester wurde sogar in Nonnengewändern beerdigt, sehr zum Entsetzen des irischen Priesters, der ihre Messe las.

Für die Iren und andere Katholiken aus dem Norden war es gerade Marias Jungfräulichkeit, die sie als heilig auszeichnete. Für Sizilianer war es jedoch ihre Mutterschaft, das genaue Gegenteil von Jungfräulichkeit. Die komplexen Beziehungen zwischen Frau und Liebhaber, zwischen Mutter und Kind waren der fiebrige springende Punkt des sizilianischen Katholizismus.

Angelina Toccos Trancezustände wurden vor den Augen ihrer vier Söhne und Töchter ausgelebt, und als wir älter wurden, vor den Augen ihrer Enkelkinder. Unsere Rolle bestand darin, ihre Agonie mit anzusehen und unsere Blicke von der Passion des gekreuzigten Erlösers abzuwenden, der den Christen im Norden zu wichtig ist, um uns dafür der mütterlichen Passion zuzuwenden, die am Fuß des Kreuzes sichtbar wurde.

Rund zehn Jahre nach der Beerdigung meiner Großmutter begann ich ihr eigenartiges Verhalten als das zu sehen, was es war: als den Ausdruck eines Mystizismus, der bis zu Demeter zurückreichte, zu den zutiefst mütterlichen Göttinnen und ihren Priesterinnen, die Sizilien vor dem Christentum und vor dem Islam beherrschten und heute noch in den Ritualen der Insel überlebt haben.

Am Karfreitag 1993 kam ich gegen Abend am Ende eines Anschlussauftrags über die Ermordung von Richter Falcone in der Hafenstadt Cefalù direkt am Tyrrhenischen Meer östlich von Palmero an. Unter den Klagelauten von Trompeten und dem Dröhnen von Becken schlängelten sich zwei Prozessionen in entgegengesetzte Richtungen durch die mittelalterlichen Straßen. Die Prozessionen waren seit drei Uhr nachmittags unterwegs, der Stunde von Christi Tod am Kreuz, wie mir ein Priester erklärte. Eine Prozession wurde von einer Jungfrau Maria aus Terrakotta angeführt, die auf den Schultern von acht Fischern in einer mit Blumen geschmückten Laube getragen wurde, die zweite von einer hölzernen Statue des toten Christus auf einem von acht Tischlern getragenen schwarzen Katafalk. Halb Cefalù marschierte hinter Christus her, die andere Hälfte hinter Maria, wie der Priester sagte.

Viele der älteren Frauen schrien Gebete hinaus wie die meiner Großmutter. »*Bedda Matri, Salva mi! Salva mi!*« Orchester folgten dem Katafalk und der Laube zusammen mit Bruderschaften von Männern mit Kapuzen, die geschwärzte Becken schlugen oder ölgetränkte Fackeln auf mehr als drei Meter hohen Pfählen in den Nachthimmel hoben.

Gegen neun Uhr abends setzte ein strömender Regen ein, dem die uralten Rinnsteine von Cefalù nicht gewachsen waren. Ströme von Wasser flossen durch die mit Kopfsteinpflaster belegten Straßen und ließen die Marschierer klatschnass werden. Sie schenkten dem keine Beachtung, sondern marschierten die ganze Nacht weiter. In meinem Hotelzimmer hörte ich, wie die

Orchester näher kamen, unter dem Fenster vorbeigingen und dann langsam in der Ferne verschwanden.

Am nächsten Morgen schloss ich mich um sieben Uhr der Prozession an, die hinter Maria herging. Die Fischer bewegten sich mechanisch vorwärts, als wären sie selbst in Trance, und bückten sich voller Schmerz unter der schrecklichen Last auf ihren Schultern. Ein Mann lief vor ihnen her, tanzte auf der Straße hin und her und stürzte sich dann mit all der Kraft, die er nach sechzehn Stunden ohne Schlaf oder Essen aufbieten konnte, in die Laube der Jungfrau Maria.

Ich ging zu dem Priester, der hinter den Fischern hertrottete. »Was macht dieser Mann da?«, fragte ich ihn.

»Er versucht, das Ende zu verhindern«, erwiderte der Priester. »Er versucht Maria daran zu hindern, das zu erreichen, was vor ihr liegt.«

Um zwölf Uhr mittags kamen die beiden Prozessionen zum Stehen und standen einander schließlich auf der Piazza unter den steinernen Türmen der Kathedrale gegenüber. Ganz Cefalù befand sich auf der Piazza, vierzehntausend durchnässte Männer und Frauen. Die Menge teilte sich und bildete einen langen, offenen Korridor, an dessen einem Ende sich die Laube mit der Jungfrau Maria und am anderen der Katafalk befand. Dann senkte sich für fünfzehn Minuten tiefe Stille auf Cefalù, wenn man von dem lauten Weinen der Frauen absieht, und über diesen langen, leeren Korridor hinweg sah eine Mutter ihren Sohn an, der als Märtyrer am Kreuz hing.

*

Als Großmutter Angelina sich auf ihre letzte Prozession begab, versuchte mein Großvater, sie zu Hause zu halten. Alles andere war unvorstellbar. Wir anderen erkannten zunächst nicht, was da geschah, weil Großmutters Phantasie schon immer eigenartige Wege gegangen war. Doch Frank Viviano, der mehr als sechzig Jahre an ihrer Seite gelebt hatte, begriff sehr schnell, dass es diesmal anders war. So verbarg er die Wahrheit lange Zeit, so wie er die Geschichte seines Namens und die des Mönchs und seines Mörders immer noch für sich behielt.

Der Abstieg Angelinas in die Hölle – so werde ich mir das immer vorstellen – wurde von Geistern angekündigt. Mein Großvater hörte Schreie im Schlafzimmer und fand sie, wie sie in die Bettdecken gehüllt dalag und mit ihrer Stimme einen Quälgeist anschrie, der mit einer anderen Stimme antwortete. Nach einigen Monaten übernahmen die Geister auch das Wohnzimmer und danach die Küche, sodass es keinen Raum mehr gab, in dem sie – oder er – ihnen entrinnen konnte.

Auch Angelina begriff, dass diese Geister anders waren. Sonntags, wenn die Kinder und Enkelkinder zum Essen kamen, tat Großmutter ihr Bestes, um ihren Part in der Verschwörung zu wahren. Wenn die Geister aufdringlich wurden, suchte sie für längere Zeit das Badezimmer auf. Anfangs glaubten wir, sie hätte Magenprobleme, und sorgten uns, sie könnte an Krebs erkrankt sein. Aber irgendwann später hörten wir die Streitereien, die Stimmen hinter der geschlossenen Badezimmertür. Geflüsterte Auseinandersetzungen mit ihren Geistern, solange sie noch in der Lage war, einen Anschein von Beherrschung zu wahren. Später kamen dann lautstarke Wortgefechte.

Zwei Jahre lang weigerte sich Frank Viviano, sich Angelina Tocco wegnehmen zu lassen, bis zu dem Tag, an dem sie ein Schlachtermesser ergriff und sich mit den in sizilianischem Dialekt gesprochenen Worten auf ihn stürzte, er habe jede dreckige Fotze in Sizilien und Amerika gefickt, und sie werde die nächste Nutte töten, die ihm nahe komme. Sie werde sie beide töten.

Woher kamen diese Wörter? Das fragten wir uns in unserem Schockzustand. Wir waren wie vom Donner gerührt. Wie hatte Großmutter gelernt, so zu sprechen?

Nach dem Zwischenfall mit dem Messer gab es keine andere Möglichkeit mehr. Das Unvorstellbare wurde unvermeidlich. Die Richtung von Angelinas Abstieg in die Hölle verlagerte sich gut sechs Kilometer nach Osten in ein Pflegeheim an der Kelly Road im Detroiter Vorort Harper Woods. Dies geschah 1980, als mein Großvater dreiundachtzig wurde.

Während der nächsten vier Jahre fuhr Großvater dreimal am Tag zum Pflegeheim. Er stand um fünf Uhr auf, um zu duschen, und machte sich selbst sein Frühstück, bevor er sich in den Wagen setzte und hinüberfuhr, um Angelina ihr Frühstück zu servieren. Um die Mittagszeit kam er wieder, nachdem er mehrere Stunden in einem Gemüsegroßhandel auf der West Side gearbeitet hatte. Dann kam er zum Dinner wieder und ging abends nur dann weg, wenn der diensttuende Krankenpfleger ihn beim Ellbogen nahm und behutsam zur Tür führte: »Angelina wird jetzt schlafen, Mr. Frank, und es ist auch für Sie Zeit, selbst etwas zu schlafen.«

Er kannte alle Pfleger und Schwestern beim Namen, und wenn er sich nicht gerade um meine Großmutter kümmerte – ihre Windeln wechselte, sie badete und fütterte –, half er bei den anderen Patienten aus. Ich beobachtete ihn, als ich in Amerika war und Großmutter besuchte. Viele der Patienten waren Sizilianer aus dem alten Little Italy an der Fort Street in Detroit. Er verbrachte Stunden mit ihnen und beruhigte sie mit seinen Erinnerungen an Augenblicke, die sie vor einem halben Jahrhundert gemeinsam erlebt hatten.

»Jeder Tag ist anders«, sagte er ihnen gern. Das war sein Lieblingsspruch, seine Art, inmitten der Verzweiflung so etwas wie Hoffnung auszudrücken. Einige der Patienten griffen den Ausdruck auf; dann begrüßte uns ein Chor, als ich mit ihm durch die Halle des Pflegeheims ging: »Jeder Tag ist anders.« Als ich ihnen zuhörte, dachte ich an die Geschichte meiner Tante Grace über den Beginn der Wirtschaftskrise in Detroit. Wie Großvater erfahren hatte, dass er eines Morgens plötzlich bankrott war, mit sechs Kindern zu Hause und ohne eine Möglichkeit, sie zu ernähren.

Er kam mit Tränen in den Augen zu Angelina nach Hause und sagte auf Englisch: »Liebling, wir pleite.«

Sie hatte geantwortet: »Jeder Tag ist anders, Frank« und ihm das Geld gegeben, um weiterzumachen, mehrere hundert Dollar, die sie seit ihrer Heirat Dollar für Dollar aus seiner Brieftasche genommen und in einer Hutschachtel versteckt hatte.

Er blieb noch weitere dreißig Jahre im Geschäft, bis die Supermärkte die kleinen Gemüsehändler in der Nachbarschaft in den Ruin trieben, die unsere Kunden waren, und die Firma »Frank P. Viviano Fancy Fruits and Produce« wieder bankrott war. Das hinterließ einen Bruch in unserer Geschichte, so wie es auch der Tod des Mönchs und die Emigration meiner Großeltern aus Sizilien getan hatten. Mit sechsundsechzig Jahren arbeitete Großvater danach zum ersten Mal seit der Konfrontation mit seinem Onkel Gaetano in einer Kneipe von St. Louis für einen anderen Mann. Es war der Job, den er noch mit siebenundachtzig ausübte: Er verkaufte Orangen und Zitronen an der West Side. Mein Vater fuhr jetzt einen Laster für einen der Supermärkte. Meine Onkel hatten sich andere Jobs gesucht und waren in andere Städte umgezogen. Nichts war mehr so, wie es gewesen war.

Nichts mit Ausnahme von Großvater, von dem ich schon immer mehr über Stärke und Würde gelernt hatte als in meiner ganzen Berufslaufbahn voller Interviews mit Staatspräsidenten und Ministerpräsidenten. Und in dem Pflegeheim in Harper Woods erfuhr ich noch mehr.

Im ersten Jahr schrie Großmutter vor Freude über meine Besuche auf. »Franky! *Figghiu miu, miu cori*!« Das war alles, was sie sagte, bevor sie unverständliches Zeug zu plappern begann. Im zweiten Jahr gab es schon keine Begrüßung mehr. Sie erkannte nur noch meinen Großvater, dessen Namen sie mit erschreckender Klarheit rief: »Frank! *Vieni ca!*« Komm her!

Niemals *Francesco* oder *Paolinu*; er war ihr Frank, ihr selbst ernannter Amerikaner und einziger Liebhaber.

In den letzten Monaten vor ihrem Tod 1984 war Großmutter Angelina nur noch ein federleichtes Gespenst, das mein Großvater von ihrem Bett hochhob und ins Badezimmer trug – fast siebzig Jahre, nachdem sie wild um sich tretend und beißend aus der Wohnung ihrer Eltern getragen worden war. Als er sie aufhob, sprach sie nur noch ihren eigenen Namen.

»*Mi ghiammu Angelina. Mi ghiammu Angelina. Mi ghiammu Angelina.*«

Sie war Ano in der Wüste.

Am Ende war ihr Gesicht dünner, als es in meiner Erinnerung je gewesen war, und ihre Haut war in ihrer Zartheit fast durchsichtig. Als sie im Bestattungsinstitut Bagnasco in ihrem Nonnengewand auf dem Totenbett lag, sah sie wieder aus wie der Teenager auf einem Foto von 1917, das nach ihrer Entführung nach Kanada aufgenommen worden war.

IV

21 FAMILIENPORTRÄT

Als ich meine Suche nach dem Mönch aufnahm, hatte ich mich daran gemacht, ein Verbrechen aufzuklären. Hatte ein Mann namens Domenico Valenti den Mönch getötet? Der Reporter in mir war entschlossen, die objektive Tatsache ans Licht zu holen und den Fabeln meiner Großmutter und den letzten rätselhaften Worten meines Großvaters ein klares und wohl dokumentiertes Ereignis zu entreißen.

Doch je mehr die Zeit voranschritt, ging mir auf, dass das eigentliche Verbrechen als objektive Tatsache nicht das Ende dieser Reise sein konnte.

Zunächst hatten nur meine Motive, meine Geschichte, die einzige, die ich wirklich kannte, die Erzählung vorantreiben können. Der Rest lag im Dunkeln, war verschlüsselt, versteckt in der Bodenkammer eines ständig wiederkehrenden Traums. Dann nahm die Geschichte meines Großvaters Form und Farbe an. Und schließlich, ganz allmählich, als wäre das Licht des bewussten Erkennens schmerzhaft, begann der Mönch aufzutauchen. Er heiratete, zog zwei Kinder groß, heiratete nochmals und zog zwei weitere groß. Der Mord erhielt seinen Schauplatz.

Als die Monate vergingen, stürzte ich mich weit tiefer in die Vergangenheit, als ich zu Beginn erwartet hatte, tief in eine verborgene Welt, die zu Lebzeiten und beim Tod meines Namensvetters schon tausend Jahre geherrscht hatte. Tausend Jahre Geschichte, geschriebene und ungeschriebene zugleich, eingetaucht in die geisterhaften Muster von Familiendramen, in Muster, die ebenso beharrlich und unergründlich waren wie diese unheimlichen Signale, die seit der Geburt voneinander getrennte

Zwillinge dazu bringen, einander über Kontinente und Meere hinweg zu imitieren.

Schließlich war ich der Kette gefolgt, die mich mit dem Mönch und meinem Großvater über neun Jahrhunderte hinweg verband, in entlegene Täler, in denen dreißig Generationen hartnäckiger Flüchtlinge Unterschlupf gefunden hatten. Wie Ano waren sie in den halluzinatorischen Fabeln meiner Großmutter nach Amerika ausgewandert.

Bei jedem Wahrzeichen auf dieser langen Straße sah ich mich der gleichen Auseinandersetzung zwischen Verwurzelung und Wanderlust gegenüber, zwischen dem Weg und dem heimischen Herd, diesem Tauziehen, das in den beiden Ehen des Mönchs und dem Leben seiner Söhne ein Echo fand. Das gleiche Echo, das auch mein Leben heimsuchte. Es war nicht die Geschichte an sich oder die unausgeschmückte Lösung der Ermordung des Mönchs, auf die es am meisten ankam. Es war die Suche selbst, das allmähliche Verschmelzen von Dichtung und Wahrheit in einer einzigen Wahrheit, einer einzigen Geschichte.

Was ich mir nie vorgestellt hatte, war, dass die Geschichte einen Autor hatte und dass sein Text ich war.

*

An dem Tag, an dem die Ehe meiner Eltern ihr Ende fand, versuchte niemand, sie aufzuhalten. Sie hatten seit siebenundzwanzig Jahren einen brutalen Krieg gegeneinander gekämpft, immer wieder durchsetzt mit großen Schlachten, in denen meine Mutter schrie, sie werde sich umbringen, und mein Vater mit den Fäusten gegen die Wände schlug, bis ihm das Blut aus den Knöcheln floss. Der Zorn saß tief, unerreichbar für jedes Verstehen. Es gab keine der üblichen Erklärungen. Keine andere Frau zog meinen Vater von uns weg. Und meiner Mutter hatte keine romantische Episode mit einem Fremden den Kopf verdreht. Die beiden befanden sich schlicht und brutal im Kriegszustand.

1973 spielte es wie früher schon längst keine Rolle mehr, dass eine Scheidung für Sizilianer etwas Hassenswertes ist. Die Spannungen waren schon so lange Zeit so quälend gewesen, dass beide Familien vor Erleichterung hörbar aufatmeten, als meine Mutter an einem Herbstsonnabend für meinen Vater einen Koffer packte und ihn zu gehen bat.

Vielleicht hätte man von meinen Großeltern erwartet, dass sie sich noch ein letztes Mal gegen die Trennung aufbäumten, wie sie es ein paar Jahre zuvor getan hatten, als einer meiner Onkel seine Frau verlassen hatte. Großmutter Angelina war damals unerbittlich gewesen, hatte die Wohnung ihres Sohns belagert, seine Freundin mitten in der Nacht angerufen und meine Tante angefleht, ihn wieder bei sich aufzunehmen. Die beiden wurden in eine erschöpfte Versöhnung gehetzt.

Doch als meine Mutter diesen Koffer packte, sagte niemand ein Wort, und niemand machte Anstalten, sie mit meinem Vater zu versöhnen, nicht einmal meine Großeltern. Sie hatten in der Neuen Welt über den Ehen von sechs Kindern gethront. Nur einer Ehe wurde erlaubt zu scheitern.

Doch von all diesen Ehen war die meiner Eltern die traditionellste gewesen. Es war die Vereinigung einer Braut mit einem Bräutigam, die sich vor ihrer Verlobung kaum begegnet waren. Diese Verlobung wurde in einem Jahr ausgedehnter Verhandlungen zwischen ihren beiden Familien offiziell arrangiert. Die Eltern meines Vaters spielten die Rolle des aggressiven Freiers. Sie waren außerordentlich hartnäckig gewesen, wie meine Tante Grace mir erzählte, und hatten mit der gleichen Unnachgiebigkeit auf diese Hochzeit gedrängt, die Großmutter später darauf verwandte, meine Tante und meinen Onkel miteinander zu versöhnen.

Eine arrangierte Hochzeit wäre Angelina Tocco und Frank Viviano wohl kaum je in den Sinn gekommen, denn ihre gemeinsamen achtundsechzig Jahre begannen mit einer verbotenen Werbung und einer Entführung. Doch sie passte perfekt zu den Ansichten von Salvatore DiGiuseppe, dem Vater meiner

Mutter, einem Baustoffhändler in Detroit, der Amerika zutiefst zwiespältige Gefühle entgegenbrachte.

Er war ein dunkler, grüblerischer Mann, der in seinen sechsundfünfzig Jahren in den Vereinigten Staaten die englische Sprache nie ganz zu beherrschen lernte. Wie die Heirat seiner Tochter war auch seine Eheschließung mit meiner Großmutter mütterlicherseits, Caterina Cammarata, arrangiert. So hatte es Salvatore DiGiuseppe entschieden am liebsten, denn eine solche Eheschließung war der Eckstein in einer kunstvollen amerikanischen Nachbildung von Sizilien.

Fast nichts Reales aus der alten Welt hatte den Weg in die neue gefunden. *Va bene*, Salvatore DiGiuseppe ersetzte es, indem er eine mediterrane *campagna* der zubetonierten Detroiter Landschaft überstülpte.

Das Haus meiner DiGiuseppe-Großeltern wurde durch Lampen mit Schirmen aus Fliesen erleuchtet. An den Wänden hingen Uhren in Fliesen und in Fliesen gerahmte Gemälde. Es gab Aschenbecher aus Fliesen an den gefliesten Tischenden im Wohnzimmer, Dreifüße aus Kacheln auf den gekachelten Tresen in der Küche, und gefliese Bänke, die um die Bäume vor dem Haus herum gebaut waren. Ein selbst gemachter Brunnen aus Fliesen, gekrönt durch Wasser speiende Mosaikengel, sprudelte hinten im Garten.

Wenn der Frühling kam, machte sich Großvater D. mit der Hacke auf einem leeren Stück Land nebenan jenseits des Brunnens zu schaffen. Die Eigentümer schienen nichts dagegen zu haben. »'Meddicani«, sagte er und zuckte die Schultern, als ich ihn einmal nach ihnen fragte. Sie waren Amerikaner, was ihm genügte, um ihre sonst unverständliche Apathie gegenüber fruchtbarem Land zu erklären.

Ich sehe ihn immer noch vor mir, wie er sofort den Oberkörper entblößte, wenn auch nur die leiseste Aussicht bestand, dass der Sonnenschein durch den grauen Himmel von Michigan brechen könnte. Seine Schultern hoben und senkten sich, als er den

Boden umpflügte. Im Juni war das leere Stück Land Terrasini. Zucchini-Ranken krochen über den Erdboden in den kleinen Garten meiner Großeltern, kletterten an dem gekachelten Becken des Springbrunnens hoch und waren in ein Meer gelber Blüten getaucht. Die Hälfte dieser Blüten wurden an den Ranken gelassen, um Zucchini hervorzubringen, während man die restlichen abpflückte, um sie kleinzuhacken und in Olivenöl zu braten. Tomaten reiften an Spalieren heran, dazwischen immer wieder Büschel mit Ringelblumen zur Abwehr von Insekten und Auberginen, die zu einem kräftigen Purpurschwarz heranreiften. Großvater D. baute auch Basilikum für die Marinara-Sauce an, Salbei für Rindfleisch und glatte Petersilie zum Garnieren von Spaghetti mit Venusmuscheln.

Zweimal am Tag – und das jeden Tag – setzte ihm meine Großmutter Pasta vor – mit Knoblauch und Olivenöl, mit Broccoli oder Blumenkohl, mit Sardinen und Fenchel, mit neun verschiedenen Arten getrockneter Bohnen, mit Erbsen und Schinken oder mit einem halben Dutzend Gemüsesorten, die keinen englischen Namen zu haben schienen und von Verwandten aus der alten Heimat, die uns in Detroit besuchten, in Päckchen mit Samen mitgebracht wurden. Wenn Großvater D. schon nicht auf Sizilien leben konnte, wollte er wenigstens so essen, als wäre es so.

Doch auf seine starrköpfige Weise war Salvatore DiGiuseppe auch sehr Amerikaner, ein selbstbewusster sogar. Ein Yankee, der kein Englisch konnte. Mit dem richtigen Vokabular und dem korrekten Akzent hätte aus ihm ein Franklin oder Edison werden können. Für seine Neugier, die immer herausfinden wollte, wie Dinge funktionieren und wie man sie dazu bringen könnte, noch besser zu sein, war in Sizilien kein Platz. Aus diesem Grund war er in die Neue Welt ausgewandert und deshalb hatte er diesen so grundtypischen amerikanischen Einsatz gewagt – seine gesamte Zukunft auf harte Arbeit und das Glück des Tüchtigen gesetzt –, bevor er Ellis Island überhaupt betreten hatte.

Er war ein Mann, den das grundlegende Paradoxon des Einwanderers überall auf der Welt heimsucht, heute wie vor hundert Jahren, indem er nämlich das Risiko akzeptierte und gleichzeitig fürchtete.

Das Erste, was er bei seiner Ankunft in New York 1908 als Sechzehnjähriger gesehen hatte, war ein Auto, das auf dem Kai stand. Für Frank Viviano war dieser Anblick ein Ansporn gewesen, der Auslöser einer Geschäftsidee. Salvatore DiGiuseppe machte das Automobil selbst vor Bewunderung ganz benommen. Nach weniger als einer Woche in New York machte er sich sofort in die Stadt auf, in der so etwas produziert wurde.

Doch von seinen natürlichen Anlagen her wie auch durch seine sprachlichen Unzulänglichkeiten war er für die Industriekultur Detroits höchst ungeeignet. Mein Großvater DiGiuseppe war ein Amerikaner wie Andrew Jackson und keiner wie Henry Ford. Er sah die Maschine als ein Stück handwerklicher Arbeit. Die Massenproduktion und das Fließband hatten mit seinem Interesse an Autos nichts zu tun.

Er verdiente seinen Lebensunterhalt mit den althergebrachten Fertigkeiten, die er von Sizilien mitgebracht hatte, und eine Autofabrik betrat er nur, wenn er dort Duschräume kacheln sollte. Doch er hielt die Augen offen und beobachtete, wie Autos zusammengesetzt wurden, als sie sich auf dem Fließband weiter bewegten.

1921 baute er sich dann einen eigenen Wagen. Aus gebrauchten Teilen baute er ein stählernes Ersatzchassis zusammen, und die Karosserie aus Sperrholz schmückte er mit ein paar schönen Fliesen aus Sizilien. Meine Mutter spricht davon noch immer mit der Verlegenheit des jungen Mädchens, dessen Konformismus nicht zu erschüttern ist: »Das Ding sah lächerlich aus. Alle lachten, wenn wir vorbeifuhren.«

Aber sie und ihre Schwestern lachten nicht, jedenfalls nicht laut. Mochte das Automobil auch Salvatore DiGiuseppes Teil des amerikanischen Traums sein, so war doch der absolute Respekt einer Familie sein Bollwerk gegen den undisziplinierten Albtraum der Neuen Welt. Noch mehr als der Garten und seine Arbeit mit Fliesen und Kacheln mussten seine Frau und seine drei Töchter streng und rigoros sizilianisch sein.

Die ersten beiden Mädchen erhielten die Namen Provvidenza und Girolama in der traditionellen »papanomischen« Ordnung: Sie wurden nach der Mutter meines Großvaters und der Mutter meiner Großmutter benannt. Das dritte Mädchen erhielt den Namen Antonina, eine weibliche Version von Antonino, dem Namen ihres Großvaters. Das sollte eine Art Ausgleich für die Tatsache sein, dass es keinen Sohn gab.

Als sie sieben waren, lernten sie, Ravioli zuzubereiten. Sie gingen in den langen schwarzen Baumwollstrümpfen der sizilianischen *campagna* zur Schule statt mit den in den USA üblichen »bobby-sox«. Als meine Mutter als Teenager eine Lungenentzündung bekam, wurden ihr von einem Heiler ohne medizinische Ausbildung, einem Mann aus den Bergen von Castellammare, Blutegel angesetzt. Eine Behandlung in einem amerikanischen Krankenhaus kam nicht in Frage. Weder sie noch ihre Schwestern hatten je ein »Date« vor ihrer jeweiligen Ehe – und alle heirateten Söhne aus Terrasini, dem Heimatdorf meiner Großmutter, das in den Augen Salvatore DiGiuseppes ein kleines bisschen vornehmer war als sein eigener Geburtsort Partinico. Sie durften nur am Arm ihres Vetters Domenico zum Abschlussball der Southeastern High School gehen.

Meine Mutter sagte immer, das eine, was die Schwestern wirklich wollten, ihr Traum, sei es, richtige Amerikanerinnen zu sein. Sie wollten Bobby Sox tragen, »saddle shoes« mit schwarz-weiß oder weiß-braun abgesetztem Leder, kurze Röcke, sie wollten den Foxtrott lernen und sich mit Jungen verabreden, die Namen trugen wie Smith und Miller und Hamburger und Pommes frites aßen. Doch das war Salvatore DiGiuseppes Albtraum.

*

Provvidenza DiGiuseppe wurde 1946 mit Gaetano Viviano verlobt. Jemand, dem diese Geschichte unbekannt wäre, würde beim Betrachten des Fotos meiner Eltern über meinem Schreibtisch neben dem Studioporträt meines Großvaters im Alter von drei Jahren in Terrasini nicht vermuten, welche Wunden darin verborgen liegen, oder etwas von den Stürmen ahnen, die noch vor ihnen lagen.

Meine Mutter ist zweiundzwanzig Jahre alt und strahlt in ihrem weißen Sommerkleid mit dem braunen Ledergürtel, den sie eng um die Taille gezogen hat. Ich erkenne eine leichte Gespanntheit ihrer Unterlippe, eine Grimasse der Unsicherheit oder einer Vorahnung; aber jemand, der die Bedeutung dieser Angespanntheit nicht aus nächster Nähe kennen gelernt hat, würde sie gar nicht bemerken.

Mein Vater, der ihr den Arm steif auf ihre rechte Schulter gelegt hat, ist ein auffallend gutaussehender Seemann von sechsundzwanzig Jahren mit sechs Ordensspangen in seinem Seesack. Der Krieg im Pazifik ist soeben zu Ende gegangen, doch in seinem offenen, sonnengebräunten Gesicht ist nichts von den Narben zu sehen, die er bei ihm hinterlassen hat.

Fünf Tage nach dem Atombombenabwurf auf Nagasaki war er zu einer Erkundungsmission in die Stadt geschickt worden. Als mein Bruder Sam und ich noch Jungen waren, erzählte mein Vater viele Geschichten über den Krieg: von Schlägereien in irgendwelchen Spelunken in Übersee, darüber, als er fast ertrunken wäre, als plötzlich ein Sturm aufkam, als er neben seinem Schiff schwamm. Doch er sprach selten über die Schlachten, über die Korallensee, Iwo Jima oder Okinawa. Und neunundvierzig Jahre lang sprach er niemals über Nagasaki.

Doch dann, an einem Winterabend 1994, ein halbes Jahrhundert nach diesem August in Japan, läutete in Paris mein Telefon. Am Apparat war mein Vater. Es war das erste Mal, dass er mich je in Europa anrief. Er hatte einen Artikel gelesen, den ich aus Bosnien geschickt hatte. Ich schilderte darin eine Fahrt durch

Dörfer, die der Krieg leer gemacht hatte. Die einzigen Lebewesen, die wir dort noch antrafen, waren im Stich gelassene Hunde und Katzen, die aus zertrümmerten Gebäuden auf die Straße liefen, als unser Konvoi vorüberfuhr, die aber vor Entsetzen knurrten, wenn ein Mensch sich ihnen zu nähern versuchte. Mein Vater erzählte mir, dass er unter den Leichen in Nagasaki lebende Hunde und Katzen angetroffen habe. Dann sprach er zum ersten und einzigen Mal über das, was er 1945 gesehen hatte, bis er unkontrollierbar zu schluchzen begann.

Mein Onkel Pete, der ebenfalls im Pazifik gedient hatte, sagte, er habe meinen Vater bei dessen Rückkehr 1945 kaum wiedererkannt. Damit meinte er nicht das Gesicht. Es hätte sich nicht verändert. Aber sein Geist, die Persönlichkeit. Das sei nicht mehr Tommy gewesen. Er habe Wutanfälle bekommen, die niemand habe ergründen können, nur weil er wegen irgendwelcher Dinge unzufrieden war, die sich niemand erklären konnte. Er hatte sich in einer Wüste verirrt, aus der er nie mehr ganz entkam.

Dies ist der gut aussehende Seemann, der meiner Mutter 1946 den Arm auf die Schulter legt, der Ehemann, der ihr durch die beiden Menschen zur Linken des Brautpaars zugewiesen wurde, Angelina Tocco und Frank P. Viviano. Meine Großmutter starrt ausdruckslos in die Kamera, was vielleicht daran liegt, dass sich die Sonne in ihrer Brille spiegelt und eine Undeutlichkeit mit sich bringt, die in Wirklichkeit vielleicht gar nicht da ist. Doch an der Pose meines Großvaters ist nichts unklar.

Mit achtundvierzig Jahren – in dem Alter, in dem ich mich allein und kinderlos auf Sizilien niederlasse – überragt er seine Frau, seinen Sohn und seine künftige Schwiegertochter. Hinter ihm steht das große Detroiter Haus voller Kinder. Zwischen den Fingern seiner linken Hand hält er eine teure Zigarre. Ein Lächeln, das von vollendetem Selbstvertrauen zeugt, hellt sein Gesicht auf. Frank P. Viviano ist im Sommer 1946 ein Mann, der all das erreicht hat, was er sich vorgenommen hat, mit dieser Ehe als Gipfel.

Denn selbst mehr noch als meine Großmutter hatte er sich für diese Heirat eingesetzt und mit Salvatore DiGiuseppe stundenlang hinter verschlossenen Türen gesessen und mit ihm über die Zukunft gesprochen.

DIE CAMMARATA-/DIGIUSEPPE-FAMILIE

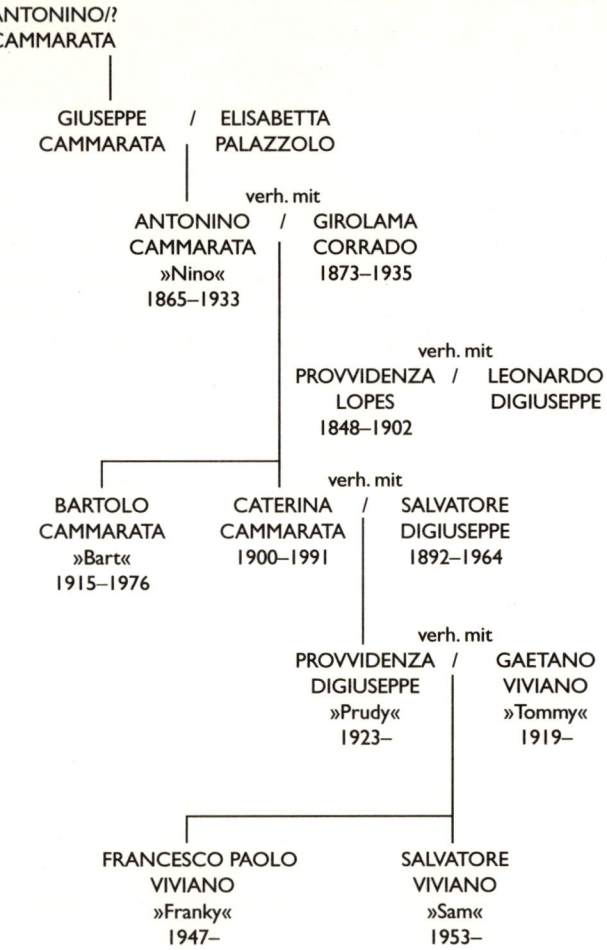

ANTONINO/?
CAMMARATA

GIUSEPPE   /   ELISABETTA
CAMMARATA   PALAZZOLO

verh. mit
ANTONINO   /   GIROLAMA
CAMMARATA   CORRADO
»Nino«   1873–1935
1865–1933

verh. mit
PROVVIDENZA   /   LEONARDO
LOPES   DIGIUSEPPE
1848–1902

verh. mit
BARTOLO   CATERINA   /   SALVATORE
CAMMARATA   CAMMARATA   DIGIUSEPPE
»Bart«   1900–1991   1892–1964
1915–1976

verh. mit
PROVVIDENZA   /   GAETANO
DIGIUSEPPE   VIVIANO
»Prudy«   »Tommy«
1923–   1919–

FRANCESCO PAOLO   SALVATORE
VIVIANO   VIVIANO
»Franky«   »Sam«
1947–   1953–

22 »MAFIA«

Westsizilien
Mai 1996

Seit der Fahrt in die Madonie-Berge hatte ich meine Abende in Terrasini meist allein verbracht, abgesehen von sonntäglichen Mittagessen bei den Corteses, wonach ich immer noch spätestens um neun Uhr abends zu Hause war. Im übrigen war ich ganz allein, zu einer einsamen Lebensweise verurteilt, an die ich mich so sehr gewöhnte, dass mir gar nicht mehr auffiel, wie eigenartig sie war.

Gegen sechs Uhr legte ich meine Arbeit beiseite, suchte in meinem Radio auf Kurzwelle die BBC und goss mir ein Glas Wein ein. Dann machte ich mir ein Dinner. Dabei hielt ich alle wichtigen Regeln ein: Es musste eine Vorspeise geben, anschließend ein Fleisch- oder Fischgericht mit Gemüse als Beilage, zum Nachtisch Obst oder Käse sowie seit kurzer Zeit noch zusätzlich gegrillte Leber oder Fisch für Monacu. Dazwischen goss ich mir noch ein paar weitere Gläser Wein ein.

Der Kater lernte zu warten und schnurrte aufmunternd, als ich den Pastateig für selbst gemachte Ravioli knetete und ausrollte und diese so füllte, wie es mir meine Großmutter mütterlicherseits, Caterina, beigebracht hatte, nämlich mit Spinat, Muskatnuß und Ricottakäse, oder wenn ich hauchdünne Schwertfischfilets für ein *carpaccio di pesce* zurechtschnitt. Manchmal setzte ich mich erst gegen Mitternacht zu Tisch, schon halb blau von dem Alcamo Bianco.

Ich hatte mich an diese Routine gewöhnt und fühlte mich absonderlich wohl dabei. Bei meinen Reisen achtete ich zu bestimmten Zeiten darauf, dass ich mir eine kleine Wohnung mietete, statt in ein Hotelzimmer zu gehen, damit ich selbst kochen konnte. Damit ich nach sechs Uhr abends etwas zu tun hatte.

Eines Abends kamen Bobby und Alice Cortese vorbei, um

hallo zu sagen, und schneiten gerade herein, als ich mitten in Vorbereitungen steckte. Mein Hemd und die Arme waren mit Pasta-Mehl überpudert, und ich hatte Dutzende von Zutaten auf der Arbeitsfläche ausgebreitet. Sie lachten höflich, als ich ihnen sagte, von Monacu abgesehen erwartete ich keine Gäste. Doch ich sah ihnen an den Augen an, wie eigentümlich ihnen das vorgekommen sein muss.

Von da an wurden meine Tage mit Recherchen und die hektischen Fahrten mit Mike rund ein- oder zweimal pro Woche mit ruhigen Abenden zu Hause mit Bobby, Alice und ihren jeweiligen Freunden beendet. Manchmal kochte eine der Frauen, manchmal ich. Wenn die anderen keine Zeit hatten, lud mich Bobby zum Essen ein, und so landeten wir im Hotel Castello di Giuliano.

Das Hotel befand sich in einem pseudo-mittelalterlichen Gebäude aus Feldsteinen und Hohlziegeln mit Türmchen, das auf einem Felsenhügel oberhalb von Montelepre lag. Es ähnelte dem Märchenschloss von Disneyland, wenn auch in einem etwas kleineren Maßstab. Salvatore »'Turiddu« Giuliano, der legendäre Straßenräuber, zu dessen Ehren das Schloss errichtet worden war, war 1923 rund achthundert Meter tiefer zur Welt gekommen.

Montelepre ist schon seit mehr als eintausend Jahren eine Hochburg für Banditen, aber 'Turiddu war der berühmteste kriminelle Sohn der Stadt, der zum Thema von Hollywoodfilmen, Kriminalromanen, akademischen Studien und mehreren Poesiebänden wurde. Sein Neffe Giuseppe Scortino hatte zu seinem Andenken nicht einfach ein Märchenschloss gebaut. Er hatte seinen Familiennamen in »Giuliano« ändern lassen und sich der Sache zugewandt, die Salvatore Giuliano zu mehr als einem Straßenräuber machte: der Erschaffung eines sizilianischen Staates.

So war es nur natürlich, dass Bobby das Gefühl hatte, ein Treffen mit dem Präsidenten von *Noi Siciliani,* »Wir Sizilianer« – auch unter dem Namen Bund für die Selbstbestimmung Siziliens bekannt –, könnte für einen Journalisten nützlich sein, der über europäische Politik berichtete. Er hatte im Voraus angerufen, und Giuseppe wollte mit uns im Ristorante di Giuliano essen, das zum Hotel gehörte und in einer Platzangst machenden Nachahmung eines mittelalterlichen Burgverlieses untergebracht war. Kellner und Kellnerinnen, die Kostüme des dreizehnten Jahrhunderts trugen, umkreisten uns in dem Halbdunkel des Raums. Ein Ritter in Rüstung bewachte die Garderobe und lehnte sich dabei gegen seine 2,5 Meter lange Streitaxt.

Giuseppe bestellte bei einem Kellner in einem gestreiften Trikot und einem Hemd drei Pizzas, wandte sich dann an mich und sagte: »Dieses Blatt Papier, Signore, wird Ihnen zeigen, weshalb *Noi Siciliani* notwendig ist.«

Er faltete eine Europakarte auseinander, aus der Sizilien, die größte Insel des Mittelmeers, vollständig entfernt worden war. Es war eine ganzseitige Zeitungsanzeige, die der italienische Außenhandelsverband veröffentlicht hatte und in der engere Handelsbeziehungen mit dem Rest der Europäischen Union befürwortet wurden.

»Sehen Sie, was Italien will?«, fragte mich Giuseppe. »Sie wollen, dass wir verschwinden. Wir sind ein Hindernis bei ihrem Plan, zu einem Teil des reichen ›neuen Europa‹ zu werden.«

Doch für die Mitglieder der Organisation hatte die von *Noi Siciliani* abgedruckte und weit verbreitete Karte eine doppelte Bedeutung. Viele von ihnen, so erzählte mir Bobby während der Fahrt nach Montelepre, teilten die Begeisterung des verstorbenen 'Turiddu für eine ganz buchstäblich gemeinte Entfernung Siziliens von der politischen Landkarte Europas.

Auf dem Höhepunkt seiner Berühmtheit im Jahre 1948 hatte Salvatore Giuliano einen langen persönlichen Brief an US-Präsident Harry Truman geschrieben, in dem er vorschlug, die Insel solle zum »neunundvierzigsten Stern in der amerikanischen Flagge« werden und als mediterrane Bastion in dem Krieg gegen den Sowjetkommunismus dienen. Kurz danach gründete Giuliano den Vorläufer von Noi Siciliani, die Bewegung für den Anschluss Siziliens an den amerikanischen Bundesstaat, um für sein politisches Ziel zu werben. Als man nach einem Hinterhalt der Carabinieri, der ihn einige Monate später zwang, sich schnell aus dem Staub zu machen, seinen Regenmantel fand, enthielten die Taschen ein italienisch-englisches Wörterbuch, eine englische Grammatik und ein Notizbuch voller hingekritzelter englischer Sätze in 'Turiddus unbeholfener Handschrift.

Wie die Zeitungsanzeige war sein Vermächtnis voller Widersprüche, was wieder ein Beispiel für die ständigen Übungen Siziliens in Mehrdeutigkeit darstellt. Mit einem gleichzeitigen Bekenntnis zu Banditen- und Aufrührertum erinnerte Salvatore Giuliano an Paolo Cocuzza, der ebenfalls in Montelepre geboren war. Sein taktischer Scharfsinn als Straßenräuber war im damaligen Sizilien unerreicht. Doch in der politischen Arena konnte man ihn leicht manipulieren, vor allem die Dons des *sistema*.

Sie stifteten Giuliano dazu an, seinen Wert beim Kreuzzug gegen den Marxismus durch eine Tat zu demonstrieren, was tragische Folgen hatte. Am 1. Mai 1947 eröffneten seine Männer um 10.30 Uhr mit Maschinengewehren das Feuer auf ein Erster-Mai-Picknick, das von der Kommunistischen Partei Italiens an der Porta della Ginestra veranstaltet wurde, gut dreißig Kilometer südlich von Terrasini. Elf Menschen, darunter mehrere Mütter und kleine Kinder, starben bei diesem Massaker.

Nach dem Essen führte uns Giuseppe zu dem alten Haus der Familie. Es war ein schmales dreistöckiges Gebäude mit Fenstern nur auf einer Seite; die Rückwand des Hauses lehnte sich an einen Felsen. Jetzt lebte dort niemand mehr.

»Wissen Sie, Viviano, ich habe wegen meiner Mutter die ersten fünf Jahre meines Lebens im Gefängnis verbracht«, erzählte mir Giuseppe.

Er war ein stark gefühlsbetonter Mann mit einem nervösen Tic über einem Auge und der Angewohnheit eines Ex-Sträflings, ständig über die Schulter zu blicken. Seine Mutter war kurz nach seiner Geburt für schuldig befunden worden, Kriminellen Beihilfe geleistet und sich an illegalen politischen Aktivitäten einer Separatistenbewegung beteiligt zu haben. Sie zog den Säugling Giuseppe in ihrer Zelle auf.

Er führte mich jetzt in das Schlafzimmer seiner Mutter und zeigte mir eine Geheimtür in ihrem Kleiderschrank, der durch einen geheimen Gang zu einem Ausgang unter der Felswand führte. »Versicherung gegen die *sbirri*«, sagte er und führte mich dann nach oben in das Zimmer seines Onkels.

Eine verrostete Schreibmaschine, dieselbe, auf der der Brief an Harry Truman aufgesetzt worden war, stand auf einem Holztisch, daneben lag eine Kamera. Auf einer Kommode an der gegenüberliegenden Wand standen sein Plattenspieler und ein Stapel von Platten mit achtundsiebzig Umdrehungen pro Minute. Der einzige Titel, den ich lesen konnte, war »Telephone Polka«, ein amerikanischer Schlager aus den 1940er Jahren. Neben dem Plattenspieler war eine Zeichnung befestigt, ein Selbstporträt 'Turiddus. Er stellte sich als einen Mann dar, der über einer skizzenhaften Karte Italiens drohend mit einem Schwert in der Hand dastand und eine Kette zerschnitt, die Sizilien mit dem Festland verband und die Insel nach Westen in Richtung der USA stieß.

1950 hatte der *sistema* keine Verwendung mehr für 'Turiddu und noch weniger für eine vorgeschlagene Union mit den Vereinigten Staaten, dem Land von J. Edgar Hoover und dem FBI. Unter Umständen, die noch ein halbes Jahrhundert später im Dunkeln liegen, wurde Salvatore Giuliano erschossen – niemand weiß genau, wo oder von wem –, und der von Kugeln durchsiebte Leichnam wurde von dem Sonderkommando der Carabinieri zur Bekämpfung des Banditentums nach Montelepre gebracht.

Sein Ende erinnerte mich unwillkürlich an den Mönch.

*

Das System, das Salvatore Giuliano ernährte und vernichtete, existierte noch nicht, als der Mönch rund ein Jahr vor der Geburt seines Sohns Giuseppe 1864 in die Berge zurückkehrte. Das Wort *mafia* gab es inzwischen zwar schon, doch die Bedeutung dieses Begriffs hatte wenig mit der finsteren Organisation zu tun, die zehn Jahre später in fast vollständiger Form ans Licht trat und sich im Verlauf des nächsten Jahrhunderts zu einer weltweit operierenden Macht entwickelte.

Ich war dieser Entwicklung monatelang nachgegangen und hatte zu diesem Zweck die Antiquariate in Palermo abgesucht und dabei Dutzende wissenschaftlicher Abhandlungen über Sitten und Gebräuche, Geschichte und Dialekt Siziliens zusammengetragen. Diese Bücher hielten mich bis in die frühen Morgenstunden der Frühlingsnächte wach, als ich versuchte, die Ursprünge des *sistema del potere* zu bestimmen, so wie ich meine Tage damit zubrachte, in den Archiven der Kirche und des Staates nach ihren Architekten und Opfern zu suchen.

1863 hatte ein palermitanischer Bühnenschauspieler namens Giuseppe Rizzotto einen Zweiakter geschrieben und aufgeführt, der in der Vicaria spielte, dem damaligen Zentralgefängnis der Stadt. Er gab dem Stück den Titel *Die Mafiusi der Vicaria*. Dies ist der erste aktenkundige literarische Gebrauch eines Begriffs, der seitdem zu einem Bestandteil des Vokabulars fast aller Sprachen der Welt geworden ist.

Das Stück, dessen Personen, Gefängnisinsassen, nach Art von Straßenschlägern Palermos angezogen waren, sprachen und miteinander kämpften, wurde zu einem ungeheuren Erfolg. 1885 war es mehr als fünfzigmal inszeniert worden und hatte auf Sizilien und dem Festland zweitausend Aufführungen erlebt. Das brachte Rizzotto dazu, dem Stück noch zwei Akte hinzuzufügen und den Titel einfach auf *Die Mafiusi* zu kürzen. Er war der Mario Puzo und Francis Ford Coppola seiner Zeit und mehr noch der Vater eines literarischen Genres, welches das Publikum seit einhundertvierzig Jahren fasziniert.

Tausende von Theaterstücken, Romanen und Filmen später bergen nur wenige Wörter mehr an Bedeutung als der Begriff *ma-*

fia. Bis heute sind Semantiker tief zerstritten, was die ersten Anfänge und die Bedeutung dieses Worts betrifft. Die beiden bedeutendsten Theorien behaupten, der Begriff leite sich von dem normannisch-französischen *se méfier* her, »sich in Acht nehmen, sich hüten«, oder dem Arabischen *mu'afah*, »vom Gesetz befreit«. Es gibt aber auch Stimmen, die sich für den toskanischen Dialektbegriff *maffia* einsetzen (»Elend«), das lateinische *vafer* (»schlau, verschmitzt, pfiffig«) und sogar den Eigennamen *Maufer*, mit dem die Tempelritter des Mittelalters den »Gott des Bösen« bezeichneten.

Selbst unter denen, die auf einer arabischen Herkunft bestehen, gibt es keine Übereinstimmung darüber, welches arabische Wort genau die Wurzel von Mafia sei. Zu den Alternativen von *mu'afah* gehören *mahfal*, »ein Treffen oder eine Versammlung«, und *mahyas*, »prahlen oder angeben«.

Allgemeine Übereinstimmung besteht jedoch darin, dass *mafiusedda* vor 1860 in dem Jargon des wilden Hafenviertels von Palermo ein Begriff der Bewunderung war, nämlich in dem so genannten *Borgu*, »dem Weiler«. Dem Anthropologen Giuseppe Pitre zufolge, der vor dem Risorgimento in diesem Stadtviertel aufwuchs, bedeutete dieses Wort im damaligen Borgu Schönheit, Anmut, Vortrefflichkeit und Talent.

Was den Sinn des Begriffs Mafiusi veränderte und »Schönheit« in ein weltweit bekanntes Synonym für kriminelle Gewalttätigkeit verwandelte, war die Errichtung des *sistema del potere* in den Jahren zwischen 1865 und 1875.

In diesen Jahren wurde der Begriff Mafia geboren, wie man ihn heute auf der ganzen Welt versteht. Sein Geburtsort war die ländliche Region, in der ich jetzt lebte.

Die Campagna im Westen Siziliens, die sich bis zur Ankunft der Spanier zurückverfolgen lässt, war von zwei uralten Institutionen geteilt worden, dem Banditenreich und den großen landwirtschaftlichen Gütern. Die Verhandlungen zwischen den beiden wurden vom siebzehnten Jahrhundert an von den »*campieri*«

geführt – privaten ländlichen Armeen, die von den Verwaltern der großen Güter unterhalten wurden, um Zitrushaine und Weinberge zu bewachen. So gut wie immer wurden die Reihen der Campieri mit Männern gefüllt und von Männern geleitet, die notorische Straftäter mit einem langen Strafregister waren.

Im Jahre 1900, als Entwicklung und Terminologie des organisierten Verbrechens abgeschlossen und vollständig waren, erklärte der frühere Beamte des Innenministeriums Antonino Cutrera rundheraus, dass die Campieri der Region Castellammare »sämtlich Mafiosi sind«. Ihre Macht und der Respekt, den man ihnen entgegenbringe, erklärte er, leite sich von zwei Eigenschaften her, die in der Unterwelt hoch geschätzt würden: *pettu* (»Brustkasten«, Mut, Schneid), *panza* (»Magen«, die Fähigkeit, Geheimnisse für sich zu behalten) sowie die Macht, über einen Kreis skrupelloser enger Freunde Befehlsgewalt auszuüben.

Die Campieri waren Pioniere darin, »Schutz« zu verkaufen – Schutz vor Überfällen durch Straßenräuber auf Viehherden, vor Erpressungsforderungen, vor Entführungen und nächtlichen Überfällen auf entlegene Adelspaläste. Kurz, sie boten Schutz vor genau den kriminellen Banden, aus deren Kreisen die Campieri-Bosse und die Gutsverwalter hervorgingen. Das war ein übersichtlicher, effizienter Kreislauf.

Die Beziehung des Herzogs von Aumale zu seinem Gutsverwalter und Chef-Campiere, dem amnestierten Straßenräuber Paolo Cocuzza, ist ein typisches Beispiel. Die meisten der riesigen Güter auf der Insel gehörten abwesenden Grundherren, die es vorzogen, ihre Hauptwohnsitze irgendwo auf dem Festland beizubehalten. Sie überließen die Leitung ihrer Liegenschaften den Campieri und Pächtern auf dem Land. Auch die waren oft frühere Banditen; wenn nicht, bemühten sie sich nach Kräften, gute Beziehungen zu den Brigantenclans in den Bergen herzustellen, denen sie Lebensmittel, Unterkunft und frische Pferde zur Verfügung stellten, wenn Kriminelle zu Besuch kamen. Die Ländereien wären sonst nicht zu verteidigen gewesen.

Die letzte Gruppe von Mitspielern in dem ländlichen sizilianischen Drama waren die vermeintlichen Organe der staatlichen Polizei. Ihre ersten Vertreter waren die Söldnerhauptleute, die den Rebenspringer und Testalonga zur Strecke brachten. Mit dem Inkrafttreten einer neuen Verfassung der Bourbonen 1812 wurden sie durch »bewaffnete Trupps« ersetzt, denen nach 1860 auf dem Land wiederum berittene Polizei nachfolgte, die der soeben gegründete italienische Staat bevollmächtigt hatte.

Nach außen hin sollte jedes dieser Organe die Durchsetzung staatlichen Rechts auf dem Land legitimieren und die Staatsmacht über die der Campieri erheben. Doch in der Praxis rekrutierten die bewaffneten Trupps und die Landpolizei ihren Nachwuchs auch aus den Reihen der Verbrecher – und sahen auch den Zweck ihrer Tätigkeit in diesem Geist. Die Polizeibehörden auf dem Land »bieten nur denen Schutz, die sich einverstanden erklären, regelmäßig Bestechungsgelder zu zahlen«, hieß es 1875 in einer Enquête des italienischen Parlaments, »während sie andere ihren (kriminellen) Komplizen auf Gnade und Ungnade ausliefern«.

Bei einem seltenen Durchgreifen gegen solche Korruption 1867 in dem südlich von Palermo gelegenen Misilmeri fand man heraus, dass zweiundzwanzig der neununddreißig städtischen Polizeibeamten an versuchter Erpressung und Entführungsversuchen beteiligt waren, sogar an Diebstählen und bezahlten Morden.

Das Gesamtergebnis Mitte der 1860er Jahre, der Beginn dessen, was man das »Goldene Zeitalter des Banditentums« genannt hat, war eine Vertiefung der historischen Kluft zwischen dem sizilianischen Hinterland und dem offiziellen Palermo des Staates – der nunmehr italienisch war und nicht mehr den Bourbonen oder den Spaniern unterstand. Das Goldene Zeitalter begann mit einer dramatischen Geste, einer Demonstration dessen, dass das Grundmuster der sizilianischen Geschichte unverändert blieb.

Im September 1866 kehrten die *picciotti*, die Palermo unter Garibaldis Banner gestürmt hatten, in einem wütenden Aufstand gegen die von ihm ernannten politischen Machthaber zurück. Es war die sechste gewalttätige Revolte in weniger als fünfzig Jahren. Die Rebellen hielten die Stadt eine Woche und mobilisierten zwölftausend Aufrührer, bis die Armee des neuen italienischen Staates, die von Großbritannien und Frankreich ausgerüstet worden war, in gewaltiger Übermacht nach Palermo entsandt wurde.

Doch die Aufständischen hatten überzeugend dargelegt, wozu sie fähig waren. In aller Stille und mit nur geringen Verlusten zogen sich die *picciotti* in die Madonie-Berge und die Hügel von Castellammare zurück, wo ihre Vorherrschaft unangefochten war. Der Mönch – der in den Archiven von Terrasini von 1864 bis zu seiner Ermordung 1876 nicht mehr vorkommt – war mit an Sicherheit grenzender Wahrscheinlichkeit unter ihnen, ein Straßenräuber des Goldenen Zeitalters im Mönchsgewand, eine von Legenden umwobene Legende.

Der Meistertaktiker des Goldenen Zeitalters war ein verurteilter Dieb und Gefängnisinsasse namens Angelo Pugliese, besser bekannt unter seiner *'nciuria*, Don Pippinu der Lombarde. Die Strafbehörden hatten ihn 1861 vom Festland nach Sizilien verlegt, und dort war er prompt in die Madonie-Berge geflüchtet. In der Region wimmelte es von militärischen Deserteuren, ehemaligen *picciotti*, vor kurzem enteigneten Bauern und anderen Flüchtlingen, und Don Pippinu machte sich daran, sie zu organisieren.

Die italienischen Behörden bezeichneten ihn als *il capitano della montagna*, den Hauptmann der Berge. Er war ein brillanter Stratege, ein höchst geschickter Entführer und Experte in Techniken von Hinterhalt und Flucht.

1863 hatte Don Pippinu eine Streitmacht von zwei Dutzend Leutnants um sich versammelt und Dutzende anderer ausgebildet. Eigentlich waren seine Männer eher Briganten als Banditen, da sie nämlich unter einem anerkannten kommandierenden Offizier einer hierarchisch gegliederten Streitmacht angehörten. Diese Struktur war jedoch absichtlich fließend gehalten; eine von Don Pippinus strategischen Neuerungen bestand darin, die Gruppe in den Monaten nach einer größeren Aktion vollständig zu zerschlagen, was die frustrierte Polizei nötigte, ihre Beute auf zwei Dutzend verschiedenen Wegen zu verfolgen.

Die von Don Pippinu ausgebildeten Männer beherrschten das Brigantentum in Sizilien – unter seiner Führung bis zu seiner kurz bevorstehenden Festnahme und der Flucht nach Tunesien 1865 und danach als Anführer eigener Banden. Die berühmtesten unter ihnen, Vincenzo Rocca und Angelo Rinaldi, führten eine Bande, die in der Nähe von Polizzi Generosa ihr Hauptquartier hatte. Sie war nach militärischem Vorbild organisiert. Rocca diente als General der kämpfenden Truppe, Rinaldi als Planungs- und Verwaltungsoffizier. Die außerordentlich disziplinierte Gruppe führte sogar eine Uniform ein: blaue Samtröcke und rote Mützen, die zu Ehren ihrer beiden Häuptlinge mit einem »R« bestickt waren.

Das Goldene Zeitalter erwies sich als kurzlebig. So erging es auch den meisten seiner auffallenden Protagonisten, die sich nach dem Aufstand von 1866, der dieses Zeitalter einläutete, kaum mehr als ein Jahrzehnt hielten.

In den 1870er Jahren nahm in dem ländlichen Sizilien eine neue Idee Gestalt an. Die lukrativen Schutzgeldprogramme der Campieri und die leichte Korrumpierbarkeit der Polizei legten diese Entwicklung nahe. Mitte des Jahrzehnts hatten die Verwalter des Programms ihre Verfahren noch mehr verfeinert, da sie mehr als je zuvor darauf bedacht waren, der endlosen Anarchie Siziliens so etwas wie eine Ordnung aufzuzwingen. Die Unabhängigkeit der gesetzlosen *picciotti* und der Briganten in den Madonie-Bergen verursachte ihnen entschiedenes Unbehagen.

Ihre neue Idee war die Mafia.

23 DOMENICO VALENTI

Der Westen Siziliens
1873–1875

Seit Antoninas Tod sind mehr als zwanzig Jahre vergangen, doch der Mönch kann auf der sonnendurchglühten Bergstraße nach Castellammare keinen Schritt gehen, ohne an sie zu denken. Jeder Felsen, jede Radspur ist eine Erinnerung an die quälende Reise von Polizzi Generosa nach Terrasini im September 1851. Antoninas Stöhnen hallt noch immer in seinem Kopf wider; dieses Stöhnen ist das Metronom seiner unruhigen Träume.

Er begibt sich nicht oft in vollem Sonnenlicht auf diese Straße. Sie ist das Reich seiner Nächte, des Straßenräubers in der braunen Robe, den Reisende »den Mönch« nennen. Diese 'nciuria bedeutet für Francesco inzwischen mehr als zu der Zeit, als er sie erhielt. Er führt ein zunehmend einsames Leben, das mehr und mehr dem eines mönchischen Einsiedlers ähnelt. Die heimlichen Besuche bei Maria und ihren Söhnen in der Lehmhütte neben der Villa des Franzosen sind selten.

Francesco muss Maria, die dreiundfünfzigjährige Cousine, die 1873 seine Frau ist, unwillkürlich mit der zartgliedrigen Antonina vergleichen, die im Alter von achtundzwanzig Jahren in seinen Armen starb. Er weiß, dass es nicht gerecht ist. Maria hat ihm immerhin Söhne geschenkt – zwei Söhne, welche die beiden Söhne ersetzten, die in der Todeswolke verloren gingen, die ihn vor zwanzig Jahren einhüllte.

Der zweite Gaetano ist in diesem Jahr sechzehn geworden. Ein ausdauernder Wanderer, der die Bergpfade gründlich erforscht hat. Wenn Maria mit ihrem Mann spricht, sagt sie, dass der Junge viele Nächte außerhalb von Paternella verbringe und in der Schäferhütte oberhalb von Monte Palmeto schlafe. Außerdem habe die Polizei damit begonnen, ihn zu beobachten. Francesco sorgt sich, sein ältester überlebender Sohn könnte zu furchtlos sein und den sbirri seine Verachtung zu offen zeigen.

Doch in Gaetanos Prahlerei sowie in dem Ballen scharlachroten Tuchs, das er sich seit einiger Zeit um die Taille schlingt, erkennt der Mönch sich *selbst. Der Junge, der Francesco dabei beobachtete, wie er sein verstecktes Gewehr holte und losmarschierte, um sich 1860 Garibaldi anzuschließen, ist jetzt schon fast ein Mann.*

Über ihren zweiten Sohn kann sich Maria nicht beklagen. Mit seinen neun Jahren ist Giuseppe einer der am härtesten arbeitenden Jungen unter den Kindern, die für den französischen Herzog Trauben ernten, wie Paolo Cocuzza sagt. Bei seiner Mutter spielt er mit großem Nachdruck die Rolle des Beschützers, während er bei dem Vater, den er so selten gesehen hat, eher argwöhnisch ist.

Die Distanz zwischen Francesco Paolo Viviano und seinem jüngsten Kind wird in leerem Raum gemessen. Giuseppe wendet den Blick ab, wenn Francesco ihm in die Augen zu sehen versucht; der Sohn macht den Vater unsichtbar.

Giuseppe könnte Gaetano und Francesco nicht unähnlicher sein. Er wird sich nie eine 'nciuria verdienen, die es mit »dem Mönch« oder »dem Falken« aufnehmen könnte. Giuseppe wird die gesamte Welt ablehnen, die diese Namen repräsentieren, und sie gegen ein Leben als einfacher Arbeiter in Amerika eintauschen. 1924 wird er nach einem Kaumuskelkrampf als »Joe Viviano« ins Grab sinken.

Als Giuseppes eigener erster Sohn – mein Großvater – 1897 geboren wird, wird er sich weigern, ihn Francesco zu nennen. Der Junge wird den Namen »Paolinu« erhalten.

Instinktiv erkennt Giuseppe, dass sein Vater seine Mutter nicht liebt, was vielleicht nicht wichtig gewesen wäre, wenn Francesco zuvor nicht schon Liebe kennen gelernt hätte. Die meisten Ehen auf Sizilien sind arrangiert, um einem Verhaltenskodex zu entsprechen, der für unzählige Generationen gültig gewesen ist. Viddanu cu viddanu, buggisi cu buggisi, marinaru cu marinaru. *Der Kodex wurde nur Monate nach Antoninas Tod beschworen. Und im Interesse eines auf Dauer angelegten Familienbündnisses mit den Bommaritos schickte dieser Kodex den trauernden Francesco mit seiner fünfunddreißig Jahre alten unverheirateten Cousine Maria vor den Traualtar.*

Sie hatten in dem dunkelsten Moment seines Lebens geheiratet, mit ungehöriger Hast, und das noch in dem Unheil verkündenden Monat Mai.

Elf Wochen später folgte der erste Gaetano Antonina und seinem Bruder, dem Säugling, in den Tod. Danach konnte es in seiner Ehe mit Maria keinen Frieden geben.

Francesco ist ein Wanderer, und Antonina wanderte mit ihm tief in die entlegenen Täler der Madonie-Berge. In seiner Mutlosigkeit sieht er Maria als eine Frau an, die man ihm aufgezwungen hat, eine Frau, die sonst niemand gewollt hatte. Die falsche Frau, geheiratet im falschen Monat.

1873 ist Francesco Paolo Viviano ein vereinsamter Mann, ein Einsiedler aus freien Stücken. Er durchstreift die Berge allein oder in Gesellschaft anderer Briganten, vorübergehender Partner, die eine Woche oder zehn Tage mit ihm über die Landstraße ziehen und dann weiterwandern. Der Mönch vertraut niemandem. Vor allem vertraut er Domenico Valenti nicht.

In seinem einundsiebzigsten Lebensjahr ist der Patriarch der Familie Valenti einer der mächtigsten Männer in Terrasini, der mit den Campieri der Gegend eng verbunden ist. Sein eigener Bauernhof liegt dem Zitronenhain des Franzosen und der Viviano-Hütte gegenüber auf der anderen Seite der Bourbonenstraße. Auf der Valenti-Seite der Straße ist das Land felsig und uneben. Es steigt zu steil zum Monte Palmeto an, um den Winterregen halten zu können. Orangen und Zitronen können in dem harten und trockenen Boden keine Wurzeln schlagen. Die Valentis können nicht mehr als einen kleinen Hain mit knorrigen, uralten Olivenbäumen und dichten Gruppen von Feigenkakteen zustande bringen. Aber die Macht Domenico Valentis hat nichts mit dem Obstanbau zu tun.

Valenti ist ein geborener Anführer. Wie sein langjähriger Rivale, der humpelnde alte Bandit Zu 'Piddu Badalamenti, wurde er dazu geboren, die Anstrengungen anderer zu organisieren. Die beiden Familien, die Valentis aus Terrasini und die Badalamentis aus Cinisi, engagieren sich für die gleiche Aufgabe. Ihre Patriarchen sind dabei, eine neue Struktur zur Verwaltung Westsiziliens zu entwickeln, eine Struktur mit einer klaren Hierarchie aus Anführern und Gefolgsleuten. Eine Machtstruktur. Ein System.

Das System wird darüber entscheiden, wer verlieren und wer gewinnen soll, nämlich einer strikten Trennung von Arbeitskraft und der Einhaltung

fester, blinder Loyalitäten zufolge. Das System wird entscheiden, wer als
»Freund« angesehen wird, den man befördert, und wer ein »Problem« dar-
stellt, das beseitigt werden muss, ob das Problem nun ein lästiger Richter
oder ein widerborstiger Straßenräuber ist. Der sistema del potere *wird*
dem Chaos und der Freiheit des Banditenreichs ein Ende machen.

Das System wird nicht von Helden mit roten Schärpen geführt oder
von romantischen Ideen geleitet werden. Das war die Illusion der Män-
ner, die für Garibaldi töteten und starben, und auch die Phantasie von
Garibaldi selbst. Sie hatte sich innerhalb eines Jahres nach dem Zusam-
menbruch der Bourbonenherrschaft in Luft aufgelöst, als Garibaldis
Geldgeber aus Turin und Mailand mit Geld, Anwälten und der wohlwol-
lenden Billigung des italienischen Staates über Sizilien herfielen. Die al-
ten adligen Lehen wurden zerschlagen und an die Meistbietenden ver-
kauft. Mit der bemerkenswerten Ausnahme des Herzogs von Aumale, der
sich weigerte, sein Land zu verkaufen, gaben die Adligen nach; sie trenn-
ten sich von ihren Domänen und verabschiedeten sich aus der sizilia-
nischen Geschichte.

Die viddani, *die das Risorgimento mit ihrem Blut und ihrem Groll zu-*
stande gebracht hatten, waren für die Geldgeber nutzlos. Sie waren ebenso
anachronistisch wie die Bourbonenfürsten. 1865 waren schon Zehntau-
sende von Kleinpächtern von ihrem Land vertrieben worden. Die picciotti, *die das Risorgimento überlebten, sind längst wieder in die Berge zu-*
rückgekehrt, in das Banditenreich.

Doch beim sistema del potere *wird es nicht um sie gehen, ebenso*
wenig wie beim Risorgimento, wie sich am Ende herausstellte. Der sistema *ist auf Ordnung aus.*

Domenico Valenti und seine Verbündeten glauben, dass es einen Krieg
geben müsse, viele Kriege, um das System zustande zu bringen, bevor das
System Ordnung schaffen kann. Es müsse ein Krieg gegen die Männer
geführt werden, die nach dem fehlgeschlagenen Aufstand von 1848 in die
Berge gingen, und dann noch einmal nach dem Verrat von Garibaldis
Revolution. Dem werde dann unter denen, die das System erschaffen, ein
Krieg um die Vorherrschaft folgen. Dann und nur dann, so glaubt Va-
lenti, werde es Ordnung geben.

Das Banditenreich hat den Vorabend seiner Vernichtung erreicht. Es wird sich noch mühsam bis 1907 halten, dem Jahr, in dem der Sohn des Mönchs, Gaetano der Falke, nach Amerika ausgewandert ist, und einer der letzten gefeierten Gesetzlosen in den Madonie-Bergen, Giuseppe Salamone, festgenommen worden ist und hinter Gittern sitzt. Salamone, bis zu seinem Ende ein unverbesserlicher Romantiker, verbringt vier Jahre im Gefängnis mit der Niederschrift eines Versepos über sein Leben, das er anschließend auswendig lernt.

*

Domenico Valenti hat keine Söhne, wenn die Gemeinderegister zuverlässig sind, dafür ist er aber reich mit Neffen und Nichten gesegnet, die an die Söhne anderer Castellammare-Patriarchen verheiratet worden sind. Valenti betrachtet sie mit einem kalten, abschätzigen Blick. Er ist ein Organisator und kein Gefühlsmensch, ein General, der sich auf einen Krieg vorbereitet.

Was er in Calogero Corrado sieht, dem Schwiegersohn seines Vetters Pietro, gefällt ihm, Corrado ist Ende dreißig und besitzt die Mischung aus nachgewiesener Loyalität und Intelligenz – und Respekt vor Ordnung –, also genau die Eigenschaften, welche die Architekten des sistema für ihren großen Plan verlangen. Ein anderer Valenti-Vetter, Giuseppe, ist mit einer jungen Frau aus dem ehrgeizigen D'Anna-Clan verheiratet; sie beherrschen zwei große Güter in der Nähe von Terrasini und sind durch Heirat eng mit den Badalamentis verbunden. Giuseppe Valenti und seine Frau sind auch Paten der Kinder zwei weiterer Familien aus der Gegend, die nach Domenicos Einschätzung ernst genommen werden müssen. Es sind die Evolas und die Vivianos, seine direkten Nachbarn.

Alle diese Arrangements sind Spieleinsätze, spekulative Elemente in dem großen Plan, und Valenti ist durchaus klar, dass sich einige der Einsätze vielleicht nicht auszahlen werden. Francesco Viviano beispielsweise ist kein Mann, der für bedingungslose Loyalität bekannt ist; und nach dem, was Domenico gehört hat, ist der älteste Viviano-Sohn ganz genau wie der Vater. Doch es ist noch zu früh, um es sicher zu wissen.

In Terrasini nimmt das System allmählich sichtbare Gestalt an: Ein

Netz von Familienbündnissen und gegenseitigen Verpflichtungen ist um das Dorf herum geknüpft und wird an ein größeres Netz angeschlossen, das irgendwann über Palermo hinaus bis in die Madonie-Berge reichen soll. Die Beziehungsstränge von einem Dorf zum nächsten, die Hierarchie der Ordnung, die Sizilien regieren wird, müssen erst geklärt werden.

Die Klärung beginnt in Monreale, der Domstadt oberhalb von Palermo, in der die picciotti der Bourbonenarmee einen Monat vor Garibaldis Landung in Marsala in einer offenen Feldschlacht entgegentraten. Pietro DiLiberto, ein Mann, der Domenico Valentis Vision teilt, ist unter den Patriarchen von Monreale, die 1872 eine neue Organisation gründen, die Stoppaglieri, »die Gestalter«.

Nach außen hin handelt es sich dabei um einen beruflichen Zusammenschluss von Geschäftsleuten, der von mehreren der führenden Politiker der Stadt unterstützt wird. In Wahrheit ist es die Gründungseinrichtung des Systems, der erste wirkliche Ausdruck des Phänomens, das man später »organisiertes Verbrechen« nennen wird. Schon der Name des Bundes ist ein Wortspiel, voller verborgener Bedeutung für die Architekten der neuen Regierung im Untergrund; im Jargon der Gefängnisse von Palermo ist stoppagliere der Slangausdruck für Saboteur.

Die Polizeibehören sind außerstande, die finstere neue Macht zu verstehen, die in Monreale sichtbar wird, und bezeichnen den Bund als »eine Sekte«. Dabei ist diese Bezeichnung nicht einmal ganz unzutreffend. Die Stoppaglieri verschleiern ihre Organisation und ihre einhundertfünfzig Mitglieder mit sorgfältiger Geheimhaltung und nehmen rätselhafte Riten an, von denen es heißt, sie hätten sie von den Beati Paoli übernommen.

Ein künftiger »Gestalter« muss ein »Noviziat« durchlaufen, eine Zeit der Unterweisung, bevor er für die »Taufe« reif ist. Wenn das Recht auf die Taufe erlangt ist, setzt sich der Kandidat in einem verschlossenen Raum unter dem kleinen hölzernen Bild eines Heiligen an einen Tisch. Er hält zwei älteren Mitgliedern der Gruppe die rechte Hand hin, die seine Daumenspitze mit einer Nadel anstechen, einen kleinen Becher mit Blut füllen und den Heiligen damit übergießen. Der Kandidat erhebt sich, um sich vor das Bild zu stellen, und legt jetzt einen Loyalitätseid ab, während man ihm »die geheimen Wörter der Alten« ins Ohr flüstert. Schließlich nimmt er eine brennende Kerze in die Hand und verbrennt das blutige Bild des Heiligen. Der Eid verpflichtet einen Neuling zu einem unverletzlichen Mandat:

- Er muss anderen Mitgliedern des Bundes zu Hilfe kommen und sie mit Blut rächen, wenn sie gekränkt werden.
- Ein Mitglied, das der Regierung in die Hände gefallen ist, muss er mit allen notwendigen Mitteln befreien.
- In Übereinstimmung mit den Entscheidungen der Anführer der Gruppe die Erlöse von Erpressung, Wucher und Diebstahl unter den Mitgliedern verteilen.
- Er muss bei Strafe des Todes innerhalb von vierundzwanzig Stunden die Eide der Geheimhaltung und Loyalität wahren.

Das System hat damit schon seine klar erkennbare Identität angenommen, ist zu einem tödlichen modernen Geschäftsunternehmen geworden, das in die Formen mittelalterlichen Aberglaubens gekleidet ist.

Die Stoppaglieri sind in Untergruppen organisiert, die für sorgfältig umrissene Bezirke in Monreale und den Bergen von Castellammare verantwortlich sind. Für jeden Abschnitt werden ein Capo und ein Sottocapo, ein Boss und ein Unterboss, benannt, die Anführern unterstellt sind, die für die gesamte Region zuständig sind.

Ab jetzt existiert die Mafia.

Die in Monreale erstmalig entwickelte Formel – kontrollierte Mitgliedschaft in einer geheimen, herrschenden Clique, sorgfältig gepflegter politischer Einfluss, ein Netz von Komplizen überall auf dem Land sowie eine Tarnung mit legalen Geschäftsinteressen – ist außerordentlich wirkungsvoll.

Mit kühler, tödlicher Effizienz verbringen die »Gestalter« die nächsten fünf Jahre damit, ihre neue Ordnung zu etablieren und zu verfestigen. Der höchste Polizeibeamte von Monreale wird im Dezember 1873 von unbekannten Angreifern erschossen. Das nächste Opfer ist der Vize-Brigadier der Sicherheitskräfte. Als die Indizien auf einen Mörder aus den Kreisen der Stoppaglieri hindeuten, tauchen plötzlich Gerüchte von einer Liebesaffäre des Vize-Brigadiers mit der Ehefrau eines anderen Mannes auf. Ein Richter in Monreale kommt zu dem Schluss, dass es sich um ein Verbrechen aus Leidenschaft handle.

Ein dritter hochrangiger Polizeibeamter verspricht, einen wegen eines Verbrechens gesuchten Stoppaglieri nicht festzunehmen. Als es den Anschein hat, als würde er seine Zusage brechen, kommt insgeheim ein Tribunal der Anführer des Bundes zusammen, um dem Beamten »den Prozess zu machen«. Der Angeklagte wird »für schuldig« befunden und zum Tode verurteilt. Das Urteil wird von dem Vater des Flüchtigen persönlich in einem Zitronenhain vollstreckt, eine Besonderheit, die angeblich den Hinrichtungsritualen der Beati Paoli entliehen ist. Inzwischen ist jedem klar, wer in Monreale herrscht.

Doch da sind noch die Männer in den Bergen, die undisziplinierten Robin Hoods, die in der neuen Ordnung ebenso wenig willkommen sind wie ehrliche Beamte.

Die altmodischen Banditen und Briganten auf der Straße oberhalb von Monreale werden von den Bauern immer noch verehrt, die ihre Großzügigkeit und wagemutigen Taten mit romantischen Legenden verklären. Volkstümliche Gedichte preisen die Tugenden von Don Pippinu dem Lombarden und Vincenzo Rocca. In den Dörfern wird eine Ballade gesungen, in der die Großtaten eines Verbündeten von Rocca aufgezählt werden, Antonino Leone: »Dieser heldenhafte, mutige überwältigende Mann«, heißt es in der Ballade, »hat nur die Reichen, die Händler und die Grundeigentümer beraubt.«

Einige Jahrzehnte später werden die Dons des sistema die Legenden für sich reklamieren und die alten Banditen als Vorbilder hinstellen. Man wird ihren Ehrenkodex übernehmen, um die inneren Angelegenheiten des Systems zu legitemieren. Dieser Ehrenkodex überlebt bis zu dem gewalttätigen Aufstieg von 'Toto Riina hundert Jahre nach der Gründung der Stoppaglieri.

Doch 1873 halten diese Vereinigung und ihre politischen Verbündeten die romantische Verklärung des Banditentums für eine Bedrohung einer gesunden, vernünftigen Ordnung. Eine zweite Bedrohung geht von den Giardinieri aus, »den Gärtnern«, einer primitiven Erpresserbande, die seit den 1860er Jahren in den Bergen von Castellammare aktiv gewesen ist. Die Stoppaglieri *verbreiten Besorgnis erregende Berichte über die Verbrechen der Gärtner, ihre angebliche Brutalität und prägen sogar einen neuen Namen für das, was einige Menschen schon »die alte Mafia« zu nennen beginnen. Die Gärtner und die Banditen sind in Worten, die von den* Stoppaglieri *gewählt und sorgsam unter die Menschen gebracht werden,* scurmi fitusi, *»verfaulende Makrelen«.*

Diese Makrelen werden nach und nach eingefangen und beseitigt. Sie werden nicht nur von den Stoppaglieri *verfolgt, sondern auch von ähnlichen Organisationen, die sich um 1873 in Palermo und dessen östlichen Nachbardörfern gebildet haben. Ältere Männer unter den Banditen finden sich plötzlich in verdächtige Ehrenduelle gegen Widersacher hineinmanövriert, die halb so alt sind wie sie selbst. Das Ergebnis steht damit so gut wie fest; doch da die älteren Männer Sklaven ihrer eigenen Fabeln sind und rote Schärpen tragen, können sie nicht ablehnen. Viele weitere werden von der Polizei verraten oder einfach ohne Federlesens ermordet.*

Die Mordrate in Norditalien liegt 1875 bei einem Mord pro fünfundvierzigtausend Einwohner. In Sizilien ist es ein Mord pro dreitausend Einwohner.

Am 21. Januar 1875 wird Vincenzo Rocca von Verfolgern eingekreist und begeht lieber Selbstmord, als sich zu ergeben. Am 4. Mai bleiben Nazzareno und Ignazio Triffiro im Netz hängen, zwei Brüder, die in den Schluchten oberhalb von Terrasini die größte Bande von Straßenräubern anführen. Sie sind nur die bekanntesten Opfer eines Ansturms, den die Zeitungen von Palermo als la mattanza *bezeichnen, »das Gemetzel«. Im Dezember 1875 sind in der Provinz Palermo fünfhundertfünfzig Banditen und Briganten aufgespürt und getötet worden.*

Von seinem Haus am Fuß des Monte Palmeto aus beobachtet Domenico Valenti das alles und stellt seine Berechnungen an. Die neue Ordnung ist fast vollständig etabliert. Die mattanza *beschleunigt sich und bewegt sich auf einen Höhepunkt zu. Der Kreis von Netzen wird enger und zieht sich um den Mönch zusammen. Am Ende des Jahres 1875 hat er nur noch weniger als ein Jahr zu leben.*

24 EIN GEHEIMES LEBEN

Palermo, Sizilien
Mai 1996

Von dem Augenblick an, als ich von der Ermordung Francesco Paolo Vivianos erfuhr, war meine Suche nach dem Mönch auch eine Suche nach seinem Mörder gewesen. Mein Großvater war mehr als ein halbes Jahrhundert lang von beiden heimgesucht worden, bis zu dem kalten Novembermorgen 1992, als er den Namen »Domenico Valenti« flüsterte.

Ein weiterer Geist führte mich zu Valenti, wieder eine zufällige Entdeckung unter so vielen bei meiner Suche, dass ich den Zufall schon als einen absichtlichen, wenn auch unergründlichen Plan zu sehen begann. Vielleicht war es einfach nur ein weiterer Ausdruck des Kodes, der die Gespräche meiner Großeltern verhüllte, das Funktionieren der gleichen unterirdischen Gegenwelt, zu der heimliche Pferderennen in der Campagna gehörten, Angelina Toccos Fabeln und die Parabel von Adannatu.

Vielleicht war es gar kein Zufall, sondern ein gewundener Pfad von Schlussfolgerungen voller unerwarteter Wegweiser und scharfer Biegungen wie der Pfad, der in den Hang des Monte Palmeto geätzt ist.

Der Geist, der mir den Weg zu Domenico Valenti wies, war ein weiterer Bandit, zur Strecke gebracht und abgelichtet von den Carabinieri nach dem Aufstand von 1866.

Das Foto war in einem Aktenschrank im Museo Etnografico Siciliano Pitre weggeschlossen, einem eigenwilligen Museum in Palermo, das von einem sehr eigenwilligen Mann gegründet worden war. Es war 1909 eröffnet worden, um an einem einzigen Ort Tausende von Gegenständen zusammenzufassen, die der palermitanische Anthropologe Giuseppe Pitre, ein Autodidakt, im Lauf der Jahre gesammelt hatte.

Es gab keine Grenzen für das, was Pitre für seine Sammlung als lohnend ansah. Er hob Bettdecken auf, Unterwäsche und Haarnadeln; Holzlöffel und Blechtassen; Joche von Ochsen, Schweinetröge und Hühnerställe; Zaubertränke, die irgendwelche Heilerinnen zusammengekocht hatten; getrocknete Osterkekse und die Formen, mit denen sie gebacken worden waren; religiöse Bilder, zerbrochene Flaschen, Fischernetze, Hundehalsbänder, Musikinstrumente, Masken, Marionetten und Spielzeuge, abgefallene Räder von Bauernkarren sowie die vergoldete Kutsche eines spanischen Granden. Für Pitre war alles wertvoll.

Er war der erste entschlossene Erforscher von Siziliens unsichtbarer Gegenwelt, was er in den Bildern und Symbolen las, die seine Artefakte schmücken, etwa so wie eine Wahrsagerin aus Handlinien oder Teeblättern liest. Seine Beobachtungen füllen Hunderte von Notizbüchern und mehrere Kommentarbände, *Praktiken und Sitten, Glaubensvorstellungen und Vorurteile des sizilianischen Volkes*, ein Werk, das in seiner Breite und seiner tiefgründigen Analyse einsam dasteht.

1934 nahm ein Wissenschaftler mit Universitätsausbildung, Giuseppe Cocchiara, die herkulische Aufgabe auf sich, die ungeheure Masse mit Anmerkungen versehener Nippsachen zu klassifizieren, die Pitre bei seinem Tod hinterlassen hatte. Trotz der größten Anstrengungen Cocchiaras ist das Museum mehr als sechs Jahrzehnte später immer noch der Albtraum eines Kurators. Doch selbst in seiner anhaltenden Konfusion ist es eine beispiellose Fundgrube, ein Schatzfund in einer verfallenden Villa aus dem achtzehnten Jahrhundert, welche die Architektur eines griechischen Tempels mit den Ornamenten und der Dachform einer orientalischen Pagode kreuzt.

Die Villa heißt offiziell Palazzina Cinese, »der kleine chinesische Palast«, und war die persönliche Phantasie Ferdinands III. aus dem Hause Bourbon, des Monarchen von Sizilien von 1759 bis 1815. Sie wurde 1799 als Mittelpunkt eines riesigen privaten Wildreservats und Parks angelegt, des Parco della Favorita, der sich über eintausend Morgen im Nordosten Palermos erstreckte. Heute sind ein Fußballstadion und eine Rennbahn die Hauptattraktionen von La Favorita, doch zu Ferdinands Zeit war es ein erotischer Vergnügungspark für lüsterne Bourbonenprinzen und ihre Freunde aus der Oberschicht. Die Palazzina Cinese ist auch der Ort, an dem Admiral Horatio Nelson seine sinnlichen Nachmittage an Land in den Armen Lady Emma Hamiltons verbrachte. Es war die skandalöseste Affäre der napoleonischen Zeit.

Als ich an einem klaren Maimorgen auf dem Parkplatz hielt, wurde das Hauptgebäude des Komplexes schon seit Jahren restauriert. Die Sammlung Pitre war in zweiunddreißig Zimmern eines angrenzenden Wirtschaftsflügels untergebracht, in dem ursprünglich Hausangestellte und Vorräte untergebracht werden sollten. Als ich auf der Suche nach Domenico Valenti durch die Tür trat, gab es außer mir keine anderen Besucher.

Im Kassenraum saßen drei Männer mittleren Alters in einer Reihe an einem stark verzogenen Holztisch und lasen alle drei im selben Exemplar des *Giornale di Sicilia* den Bericht des Tages über den Riina-Prozess. Der Eintritt in das Museum kostete eintausendfünfhundert Lire, wie auf einem handgeschriebenen Schild verkündet wurde, etwa eine Mark fünfzig. Ich legte einen Fünftausend-Lire-Schein auf den Tisch.

»Bedaure, kann nicht wechseln«, sagte einer der Männer. Sein Blick klebte weiter am *Giornale*. Damit brachte er deutlich seine Erwartung zum Ausdruck, dass ich ein Trinkgeld in mehr als doppelter Höhe des Eintrittspreises für das Museum bezahlen sollte. Kaffeegeld für die Kartenverkäufer.

Jobs im öffentlichen Dienst gelten auf Sizilien als Freizeitbeschäftigung, die umso attraktiver ist, weil man dafür auch ein Gehalt bezieht. Für jeden der begehrten Posten gibt es Tausende von Bewerbern. Die Gewinner, die sich unfehlbar auf Verwandte oder enge Freunde der Familie in der Verwaltung verlassen können, haben daneben noch »richtige« Jobs auf dem ungeheuren

Schwarzen Arbeitsmarkt der Insel, zu denen sie prompt zurückkehren, sobald Morgenkaffee und Zeitungslektüre erledigt sind. Die Museen sind grundsätzlich mit den verschiedenen Cousinen und Vettern sowie Schwagern und Schwägerinnen der lokalen Würdenträger überbesetzt, sodass das Blaumachen sich kaum auswirkt. Die Korridore sind voll mit herumlungernden Angestellten, die nichts zu tun haben und keinerlei Interesse an den Tag legen, die Monotonie ihrer täglichen Routine zu durchbrechen. Sie lassen sich nur mit sorgfältiger Diplomatie oder offenen Bitten dazu bewegen, tätig zu werden. Doch an jenem Morgen war der Verkehr in der Stadt besonders schlimm gewesen, und so war ich in einer Stimmung, bei der mir leicht die Sicherungen durchbrennen.

»Sie können nicht wechseln? Wie bedauerlich«, sagte ich auf Italienisch. »Dann werde ich gratis reingehen müssen.«

Schließlich sahen alle drei Männer von der Zeitung hoch. »*Ma signore, non è normale*«, sagte einer von ihnen und hielt sich dabei die Handflächen mit nach außen gespreizten Fingern vor die Brust. Diese Geste sollte bedeuten: »Ich übernehme keinerlei Verantwortung.« Normal oder nicht, ich ging einfach durch die Tür.

Die Ausstellungsräume waren um einen Innenhof herum angeordnet. Eine Galerie führte zur nächsten in einer Art wissenschaftlicher Ordnung, die der arme Cocchiara hatte erreichen wollen. Der erste Raum war, wie ein Schild über dem Eingang verkündete, »ländlichen Behausungen« gewidmet. In der hinteren Ecke hatte man eine Bauernhütte errichtet mit Strohdach, Öllampen und einer roh zusammengezimmerten einzelnen Plattform, auf der Gipspuppen, die eine sechsköpfige Familie darstellten, zusammen schliefen. Sie lagen quer auf der strohgedeckten Pritsche.

Ein Stück weiter befand sich die komplette Wohnung eines Getreidehändlers der späten Bourbonenzeit. Sie war mit Sofas ausgestattet, deren Polster mit Seide bezogen waren, mit Anrichten aus Ebenholz und schmiedeeisernen Betten in getrennten Schlafzimmern, in denen jeweils ein Schläfer in seidener Bettwäsche geschlafen hatte. An den Wänden hingen Gemälde, auf Marmorsockeln sah ich Bronzestatuen, und der Salon ging in eine voll ausgestattete private Kapelle über. Es hätte keine vielsagendere Darstellung der Kluft geben können, die *capiddi* von *viddani* trennten, als diese beiden rekonstruierten Wohnungen.

Zwischen den beiden lag ein Raum voller Spindeln, Nadeln, Webstühlen, Wolldecken und Teppichen (»Textilien und Gewebe«). Es folgten weitere Säle mit einer großen Bandbreite von Exponaten, angefangen bei festlichem Zimmerschmuck bis hin zu Ausrüstungsgegenständen für die Jagd und die Fischerei; ich sah Taufkleider, Pflüge und Hacken sowie ein selbst gemachtes Schmiedefeuer für Eisengussstücke. Alles war mit einer dicken Staubschicht bedeckt. Der Staub wirbelte träge auf, als sich bei meinem Weitergehen die Luft bewegte. So folgte mir der Staub von Raum zu Raum und wehte durch die Tür, die seit meinem »anomalen« Eintritt ins Museum offen stand. Die Räume sechzehn und siebzehn, die »Küchen und Kochen« gewidmet waren, lagen auf der anderen Seite des Innenhofs neben Räumen über »Religion und Magie«.

Als ich ins Sonnenlicht hinaustrat, sprang mich plötzlich ein großer schwarzer Hund an. Er machte den Eindruck, als wäre er durchaus fähig, mir das Bein abzureißen, hätte er nicht ebenso plötzlich das Ende einer um seinen Hals geschlungenen Kette erreicht, die an der Tür zu »Küche und Kochen« befestigt war. Ich entschied mich somit für »Religion und Magie« und ließ den halb erdrosselten Hund zurück, der vor Enttäuschung jaulte.

Dies war das Herzstück von Giuseppe Pitres Versuch, das obskurantistische Sizilien zu entschlüsseln, das Ende des neunzehnten Jahrhunderts den *sistema del potere* entstehen ließ, ein System, das auf morbiden Aberglauben sowie Sitten und Gebräuche zurückgriff, die drei Jahrtausende zurückreichten.

Ich sah Dutzende grotesker Masken an den Wänden, die einmal von den Kranken und ihren geliebten Menschen getragen werden sollten. Sie ahmten die Wirkungen von Verletzungen oder tödlicher Krankheiten nach – von Pocken, Syphilis, Cholera und Malaria. Die Maske war eine Brücke zwischen den Sterbenden und verschiedenen Schutzheiligen, die den Verlauf eines Gebrechens beschleunigen oder zum Stillstand bringen konnten. Ich kannte diese Schutzheiligen gut von den Gesängen Großmutter Angelinas, wenn ich mir als Kind wehgetan hatte oder krank wurde: San Lorenzo, der von seinen Verfolgern bei lebendigem Leib verbrannt wurde, musste bei Verbrennungen angerufen werden; San Biagio, den man geköpft hatte, befasste sich mit Erkrankungen von Hals und Kehle; Sant' Agata, die Schutzpatronin von Catania, starb bei einem Ausbruch des Ätna und schützte ihre Jünger vor dem unvorhersehbaren Zorn der Natur.

In mehreren Vitrinen waren *puppi di zucchero* ausgestellt, »Zuckerpuppen«, ein Gebäck in Form von Menschen und der mit ihnen in Verbindung gebrachten Gegenstände: Zuckerpriester und Kruzifixe, Hirten und Schafe, Fischer und Boote. Sie wurden alljährlich am 2. November, an Allerseelen, dem Gedächtnistag aller verstorbenen Gläubigen, und als *doni dei parenti morti* verschenkt, »als Geschenke der Geister toter Verwandter«, um deren Andenken lebendig zu erhalten. Die Angestellten des Pitre-Museums hatten in einem seltenen Ausbruch von Initiative die ursprüngliche Sammlung um einige zeitgenössische Allerseelen-Zuckerpuppen ergänzt. Unter anderem stellten sie einen Alitalia-Piloten und seine Boeing 747 dar.

Irgendwann betrat ich zwei nebeneinander liegende Räume, in denen nichts als *ex-votos* hingen, Votivbilder, naive Malereien von wundersamen Eingriffen in das Leben gewöhnlicher Sizilianer. Ich hatte das Gefühl, plötzlich genau in die Welt des Mönchs gestolpert zu sein.

Auf einem Gemälde nach dem anderen fallen bewaffnete

Männer über wehrlose Bauern her, die erst in letzter Minute durch die Ankunft eines Engels oder Heiligen gerettet werden – wieder einmal die Geschichte von Ano. Die Opfer übergeben sich heftig oder schwach vor Entsetzen, und dämonische Hörner ragen aus den Köpfen ihrer Angreifer. Oft schwebt die Jungfrau Maria am Himmel und wacht über das Eingreifen auf der Welt. Die Inschrift eines kaum des Lesens und Schreibens Kundigen, der sie vermutlich mit der Hilfe seines Priesters hingekritzelt hatte, erklärt: »Romano Vincenzo und Domenico Crappanzano, in der Contrada Runza von Verbrechern angegriffen und durch ein Wunder gerettet.«

In einer Reihe dieser *ex-votos*, die um die Revolutionsjahre von 1848 und 1860 herum entstanden sind, ist unverkennbar, um wen es sich bei den Sendboten des Bösen handelt. Den Aufstand gegen den neuen italienischen Staat im Jahre 1866 behandeln weitere dieser Votivbilder. Die Angreifer tragen Uniformen der Bourbonenarmee oder der Carabinieri. Und wenn die Heiligen oder die Jungfrau Maria nicht gegen sie eingreifen, kommt die Erlösung durch das Eingreifen mysteriöser Reiter, die Kapuzen oder Masken tragen. Manche von ihnen sind in Mönchsgewänder gekleidet.

Die Museumsbibliothek, die den zweiten Stock des Wirtschaftsflügels der Palazzina Cinese einnahm, erinnerte mich an meinen ständig wiederkehrenden Traum. Wie bei der symbolischen Ausstattung der eingebildeten Dachkammer im Haus meiner Großeltern lagen Notizbücher, Manuskripte, die Korrespondenz Pitres jenseits der letzten Stufe einer dunklen Treppe in knarrenden Schränken und Truhen, die aussahen, als wären sie seit Jahrzehnten nicht mehr geöffnet worden.

Doch das Personal in der Bibliothek erwies sich als weit energischer als ihre Kollegen im Erdgeschoss. Ich erklärte, was ich wollte, und wurde von einer der Bibliothekarinnen sofort zu einem langen Eichentisch geleitet. Zehn Minuten später kam sie mit einem Arm voller brauner Aktendeckel mit den Aufschriften *Brigantaggio* und *Mafia* wieder.

Die Aktendeckel waren vom Alter so ausgetrocknet, dass von den Klammern Papier wegbrach, wie behutsam ich mich auch bemühte, sie aufzumachen. Der Inhalt befand sich in einem ähnlichen Zustand. Einige der Briefe und Notizbücher, die Pitre mühsam gehortet hatte, zerbröselten bei meiner Berührung. Andere Dokumente jedoch, vor allem eine Reihe uralter Berichte über parlamentarische Untersuchungen des Banditentums auf Sizilien, waren immer noch fest genug, um lesbar zu sein.

Pitre hatte die Straßenräuber in den Bergen als fachkundige Wegweiser zu dem heimlichen Sizilien betrachtet, das von seinen intellektuellen Zeitgenossen ignoriert wurde. Mit Banditen, welche die Manttanza der 1870er Jahre überlebt hatten, studierte und meisterte Pitre die geheimnisvollen Begriffe von persönlicher Ehre und Loyalität, die vom *sistema* übernommen wurden, als es seine Machtergreifung vollendet hatte. Pitres Arbeit habe ich es zu danken, dass ich ein besseres Verständnis des Protokolls erwarb, welches das Verhalten meiner Großeltern beherrscht hatte – ein Verständnis der Regeln, die man ohne jede Diskussion praktizierte, die erst an meine Eltern und dann an mich weitergegeben wurden. Diese subtile Osmose bewahrte unsere Bindung an Sizilien auch dann noch, als die Insel kaum mehr war als die Geschichten einer Großmutter und der mit Fliesen und Kacheln übersäte Garten eines Großvaters.

Was ich über die Nuancen der *'nciuria* weiß, wenn ich davon absehe, dass ich ihre kodierten Namen als eine Grundtatsache sizilianischen Lebens als gegeben hinnehme, habe ich von Pitre gelernt, so wie er deren Geheimnisse von den Banditen gelernt hatte. Zu der Zeit, als er mit ihnen sprach, waren sie alte Männer. Bei ihren Gesprächen brannte das Holz in einem Herdfeuer in den Madonie-Bergen herunter, oder das Geschrei der Fischhändler erfüllte die Luft vor einem Café an den Straßenmärkten von Palermo.

Diese Männer hatten ihm die wahre Bedeutung von *omertà* erklärt. Dieser Begriff bedeutet nicht das angsterfüllte, demütige Schweigen, zu dem es in der düsteren Prosa beliebter Romane und Filme geworden ist. Das Wort ist im sizilianischen Dialekt eine Verballhornung des aus dem Lateinischen stammenden italienischen *omineita*, was in etwa »das Wesentliche des Menschseins« bedeutet. Für die Banditen und Briganten, die im Lauf der Zeit Giuseppe Pitre zu vertrauen begannen, als er ihre Bemerkungen in seine Notizbücher übertrug, während er diskret seine Beobachtungen an den Rand schrieb, bestand das Menschsein darin, nicht zu irren, obwohl ihnen gewiss die Unsicherheit der *conditio humana* in ihrem eigenen Leben bewusst war. Es ging darum, diese Schwäche zu überwinden, Grundsätze anzuerkennen und an ihnen festzuhalten. *Omu* zu sein, schrieb Pitre, »bestehe nicht darin, demütig zu sein… Man müsse *serio, sodo, forte* sein«. Verlässlich, fest, stark.

»*Lu vucca e traditura di lu cori*«, hatte eine der alten Roten Schärpen zu Pitre gesagt. »Der Mund ist Verräter des Herzens.«

Zusätzlich zu den Aufsätzen über die rituellen Grundlagen der unsichtbaren Gegenwelt enthielt die Pitre-Bibliothek auch das, was tatsächlich von ihr übrig geblieben war. Diese Akten schilderten die Rolle der *picciotti* in den Revolutionen Siziliens, die Gründung der *Stoppaglieri*, den Krieg gegen die Roten Schärpen. Die Patriarchen der Familie Badalamenti stiegen auf, stürzten und stiegen wieder auf, wie es auch verschiedene Seitenzweige meines Stammbaums taten. Doch ich fand keinerlei Erwähnung des Mönchs.

Meine große Hoffnung war gewesen, ein Porträt meines Namensvetters zu finden. Pitre sammelte zusammen mit allen anderen Dingen auch Fotos in großen Mengen.

War der Mönch meinem Großvater ähnlich? Meinem Bruder Sam? Sah er mir ähnlich? Ich dachte, dass Pitres Akten vielleicht Aufschluss geben würden.

Wenn ein sizilianischer Bandit in der zweiten Hälfte des neunzehnten Jahrhunderts festgenommen wurde, wurde er von den
Behörden oft fotografiert. Als ich folglich den Inhalt einer Kiste
mit Gefängnis- und Polizeifotos untersuchte, welche die Bibliothekarin für mich aufgemacht hatte, geschah es in dem eigentümlichen Wunsch, der Mönch möge eine Gefängniszelle von
innen kennen gelernt haben. Wenn das der Fall war, würde ich
nicht nur sein Gesicht sehen, sondern vielleicht auch einen Vorläufer meines eigenen; ich würde auch ein Festnahmedatum erhalten, mit dem ich zum Gerichtsarchiv in Palermo gehen
konnte.

Die Fotos waren in einem erbärmlichen Zustand, der noch
schlimmer war als der der Dokumente. Viele hatten sich vor
Alter zusammengerollt und schälten sich von dem dicken Al-
bumpapier ab, an denen Pitre oder Cocchiara sie einst befestigt
hatten. Klebstoff war von dem Papier zur Vorderseite einiger
Fotos durchgesickert, andere waren zerbröselt. Den Banditen auf
diesen Bildern fehlte oft ein Ohr oder eine Schulter, die auf dem
Boden der Kiste in einem gemeinsamen Grab von Fotofetzen lagen.

In anderen Fällen waren die Abgebildeten buchstäblich ver-
stümmelt; Polizei- oder Armeefotografen hatten dann ihre Linsen auf Flüchtlinge gerichtet, die man tot oder lebendig ergriffen
hatte. Manche waren von Kugeln durchsiebt. Auf den Waldlich-
tungen, auf denen sie den Tod gefunden hatten, hatte man sie
dann einfach an Baumstämme gelehnt.

Trotz ihres Zustands waren diese Porträts faszinierend, auch
wenn kein Bild von einem Dieb in einem Mönchshabit dabei
war, der meine römische Nase und meine schmale Oberlippe
hatte. Die Männer in Pitres Sammlung von Großaufnahmen waren ein Querschnitt des Schmelztiegels, der Sizilien damals war
und heute noch ist. Viele standen aufrecht an Gefängnismauern,
die schon bald bei vielen die Hinrichtung miterleben würden,
und wurden so fotografiert. Die Mendola-Brüder, Antonino und

Carmelo, waren ebenso blondhaarig und bleich wie die normannischen Kreuzfahrer aus Skandinavien, die ihre einstigen Vorfahren gewesen sein müssen. Da waren Banditen namens Salamone und Lopes, die sephardisch-jüdischer Herkunft waren, sowie ein dunkelhäutiger Pagano, der seine Abstammung vielleicht in ein afrikanisches Dorf hätte zurückverfolgen können.

Zweiundzwanzig der Banditen trugen Namen, die in den Stadtarchiven von Cinisi und Terrasini auftauchten, die Namen der engsten Freunde und Verwandten unserer Familie vor hundert Jahren und meine heutigen Nachbarn. Einer dieser Namen, der in verwischter Tinte neben ein Gesicht mit den tiefliegenden Augen und dem Kinngrübchen von Onkel Bart geschrieben war, einem Onkel meiner Mutter, war »Antonino Cammarata«.

*

Bartolo Cammarata war von den sechs Geschwistern meiner Großmutter Caterina der jüngste Bruder, ihr verwöhntes und angebetetes Babybrüderchen. Er war in Detroit geboren, das dritte und einzige überlebende amerikanische Kind von Girolama Corrado und Nino Cammarata, der Enkel des Banditen auf der Polizeiaufnahme.

Ihre ersten vier Kinder, darunter auch meine Großmutter Caterina, waren sämtlich in Terrasini geboren. Im März 1910 fuhren sie mit ihrer Mutter mit dem Schiff in Richtung Ellis Island, nachdem Nino Cammarata im Ford-Werk in Detroit genügend Geld verdient hatte, um ihnen Karten fürs Zwischendeck zu kaufen. Bis dahin mietete er ein möbliertes Zimmer für fünfzig Cent pro Tag, wie mir Großmutter Caterina erzählte, und überlebte mit einer Diät aus Keksen und Milch. Der Rest seines Lohns wurde für die Schiffspassagen beiseite gelegt. Sechzig Jahre später bedauerte ihn seine Tochter immer noch: »Einmal kehrte er nach Terrasini zurück und flehte meine Mutter an, ihn meine beiden älteren Brüder nach Amerika mitnehmen zu lassen. Mama sagte nein, entweder alle oder keinen. Er werde einen

Weg finden müssen, uns alle nach Amerika zu bringen, oder er würde dort allein sterben.«

Bart war fünfzehn Jahre jünger als Caterina, aber das Verwöhnen hatte mehr mit der Tatsache zu tun, dass er das einzige amerikanische Kind in der Familie war, welches das Säuglingsalter überlebte. Zwei Schwestern, beide mit dem Namen Ninfa, waren 1911 und 1914 nur Monate nach ihrer Geburt gestorben. Niemand wusste genau, woran die erste Ninfa erkrankte. Großmutter Caterina konnte nur sagen, als sie mir 1978 die Geschichte erzählte, dass das Baby »grau wurde und von schrecklichen Zuckungen geschüttelt wurde«.

1914 kehrte Girolama mit der neugeborenen zweiten Ninfa nach Sizilien zurück. Sie glaubte, die kalte Winterluft von Detroit habe ihr erstes amerikanisches Baby getötet. Doch sie konnte die große Entfernung zu ihren älteren Kindern nicht ertragen. Auf der Rückreise nach New York bekam die zweite Ninfa die Masern; sie war sechs Monate alt, als sie starb. Ein Jahr später kam Bart zur Welt, und im Hause Cammarata herrschte stillschweigendes Einvernehmen darüber, dass man bei Girolama Corrados siebtem und letztem Kind kein Risiko eingehen werde.

Girolama nahm eine Arbeit als Näherin an, um mit ihrem Lohn mitzuhelfen, die Dinge zu kaufen, die Ninos Lohn nicht auf den Tisch bringen konnte. Fleisch, Fisch, Käse. Die damals fünfzehnjährige Caterina übernahm in der Familie die Mutterrolle, die fünfundsiebzig Jahre lang ihre wichtigste blieb.

Wenn ich an meine Großmutter mütterlicherseits denke, sehe ich sie in einer Küche vor mir, wie sie eine große Schale mit reifen Tomaten schält und entkernt; oder in einem Schlafzimmer, wo sie sich über eine Wiege beugt und das Baby mit sanften Lauten in den Schlaf zu bringen versucht. Caterina Cammarata war gefühlsmäßig nicht so sprunghaft wie Angelina Tocco. Sie verfiel nie in die religiösen Ausbrüche, die von meiner Großmutter väterlicherseits Besitz ergriffen, oder in tranceähnlichen Zustände, die ihr Geschichtenerzählen begleiteten. In körperlicher Hinsicht waren die beiden Frauen höchst verschiedene Bruchstücke des sizilianischen Mosaiks. Angelina war der dunkelhaarige Typ mit dem hitzigen mediterranen Temperament, während Caterina so blond und nordeuropäisch war wie die Brüder Mendola in Pitres Fotosammlung.

Doch auf ihre zurückhaltende Art hatte auch Caterina ein heimliches Leben, ein Phantasieleben, wie es jeder Mensch hat. Angelina Tocco ergab sich der Leidenschaft und heiratete um einer unkonventionellen Liebe willen. Caterina hätte vielleicht genauso handeln wollen, wagte aber nicht, es offen zu tun.

1922, als Bart sieben Jahre alt und gesund, die anderen Cammarata-Kinder in Lohn und Brot und verheiratet waren, wurde Caterina von einem Heiratsvermittler für Salvatore DiGiuseppe ausersehen, einem viel versprechenden jungen Mann, der mit Kacheln und Fliesen handelte. Doch sie sei nie fähig gewesen, ihn zu lieben, wie sie lange nach seinem Tod 1964 eingestand. Um diese Zeit hatten wir schon alle die Gerüchte gehört: dass nämlich meine Großmutter in den Jahren direkt nach Barts Geburt, als sie mit ihren Familienpflichten beschäftigt war, ihr Herz an einen anderen Einwanderer aus Terrasini verloren hatte. Dieser habe nicht warten können und eine andere geheiratet.

Wenn Caterina ihn schon nicht haben konnte, lehnte sie es bewusst ab, ihn zu vergessen. Das Beste, was Salvatore DiGiuseppe je von seiner Frau erwarten konnte, war eine unerschütterliche und leicht unterkühlte Loyalität. Selbst als Junge erkannte ich, dass dies das Einzige war, was sie verband. Da knisterte nichts, da war nichts von dem erotischen Feuer, das zwischen Frank Viviano und Angelina Tocco selbst dann noch brannte, als beide schon über siebzig waren.

Wir wussten, wer der Mann war, dieser Einwanderer, dem es vielleicht gelungen wäre, in Caterina Cammarata ein lebenslanges Feuer zu entzünden. Er befand sich an der Peripherie unserer erweiterten Familie, war ein prominenter Gast bei Hochzeiten und Beerdigungen, bei denen die im Kirchenarchiv von Terrasini genannten Namen in Detroiter Kirchen und Empfangssälen zusammenkamen. Sein Verhalten gegenüber Großmutter Caterina war immer von ungewöhnlicher Zärtlichkeit geprägt, die durch europäische Höflichkeit maskiert wurde und meine Mutter und ihre Schwestern dazu brachte, einander vielsagende Seitenblicke zuzuwerfen. Ich werde die unerwiderte Liebe meiner Großmutter nicht verraten, indem ich auf diesen Seiten seinen Namen nenne, sondern sage nur, dass dieser Mann auch bei der Polizei Siziliens und der Vereinigten Staaten sehr gut bekannt war.

Es war selbstverständlich, dass das Gesicht Antonino Cammaratas unter den Fotos im Pitre-Museum mich an Großmutter Caterina und Onkel Bart erinnerte. Er war *ihr* Urgroßvater; das hatte ich in den Wälzern von Maria Santissima della Grazie mühelos festgestellt. Aber es war überraschend, ihn unter Banditen aufzufinden. Er war nahezu gewiss lange vor Großmutter Caterinas Geburt gestorben, vielleicht am Galgen, wo Banditen nach ihrer Gefangennahme zu enden pflegten. In Amerika waren die Cammaratas mit der unsichtbaren Gegenwelt Siziliens nicht so direkt verbunden wie die Vivianos und die Toccos. In der Darstellung meiner Mutter waren sie eine Familie von Hufschmieden aus Terrasini, die in Michigan zu Fabrikarbeitern geworden waren. »Unsere Leute haben keinen komplizierten Hintergrund«, sagte sie gern.

»Kompliziert« war in ihrem Vokabular ein Synonym für Mafia-Verbindungen. Die bekannten Ausnahmen von der Behauptung meiner Mutter waren keine Cammaratas; sie waren Corrados, Verwandte der Mutter meiner Großmutter.

Ich hatte bis zu meinem Besuch des Pitre-Museums geglaubt, ich schriebe über die Vivianos und nicht über die Familie meiner Mutter. Jetzt war mir klar, dass ich unter den Männern mit den roten Schärpen zwei direkte Vorfahren hatte.

Das schon stark verblichene, aber immer noch erkennbare Polizeifoto von Antonino Cammarata führte mich zurück zu dem Archiv von Maria Santissima delle Grazie.

*

Padre Constantino war ausgegangen, als ich an die Tür des Pfarrhauses klopfte. Seine Schwester bellte »*Chi è?*« über die Gegensprechanlage und ließ mich ein, als ich mich meldete. Es dauerte eine halbe Stunde, die Familie meiner Mutter bis zum Taufeintrag ihres Großvaters in dem Wälzer für 1865 zurückzuverfolgen. Dann arbeitete ich mich weiter über Geburts- und Heiratseinträge seiner Eltern, Giuseppe Cammarata und Elisabetta Palazzolo bis zu dem Briganten Antonino vor.

Ich übertrug die Daten und wichtigen Statistiken in mein Notizbuch und wandte mich dann den Corrados zu. In dem Buch für 1900, in der die Taufe meiner Großmutter Caterina eingetragen war, wurde ihre Mutter Girolama Corrado als »Näherin, siebenundzwanzig Jahre alt« bezeichnet. Damit musste ihre Geburt in dem Buch für 1873 verzeichnet sein.

Ich nahm es vom Regal und blätterte mich durch die Girolamas im Register durch. Sie waren erheblich seltener als die Francesco Paolos, Angelinas und Salvatores. In weniger als einer Minute fand ich die Seite, nach der ich suchte, und rief so laut »Mein Gott!« aus, dass Signora Constantino im Allerheiligsten einen Kandelaber zu Boden fallen ließ und zu mir ins Büro rannte.

»*Corrado, Girolama*« lautete der Eintrag, »*wurde an diesem Tag in Maria Santissima delle Grazie in Anwesenheit ihres Vaters, Calogero Corrado, siebenunddreißig Jahre alt, und ihrer Mutter, Caterina Valenti, neunundzwanzig Jahre alt, getauft.*«

Die Frau, die Caterina Cammarata ihren Namen gegeben hatte, so wie der Mönch mir meinen gab – die Frau, die meine Ururgroßmutter war –, war eine Valenti.

Blutsmäßig war meine Mutter eine Valenti.

Der Mann, der den Mönch getötet hatte, war ein Valenti.

Ich bin ein Valenti.

Ich sank in Padre Constantinos Stuhl. Seine Schwester beugte sich über mich. »Signore Viviani, was fehlt Ihnen?« Aber mir fiel keine Antwort ein. Meine Gedanken waren nicht in diesem Büro. Sie hafteten an einem fernen Augenblick im Jahr 1911, als ein vierzehnjähriger Junge einen Namen und ein Legat annahm und eine acht Jahrzehnte während Reise antrat.

25 BLUT WÄSCHT BLUT

Detroit, Michigan
April 1993

Frank P. Viviano starb an einem Abend im April, sieben Monate vor seinem sechsundneunzigsten Geburtstag. In Europa war es mitten in der Nacht, und ich schlief, als die Hoteltelefonistin den Anruf in mein Zimmer durchstellte. Am Apparat war Jon Stewart, mein Ressortleiter.

»Du musst deinen Bruder anrufen«, sagte er mir.

Jon räusperte sich und fügte hinzu, morgen brauchte ich keine Story abzuschicken. Es gebe eine Menge Lokalnachrichten, und im Blatt sei ohnehin nicht viel Platz, ich könne also ruhig einen Tag frei nehmen.

Mir war also klar, dass jemand gestorben war, schon bevor ich Sam in New York erreichte. »Es ist Großvater«, sagte er.

Mein Großvater war krank gewesen, aber nicht sehr. Er klagte über Blutandrang in den Lungen, Schlaflosigkeit und leichte Anfälle von Benommenheit. Tante Grace und Tante Shirley brachten ihn zur Untersuchung ins St. John's Hospital und riefen Tante Babe in Brooklyn an; sie flog am nächsten Morgen nach Detroit. Bei ihrer Ankunft war Großvater mürrisch. Er hasste es, im Krankenhaus zu sein, hasste es mit seinem kalten Edelstahl und dem Porzellan, dem Geruch von Chemikalien und dem Stöhnen vor Schmerz und Unverständnis, das ihn an Angelinas Jahre in der Hölle erinnerte. Senilität war der große Schrecken meines Großvaters in seinem letzten Lebensjahrzehnt. Er war jedes Mal außer sich, wenn ihn sein Gedächtnis im Stich ließ, wenn er nach einem Wort suchen musste.

»Lasst mich nicht so gehen wie Mama«, sagte er zu meinen Tanten. Er zwang sich, nur Englisch zu sprechen, denn er wusste noch, dass meine Großmutter jeden in ihrem sizilianischen Dialekt angesprochen hatte, als sich ihr geistiger Absturz beschleunigte.

Am dritten Morgen im Krankenhaus erwachte mein Großvater aus einem tiefen, durch ein Schlafmittel geförderten Schlaf. Die Nachtschwester hatte ihm eine Spritze gegeben, um ihn zu beruhigen, und er war sehr verwirrt, wie Babe sagte. »Ich habe meinen Vater nie so verängstigt gesehen, Franky. Es war das einzige Mal, dass Grace und ich dachten, er könnte vielleicht das Gleiche durchmachen wie Mama.«

An diesem Nachmittag war er mal bewusstlos, mal nicht. Er wachte kurz auf, als meine Cousine Betsy ankam, um die Tanten für eine Stunde abzulösen. »Betsy, *mi cori*, bring mir meine Hosen«, sagte er ihr. »Ich muss hier raus.«

Sie log und erwiderte, sie seien nicht im Zimmer.

Er drehte sich mühsam auf die Seite, langte in die Nachttischschublade und zog einen Zwanzig-Dollar-Schein heraus. »Los, kauf mir Hosen, Betsy!« Er schrie jetzt und richtete sich auf. »Kauf mir Hosen!«

Dann fiel er erschöpft aufs Bett und fiel in einen unruhigen Schlaf. Er stöhnte immer wieder auf.

Doch am vierten Tag war er plötzlich wieder er selbst. Klar im Kopf, sogar lustig. Er sprach über die alten Zeiten. Er erzählte, wie er einmal beschlossen habe, zu einer Hochzeit in Scranton in Pennsylvania zu fahren. Angelina saß neben ihm und war in ihre Tagträume versunken. Mein Großvater hatte keine Ahnung, wie man eine Karte benutzt. Irgendwo in Ohio bog er falsch ab und fuhr Stunde um Stunde einfach weiter, bis der Buick auf einem Feldweg entlang rumpelte und schließlich an ein großes Schild kam. Angelina las laut vor, was darauf stand: »Willkommen in North Carolina«. Sie brauchten Tage, um den Weg nach Scranton zu finden.

Shirley sagte, sie hätten Tränen gelacht, als er die Geschichte erzählte. Dann hätten sie Karten gespielt, ein paar Runden »Red Dog«-Poker, das mein Großvater liebte. Als ich heranwuchs, gab es immer laute und lärmende Red-Dog-Spiele an dem großen Mahagonitisch meiner Großmutter, nachdem sie und meine Tanten die Reste des Sonntagsdinners weggeräumt hatten. Grandpa rauchte eine holländische Panatella von Masters, eine kurze, am Mundende zugespitzte Zigarre, nippte an einem Brandy und schummelte. Wenn er einen Topf voller Dimes und Quarters gewonnen hatte, ob nun ehrlich oder mit Hilfe einer Karte, die er unter der Handfläche seiner breiten Hand versteckt hatte, rief er zu meiner Großmutter im Wohnzimmer hinüber: »Angelina, kauf noch einen Cadillac.« Ihr teurer Geschmack war ein Dauerscherz bei ihnen wie das Seidenhemd, das sie ihm fünfunddreißig Jahre lang immer wieder zu Weihnachten schenkte; er hielt es in gespielter Überraschung hoch, küsste sie und legte es dann wieder in die Schachtel für das nächste Weihnachtsfest.

Nach einigen Kartenspielen im Krankenhaus sagte mir Babe: Daddy hat gesagt, dass er wieder schlafen will, und so sind wir nach Hause gegangen. Am nächsten Morgen rief das Krankenhaus an. Er war ins Koma gefallen.«

Grace und Babe waren am Ende bei ihm. Er schien das Bewusstsein wiederzuerlangen, richtete sich plötzlich auf, schwang die Beine über die Bettkante und rief: »Angelina!«

Die Ärzte konnten nicht erklären, was passiert war. Es gab keine erkennbare Todesursache. Doch wir in der Familie wussten alle, dass die Ursache ganz einfach eine gewaltige Willensanstrengung war. Frank P. Viviano beschloss, noch einen letzten liebevollen Tag mit seinen Kindern zu verbringen. Dann verließ er uns, um nach Angelina Tocco zu suchen.

Vor meiner Reise zum Tod des Mönchs, bevor ich den Mut fand, die dunkle Dachkammer eines Kindheitstraums zu betreten, hatte ich mir meinen Großvater als einen außerhalb der Geschichte stehenden Mann vorgestellt. Er war ein Mann, der keine Zeitungen las, und so hatte er noch nie von Bosnien oder dem Persischen Golf gehört. Ein Mann, dessen selbst gebautes Universum ein Großhandel für Obst und Gemüse in Detroit und ein großes lärmendes Haus voller Kinder und Enkelkinder waren.

Jetzt ging mir auf, dass Paolinu Vivianos Auseinandersetzung mit der Welt, die sich so unberechenbar und oft auch so grausam um uns alle dreht, nichts Passives an sich hatte. Mehr als der Mönch und mehr als ich war er entschlossen gewesen, die Geschichte nach seinen Plänen zurechtzubiegen. Sie umzuschreiben.

Er wartete ungeduldig bis zu dem Jahr, als mein Vater aus Nagasaki zurückkehrte und meine Mutter zu dem auserwählten Gefäß der Wiedergeburt der Geschichte wurde.

Mein Großvater hätte die Konsequenzen dieser Heirat nicht vorhersehen können, nicht die Wut und nicht die Trauer. Er sah einen gebrochenen Sohn und eine schöne, traditionell erzogene junge Frau. Er sah, wie eine Geschichte zu Ende ging und eine andere begann. Und ich glaube – muss glauben, dass er die Trauer meiner Eltern ein halbes Jahrhundert lang als eigene schreckliche Last mit sich herumtrug.

Er bewahrte Stillschweigen, als sie sich trennten. Er brach es erst sechs Monate vor seinem Tod, als er mir einen Namen zuflüsterte.

Hatte Domenico Valenti tatsächlich den Mord an Francesco Paolo Viviano befohlen, wie mein Großvater geflüstert hatte? Falls es wegen der Ermordung meines Namensvetters zu einem

Prozess kam, scheinen die Akten darüber zusammen mit Tausenden anderer bei den alliierten Bombenangriffen auf Palermo 1943 verloren gegangen zu sein.

Wie auch immer: Es war unwahrscheinlich, dass man Valenti selbst angeklagt hätte. Man hätte dafür einen Handlanger ausgewählt, diesen angeklagt und zu einer Gefängnisstrafe verurteilt. Das Urteil wäre mild ausgefallen. In den Augen des Gesetzes war der Tod des Mönchs die Regelung einer Auseinandersetzung in der Unterwelt. Mit dem Nettoeffekt, dass es in den Bergen einen Banditen weniger gab.

Mit Ausnahme von Frank Viviano und Angelina Tocco kannte 1945 niemand die Wahrheit über meine Mutter und meinen Vater.

Caterina Cammarata hat vielleicht gewusst, dass ihr Namensvetter ein geborener Valenti war, aber sie erwähnte es nie, und sollte sie es doch getan haben, sagte es ihr nichts.

Die Familie Valenti hatte die Einwanderung oder den Kampf des neunzehnten Jahrhunderts um die Kontrolle der Berge von Castellammare nicht so erfolgreich bewältigt wie die Toccos und Badalamentis. Bei Anbruch des neuen Jahrhunderts gab es nur noch wenige Valentis in der Provinz Palermo.

Ich überlegte, ob ich in Terrasini nach einem von ihnen suchen sollte; im Telefonbuch standen zwölf von ihnen, aber keiner mit dem Vornamen Domenico. Aber was hätte ich sagen sollen? Was hätten *sie* wohl gesagt, wenn ich die geflüsterten Worte meines Großvaters wiederholt hätte?

Zu meiner Zeit war die Geschichte schon fast verloren, dazu der Name eines Mannes, der ein Architekt des *sistema* gewesen war. Des Mannes, der den Mönch getötet hatte.

Doch mein Großvater erinnerte sich, denn ebenso sehr wie jeder mit Ausnahme des Mönchs hatte Domenico Valenti die Ereignisse in Gang gesetzt, die Paolinu Viviano formten, ihn übers Meer in die Neue Welt brachten und ihn in Frank verwandelten.

Es gab am Ende keine Vendetta; die Zeit hatte dafür gesorgt. Aber es ging immer noch darum, sich von der Blutschuld zu lösen, *seiner* Schuld, ab dem Moment, als er 1911 den Namen des Mönchs beanspruchte, bevor das alte Buch geschlossen werden konnte.

Mein Großvater hatte Angelina bestimmt davon erzählt, dessen bin ich sicher, weil er ihr immer alles erzählte. Aber keiner der beiden hat es Caterina Cammarata oder Salvatore DiGiuseppe erzählt, als der Heiratsantrag ausgesprochen wurde. Die Cammaratas sprachen nie von ihrem Vorfahren väterlicherseits, dem Banditen Antonino, geschweige denn von einem »komplizierten« Vorfahren namens Valenti mütterlicherseits. Die Verbindung war mächtig genug, unsere Familiengeschichte zu verändern. Doch infolge der Launen des Gedächtnisses der Einwanderer war sie von den amerikanischen Verwandten Domenico Valentis vollkommen vergessen worden.

Als meine Eltern miteinander verlobt wurden, wusste mit Ausnahme Frank Vivianos und Angelina Toccos niemand, dass sie bewusst ausersehen worden waren, um verfeindete Gegner miteinander zu versöhnen, um dem Krieg ein Ende zu machen, der meinen Namensvetter getötet hatte.

Lu sangu lava lu sangu, erklärte der Ehrenkodex. »Blut wäscht Blut.« Man berief sich meist auf diesen Satz, um die Morde zu rechtfertigen, die Sizilien zu Lebzeiten meines Namensvetters in Blut getränkt hatten, und ein Jahrhundert später war es immer noch so.

Doch mein Großvater, der ein Kind der unsichtbaren Gegenwelt war, wusste, dass »*lu sangu lava lu sangu*« sich auch anders interpretieren ließ. Wenn man nicht alle männlichen Nachkommen eines Feindes ermorden will, wie es Adannatu und 'Toto Riina zu tun versucht hatten, konnte eine Vendetta nur durch eine Heirat zwischen beiden kriegführenden Clans und die Geburt eines Kindes beendet werden.

In der Überlieferung des Banditenreichs wird die Versöhnung bei der Taufe des Kindes mit einem Toast der Paten auf Johannes den Täufer begrüßt, der Jesus getauft hat. Sie repräsentieren die neue Verbindung alter Feinde, eine Verbindung, die man im sizilianischen Dialekt *cumparaticu di San Giovanni* nennt. Diese Verbindung wiegt ungleich schwerer als die zeremonielle Rolle, die Paten bei einer modernen amerikanischen Taufe spielen. Die *cumpari* sind nicht lediglich Feinde, die sich versöhnt haben. Sie gehören jetzt für immer zur selben Familie.

In den Worten von Giuseppe Pitre: »Geburt und Taufe ihres ersten Kindes ist auch die Geburt des Friedens.«

Jetzt war mir klar, dass mein Großvater genau dies beabsichtigt hatte: dass seine Blutschuld dem Mönch gegenüber durch eine Blutsverbindung weggewaschen wurde.

Die Verkörperung dieser Verbindung war ich, als ich am 3. Dezember 1947 um Punkt zwölf Uhr mittags im Providence Hospital in Detroit zur Welt kam. Die Anzeichen hätten nicht bemerkenswerter sein können.

Es war der Tag meines Schutzheiligen Franziskus und der Geburtstag meiner Großmutter Angelina. Die Sonne, der Urgott und das Ursymbol Siziliens, hatte ihren Scheitelpunkt erreicht. Das Krankenhaus trug den Namen meiner Mutter und den der Madonna von Favarotta, die meine Vorfahren aus zehn Jahrhunderten, sämtlich Fischer, beschützt hatte. In dem Monat, in dem ich geboren wurde, wurde mein Großvater fünfzig und erreichte damit das Lebensalter des Mönchs in dessen letztem Lebensjahr.

In dem Augenblick, in dem ich dieses Buch schreibe, bin ich ebenfalls so alt.

»*Figghiu miu, miraculu*!«, rief Angelina bei der Taufe immer wieder. »Mein Sohn, o Wunder!«

Meine Mutter hat ein Foto von diesem Moment in der Holy Family Church von Detroit, als ein eingewanderter sizilianischer Priester mich mit Taufwasser benetzt. Ich trage dasselbe Taufkleid aus weißer Spitze, das auch Paolinu Viviano bei seiner Taufe 1897 in der Kirche Maria Santissima della Grazie trug. Auf dem Foto ist er auf einer Seite mit Angelina Tocco und meinen beiden anderen Großeltern zu sehen, Caterina Cammarata und Salvatore DiGiuseppe. Er sieht dem Taufakt aufmerksam zu.

Großmutter Angelina hat einen Gesang angestimmt. Meine Mutter sieht sie besorgt an. Am Taufbecken halten mich mein Pate Peter Viviano, Urenkel des Mönchs, und meine Patin Gerry DiGiuseppe, Caterina Valentis Urenkelin. Ich schreie, als mir das kalte Dezemberwasser die Stirn benetzt.

Ich bin das erste Kind, das blutsmäßig sowohl ein Viviano als auch ein Valenti ist. Ich bin der erste in unserer Familie, der seit dem Tod eines drei Tage alten Säuglings am 30. September 1851 den unzweideutigen Namen Francesco Paolo Viviano erhält.

26 QUATTRO VANELLE

Terrasini, Sizilien
Juni 1996 – Januar 2000

Der Juni schwebte in den Bergen von Castellammare auf Wolken von Oleander und Geißblatt heran. Es war längst Zeit für Rosalia und Mike, ihr Haus im Zitrushain wieder in Besitz zu nehmen, obwohl keiner der beiden mit mir darüber sprach. Es war Zeit abzureisen.

Als ich für die Abreise von Sizilien zu packen begann, umkreiste Monacu argwöhnisch meine Schachteln mit Dokumenten auf der Terrasse. Alice hatte versprochen, ihn zu füttern, doch er verschwand ein paar Abende später und kam nie mehr wieder.

In jener Woche ging der Prozess gegen 'Toto Riina in Caltanissetta in sein zweites Jahr. Die rechte Hand der Bestie saß jetzt mit ihm im Bunker. Giovanni Brusca, der Boss aus San Giuseppe

Jato, der die Ermordung Richter Falcones arrangiert hatte, war endlich aufgespürt und am 20. Mai 1996 festgenommen worden, fast auf den Tag genau vier Jahre, nachdem die Bombe den Wagen des Richters und achthundert Meter der Badalamenti-Autobahn in die Luft gejagt hatte.

Bei der Großfahndung war jede Ecke Siziliens durchsucht worden, und wenn Signore Zuccos Verwandter Recht hatte, hatte sie das Innenministerium für kurze Zeit davon überzeugt, dass ich Giovanni Brusca war. Doch am Ende fand die Polizei ihren Mann in seinem eigenen Landhaus an der Südküste Siziliens, als er sich gerade mit seiner Frau, seinen Kindern und seinem Bruder einen Fernsehfilm ansah. Der Film war ein Doku-Drama über das Leben von Richter Falcone.

Mike war am nächsten Morgen nach Paternella gekommen. »Ich dachte, dass es dir gefallen würde, das hier zu sehen«, sagte er. Er reichte mir die Titelseite des *Giornale di Sicilia*. Neben den Schlagzeilen, welche die Festnahme hinausposaunten, war ein Foto zwei italienischer Polizisten in schusssicheren Westen und schwarzen Skimasken, die den festgenommenen Brusca ins Gefängnis begleiteten.

Brusca war um die Taille fülliger, als er 1992 gewesen war. Außerdem hatte er sich einen Bart mit dichten Löckchen wachsen lassen.

Ein paar Monate früher hätte die Festnahme vielleicht eine neue Welle der Furcht durch Sizilien geschickt, eine neue Welle der Angst wegen des möglichen Zusammenbruchs des *sistema* und damit der einzigen Form von Ordnung, welche die meisten Sizilianer je gekannt hatten. Doch im Sommer 1996 schien sich selbst der Falcone-Prozess in die lange Liste der Ermittlungen gegen die Mafia einzureihen, die trotzig beginnen und am Ende im Sande verlaufen. Die Anhörungen in Caltanissetta waren zu einer Schinderei geworden, einem Sumpf aus Anträgen, Widersprüchen und immer neuen Gegenerklärungen, in denen es so sehr um juristische Spitzfindigkeiten ging, dass der Prozess sich nach den neuesten Berechnungen bis zu zehn Jahren würde hinziehen können. Während das Verfahren sich dahinschleppte, saß Riina, ein gedrungener Mann Ende sechzig, ungerührt in seinem mit Stahlgitterstäben gesicherten Angeklagtenkäfig. Er sei nichts weiter als ein Kleinbauer aus Corleone, sagte er den Staatsanwälten immer wieder. Er könne kaum lesen, geschweige denn ein weltweites Imperium leiten.

Die Zahl der zynischen Bemerkungen über den Prozess nahm mit der Zahl der »Reumütigen« zu. Den Behörden begann allmählich zu dämmern, dass die detailreichen Zeugenaussagen selbst ernannter Renegaten vielleicht wieder nur eine Art Nebelvorhang war, der die Wahrheit verhüten sollte. Eine bewusst orchestrierte Strategie. Inzwischen gab es mehr als eintausendzweihundert *pentiti*, die unter dem Schutz der Regierung standen. Als der Sommer zu Ende ging, hatte sich selbst Giovanni Brusca erboten, als Kronzeuge auszusagen.

Es fiel mir schwer, nicht davon auszugehen, dass der *sistema del potere* überleben würde. Die meisten meiner Nachbarn schienen es zu glauben. Dass Sizilien im Kern bleiben würde, wie es immer gewesen war. Dass der Kodex sich behaupten würde.

Im Oktober 1999 wurde der frühere Ministerpräsident Giulio Andreotti in seinem Prozess, bei dem er der Zusammenarbeit mit der Mafia beschuldigt wurde, in allen Anklagepunkten freigesprochen. Der Hauptzeuge gegen ihn, der »reumütige« Baldassare Di Maggio, gestand, er habe als bezahlter Killer des *sistema* dreiundzwanzig Menschen ermordet. Drei der Morde seien begangen worden, als er angeblich unter Polizeiaufsicht gestanden habe, um auf seine Aussage im Andreotti-Prozess zu warten.

»All das hätte nicht dauern dürfen«, denkt der Fürst von Salina niedergeschlagen, als der *sistema* in Tomasi di Lampedusas Roman *Der Leopard* in den 1870er Jahren Gestalt annimmt und dem uralten Gemälde des sizilianischen Fatalismus eine neue Facette hinzufügt. »Und doch wird es dauern, immer; das menschliche ›Immer‹, wohlverstanden, ein Jahrhundert oder zwei … Danach wird es anders sein, aber schlechter.«

*

Eines Morgens läutete in Paternella in aller Frühe das Telefon, als ich beobachtete, wie die Juni-Morgendämmerung den Zitrushain erhellte. »Sind Sie Francesco Paolo Viviano?«, fragte eine Stimme. Ich bejahte.

Der Anrufer war ein Dominikanermönch namens Benedict Viviano. Benedict war sein Priestername; geboren und getauft war er als Gaetano. Wie mein Vater. Wie der Falke, Big Tom. Pater Benedict war aus St. Louis, wo Paolinu einst versucht hatte, den Falken im Hinterzimmer einer Spielhölle zu töten, und in diesem Moment zu Frank geworden war.

Ich hatte schon vor Monaten mit einem italienisch-amerikanischen Club in St. Louis Verbindung aufgenommen, um dort nach jemandem zu suchen, der sich vielleicht an Big Tom erinnerte und wusste, was mit seiner Tochter Maria geschehen war. Der Vorsitzende des Clubs hatte Pater Benedict Bescheid gesagt, der jetzt in einem Kloster in der Schweiz lebte.

Wir sprachen eine Stunde miteinander. Wir waren beide ganz benommen davon, welch seltsame Wendungen der Geschichte zu diesem Anruf geführt hatten. Er war ein belesener Mann, ein Bibelwissenschaftler, der sich für die Launen der Geschichte ebenso brennend interessierte wie ich. Ich dachte, dass die Chance bestünde, dass sein Vater Gaetano den Falken gekannt hatte, und eine weit geringere Chance, dass er wusste, was 1876 an jener menschenleeren Straßenkreuzung in der Nähe von Terrasini wirklich geschehen war.

Ich erfuhr von Pater Benedict eine ganze Menge über die Vivianos von St. Louis. Doch er wusste nichts über Gaetano den Falken. Er wusste nichts über den Mönch oder dessen Ermordung.

Als ich Sizilien verließ, beschränkten sich die Beweise immer noch auf die letzten Worte meines Großvaters an mich – »Domenico Valenti ihn töten« – und die Darstellung im *Giornale di Sicilia*, wie der Mönch zu Tode gekommen war. Diese Darstellung beruhte auf der Aussage des Pferdekutschers Onorato Evola.

Ich las den Artikel Dutzende von Malen, prüfte meine Übersetzung immer und immer wieder, brütete über ihren fatalen Sätzen, bis ich sie mir eingeprägt hatte:

Zwei Gewehrschüsse wurden abgefeuert, die ein Pferd verwundeten. In diesem Moment sprang ein Mann aus der Hecke, um das Pferd am Zügel zu fassen. Seine Komplizen schossen zweimal auf ihn, da sie ihn vielleicht irrtümlich für eins ihrer Raubopfer hielten. Er starb auf der Stelle.

Die Polizisten, die an den Tatort eilten, erklären, dass der Tote ein fünfzig Jahre alter ehemaliger Mönch aus Favarotta namens Francesco Paolo Viviano sei.

Da stimmte etwas nicht. Ich konnte aber nicht den Finger darauf legen. Vielleicht war es der sechste Sinn meiner Erfahrung, die Skepsis, die dreißig Jahre Reporterleben hervorgebracht haben.

Vielleicht lag es einfach daran, dass ich mich weigerte, Evolas Bericht zu glauben. Wenn er den Tatsachen entsprach, waren die letzten Worte meines Großvaters an mich unwahr.

Rund eine Woche bevor ich meine Reisetaschen in den Peugeot wuchtete und in Richtung Norden abreiste, fuhr Mike mit mir nach Quattro Vanelle. Ich hatte ihm gesagt, dass ich es auf der Karte nicht finden könne. Er erklärte, dass man den Namen schon vor langer Zeit geändert habe. »Aber vor Jahren, als ich ein Junge war, nannten die alten Leute einen Ort draußen in der Campagna noch ›Quattro Vanelle‹. Komm mit, ich werde dir zeigen, wo das ist.«

Quattro Vanelle bedeutet »vier Feldwege«. Mike sagte, damit sei eine Stelle gemeint, an der gut eineinhalb Kilometer oberhalb der Bucht von Castellammare zwischen Terrasini und Cinisi, vier kleine Feldwege in den Zitronenhainen zusammenliefen.

Als wir dort ankamen, wehte ein trockener Wind vom Monte Palmeto herunter. Abfall türmte sich zu verfaulenden Haufen an den Steinmauern, welche die Haine umschlossen. Weggeworfene Einkaufstüten aus Kunststoff wurden von plötzlichen Windböen in Richtung Meer getrieben. Eine Ferienanlage, die hinter eigenen Mauern lag, die mit zerbrochenen Glasscherben gesichert waren, war nicht mehr als achthundert Meter entfernt, und doch machte der Ort einen abseitigen, menschenleeren Eindruck.

»Gehen wir«, sagte ich nach fünf Minuten. Ich wollte nicht bleiben.

Später ging ich aus einer Eingebung heraus zur Maria Santissima della Grazie, um die Gemeinderegister noch ein letztes Mal nach etwas, irgendetwas durchzusehen, das der Phantomgestalt des Domenico Valenti vielleicht etwas Fleisch auf die Rippen geben konnte. Sein Tod war nie irgendwo registriert worden. Hatte der Falke ihm aufgelauert? War er irgendwo in den Bergen in einen Hinterhalt geraten und zusammen mit seinen Leibwächtern aus Rache getötet worden?

Valentis Ermordung hätte viele der weißen Flecken auf meiner Leinwand gefüllt: das Fehlen seiner Sterbeurkunde in Terrasini, die Abreise des Falken nach Amerika, die unterbrochene Kette von Domenico Valentis, die von seiner Generation zu meiner führte.

Eine Stunde schleppte sich dahin, dann wurden es zwei. Padre Constantino hatte sich jetzt an mich gewöhnt, und ich durfte so lange bleiben, wie ich es für richtig hielt. In der dritten Stunde führte mich mein Umherwandern zur Schwester des Mönchs, der 1836 geborenen Giovanna. Ihre Taufurkunde deutete darauf hin, dass Giuseppe Valenti ihr Pate war.

Das war an und für sich nicht überraschend. Vor dem Risorgimento, bevor das *sistema* die Familien Valenti und Viviano gegeneinander aufgebracht hatte, waren sie die engsten Nachbarn gewesen. Aber Zu Pippinu, wie die Kinder ihn kannten, war 1836 nicht nur Pate eines Viviano, sondern im selben Jahr auch noch Taufpate eines Säuglings namens Paolo Evola.

Onorato Evola, der dreiunddreißigjährige Kutscher, von dem der einzige Augenzeugenbericht über den Tod des Mönchs stammt, war sein Vetter. Das ererbte Evola-Land auf der alten Militärkarte des Architekten Orlando wurde von zwei der Feldwege bei Quattro Vanelle begrenzt.

Ich folgte den Wälzern ins achtzehnte Jahrhundert in ein Netz von Eheschließungen, welche zwei Familien aus Terrasini seit Generationen in den endlos verschlungenen Banden von Verwandtschaft und Blutschuld verbunden hatten. Dies waren die Valentis und die Evolas. Das war immerhin etwas, ein Indiz, ein dünner Faden, der Domenico Valenti mit der Ermordung des Mönchs in Verbindung brachte.

Der Reporter in mir wusste, dass dies nicht genügte.

*

Es vergingen mehr als dreieinhalb Jahre, bevor ich nach Sizilien zurückkehrte. Drei Jahre davon hatte ich auf Reisen verbracht. In den spärlichen freien Stunden schrieb ich die Geschichte des Mönchs und berichtete über die Suche, die mich so weit gebracht hatte. Ich arbeitete immer in dem Wissen, dass mir bei der Rekonstruktion seiner Ermordung ein letztes Beweisstück fehlte, auch wenn ich das eigentliche Rätsel gelöst hatte.

Ich hatte das achtzig Jahre lang verborgene Geheimnis gelüftet. Ich konnte beweisen, dass ich ein Valenti war – dass das Mordopfer nicht nur mein Namensvetter war, sondern dass ich außerdem der Nachkomme des Mannes war, den man seiner Ermordung beschuldigt hatte.

Doch das entscheidende Wort war immer noch »beschuldigt«.

Die Verbindung zwischen Valenti und Onorato Evola war zu viel sagend, um sie einfach abzutun, dabei aber zu flüchtig, um ihr die Beweiskraft einer rauchenden Waffe zu geben.

Die Geschichte schritt fort und taumelte auf ihrem schrecklichen Weg weiter. Bosnien verschwand aus den Schlagzeilen der Zeitung und gehörte auch nicht mehr zu meinen Reiserouten. Es wurde durch Albanien, den Kaukasus und Kosovo ersetzt. Ein Jahrtausend ging zu Ende. Ich schrieb ein Buch ohne ein Schlusskapitel.

Gelegentlich kamen Anrufe von Bobby und Alice Cortese in Terrasini. Mike hatte noch nie gern telefoniert. Dann hörte ich viele Monate lang gar nichts, bis die Dorfarchivarin Marianna Trappeto anrief und mir sagte, man habe Mike festgenommen.

Die Details waren lückenhaft; man hatte ihn nicht offiziell eines Verbrechens beschuldigt. Die Untersuchungshaft wurde mit dem »Verdacht einer Verbindung zur Mafia« begründet. Man berief sich auf ein italienisches Sondergesetz, das fast ausschließlich für Sizilien Gültigkeit hatte. Damit konnte man jahrelang ohne Prozess im Gefängnis landen.

Als wäre es ein nachträglicher Einfall, fügte Marianna hinzu, dass die neue Bibliothek endlich eröffnet sei.

Ich flog in der ersten Woche des neuen Jahrhunderts nach Palermo, kaum dass ich ein paar Tage erübrigen konnte. Rosalia, Bobby, Flavio und Alice befanden sich in dem Haus im Dorf. Sie hatten Paternella und die Salumeria verloren und alles verkaufen müssen, was sich verkaufen ließ, um Mikes Verteidigung zu finanzieren. Bobby und Sara waren jetzt verheiratet; sie hatten ein sechs Monate altes Baby, einen stämmigen kleinen Jungen namens Michele.

Rosalia war niedergeschlagen. »Wir werden so lange warten wie nötig«, sagte sie. Bobby nickte bei diesen Worten. Alice blickte zur Seite. Nanna blieb in ihrem Zimmer.

Flavio hatte sich mehr verändert als alle anderen. Er war jetzt zwölf und ein sehr stiller Junge, nicht mehr der Wirbelwind mit den Karatetritten, der die nervöse Energie seines Vaters verkörpert hatte. Ich sagte ihnen, dass ich nur wenige Stunden bleiben könne. Wir wussten alle, dass dies nur eine Ausrede war, dass ein Wiedersehen ohne Mike zu schmerzlich war.

Marianna war auf die neue Bibliothek unendlich stolz. Diese war in einem großen Barockpalazzo untergebracht, den eine bourbonische Adelsfamilie dem Dorf vermacht hatte. Marianna war zur Leiterin ernannt worden und saß in dem ehemaligen Ballsaal hinter einem großen Schreibtisch unter einem aufdringlichen Gemälde von Kreuzfahrern des zehnten Jahrhunderts, welche maurische Truppen in dem aus dem neunzehnten Jahrhundert stammenden Lagerhaus des Herzog von Aumale belagerten.

Marianna führte mich herum. Das fehlende Archiv war aus unmarkierten Schachteln genommen und in einem eigenen Raum auf Regalen untergebracht worden. Jetzt nützt es mir nicht mehr viel, dachte ich, obwohl ich es Marianna nicht sagte.

Ein zartgliedriger älterer Mann saß an einem Tisch in der Ecke des Raums über einen der Wälzer gebeugt und schien in tiefe Konzentration versunken zu sein. »Wir nennen ihn den *maestro del archivio*«, sagte Marianna. Den Herrn des Archivs. »Er ist jeden Tag hier. Er kommt, wenn wir aufmachen, und bleibt, bis wir schließen. Er hat übrigens Ihren Familiennamen, müssen Sie wissen.«

Der alte Mann blickte hoch, und wir erkannten einander sofort. Es war Giuseppe Viviano, der Historiker im Bus nach Palermo, der mir immer ausgewichen war und nie auf die Nachrichten reagiert hatte, die ich in DiMaggios Café oder im Fenster seines Hauses in der Via Cataldi hinterlassen hatte.

»Sie«, sagte er. Ich erwartete, dass er weglaufen würde.

Doch er stand auf und kam zu uns herüber. »Wo sind Sie gewesen, Mister Viviano? Ich habe zu Hause etwas für Sie«, sagte er. »Bleiben Sie hier und gehen Sie nicht weg, bis ich wieder da bin.«

In fünfzehn Minuten kam er wieder und überreichte mir ein Bündel vergilbter Papiere. Es war die zerknitterte Fotokopie einer im Dezember 1879 vom Strafgericht von Palermo verkündeten Gefängnisstrafe. »Lesen Sie das«, sagte er, »und nehmen Sie es bitte in Ihr Buch auf.«

Der Herr des Archivs kritzelte mit unsicherer Hand einen Satz auf Englisch auf die Fotokopie: »Nachforschungen des Giuseppe Viviano, Sohn von Gaetano.« Er zögerte und strich die Namen durch. »Machen sie lieber ›Joseph Viviano, Sohn von Thomas‹ daraus«, sagte er.

Dann kehrte er wieder zu seinen Büchern zurück.

Es handelte sich um eine Verurteilung wegen Mordes, eines Mordes in Terrasini, der sich im Oktober 1875 ereignet hatte, ein Jahr vor dem Tod des Mönchs, obwohl die Angeklagten erst am Ende des Jahrzehnts angeklagt und vor Gericht gestellt wurden. Einer von ihnen war der siebenunddreißigjährige Onorato Evola. In jener verhängnisvollen Nacht 1876 bei Quattro Vanelle Kutscher des Karrens.

Der einzige Augenzeuge der Ermordung meines Namensvetters.

Sein Komplize, der zu dem Mordanschlag »angestiftet« und ihn in Auftrag gegeben hatte, wie es in der Urteilsabschrift hieß, war »Lorenzo Valenti, 35, Sohn von Pietro«.

Domenico Valentis Neffe.

Beide Männer wurden zum Tode verurteilt.

Onorato Evola war ein abgeurteilter Mörder, ein Auftragskiller für die Valenti-Familie.

Jetzt konnte ich das Schlusskapitel über den Mönch schreiben. Und danach mit meinem eigenen Leben fortfahren.

EPILOG

Francesco Paolo Viviano sitzt allein in einer Bergschlucht und starrt in die verglimmenden Scheite des gestrigen Feuers. Es ist die letzte Oktoberwoche. Das Baby, das seinen Namen trug, wäre in diesem Monat fünfundzwanzig Jahre alt geworden.

Der Mönch versucht, sich seinen ersten Sohn als Mann vorzustellen. Er skizziert ein Porträt: die breiten Viviano-Schultern, Antoninas Augen. Vielleicht wäre die Nase die von Pasquale Randazzo gewesen. Hätte Francesco seinem Halbbruder Gaetano ähnlich gesehen, der selbst bald zwanzig wird? Wenn Antoninas Babys überlebt hätte, denkt der Mönch, wäre ein Teil von ihr heute noch am Leben.

Herbstliche Kühle senkt sich auf die Madonie-Berge und hüllt die Weiden in Morgenfrost, als auf der Passhöhe die fernen Silhouetten von drei Männern zu Pferde erscheinen. Sie bewegen sich langsam auf sein Feuer zu. In den Bergen muss eine Ankunft sichtbar angekündigt werden, sonst gilt sie als feindselig. Diese Männer beherrschen das Protokoll und sorgen dafür, dass sie deutlich zu sehen sind, und zwar schon lange bevor der Pfad die Waldlichtung erreicht, wo der Mönch sitzt.

Er beobachtet. Es gibt in den Bergen immer weniger Banditen, und seltener werden auch die Tage, an denen Männer kommen und wie früher nach ihm Ausschau halten, um sich zu unterhalten, und, falls das Gespräch angenehm ist, mit ihm die Gefahren und Belohnungen der Landstraße zu teilen. Die Männer verschwinden, als Serpentinen sie wieder hinter den Bergkamm zurückführen, um dann wieder aufzutauchen, jedes Mal ein Stück näher, bis er ihre Gesichter sehen kann. Er kennt sie, aber nicht gut. Sie kommen auch aus den Bergen von Castellammare und sind wie er immer zu Fuß nach Polizzi Generosa oder Gangi gegangen, um Mehl oder getrocknete Bohnen zu kaufen.

Das war vor dem vergangenen Jahr. Bevor die Mörder die Brüder Di Martino aus Polizzi aufspürten und Vincenzo Rocca in die Schlucht trieben, aus der es für ihn kein Entrinnen gab, sodass er sich das Leben nahm. Vor der mattanza, *als die westlichen Pässe der Madonie-Berge von Rocca und seinen Anhängern beherrscht wurden. Jetzt sind sie alle tot oder verfaulen in Gefängniszellen in Palermo.*

Einer der Männer geht an den Rand der Lichtung. Er bleibt höfliche zehn Meter vom Feuer entfernt stehen und legt sich die rechte Hand an die Brust. »Salve, Francesco lu Monacu«, sagte er.

Der Mönch ist älter als sie alle. Wer fünfzig geworden ist, gehört damit zu den Ältesten im Banditenreich, ist ein Weiser, ein Überlebender. Wenn die Männer seine 'nciuria *kennen, kennen sie auch seine Geschichte: die beiden Kriege gegen die Bourbonen, die Jahre in den Bergen, sein Geschick im Umgang mit Pferden.*

Die Unterhaltung schreitet so langsam und besonnen voran, wie die Männer vom Pass heruntergekommen sind. Sie erkundigen sich nach seiner Familie. Die Namen gemeinsamer Bekannter werden genannt. Jemand erwähnt Vincenzo Roccas Selbstmord. »Einen wie ihn wird es nie wieder geben. Die Welt ist nicht mehr das, was sie einmal war«, darin sind sie sich einig. »Es ist nicht mehr wie in den Tagen der picciotti, *Signore Monacu.« Das ist wieder eine diskrete Höflichkeit, eine Anerkennung von Francesco Vivianos roter Schärpe.*

Eine Stunde vergeht. Die Männer essen Oliven und den Cacciocavallo-Käse, den die drei Besucher auf dem Weg über den Pass mitgebracht haben, als einer von ihnen die Initiative ergreift und das Gespräch behutsam auf seinen Zweck hin lenkt. Es werde sich bald eine Gelegenheit bieten, ein wertvoller Transport von Giardinella nach Cinisi. Es werde nicht einfach sein. Es bedeute, dass man in die Ebene hinunter müsse, zu den Zitrushainen östlich von Terrasini. Sie würden in der Abenddämmerung zuschlagen müssen, noch vor dem vollständigen Schutz durch die nächtliche Dunkelheit. Ohne einen Mann mit Francesco Vivianos Erfahrung, sagt der Besucher, bestünde kaum eine Aussicht auf Erfolg.

Diese letzte Höflichkeit ist das Angebot.

Zwei Wochen später trifft sich der Mönch mit den drei Männern an einem zuvor vereinbarten Treffpunkt, worauf sie mit dem langen Abstieg in die Ebene von Castellammare beginnen. Der stärker werdende Wind heult seine Warnung in den Novemberhimmel, und der Mönch zieht sich die rote Schärpe enger um seinen Umhang.

Sie reiten schweigend auf das Meer zu. Wie immer auf dieser Straße denkt Francesco an Antonina. Das Bild, das ihm jetzt vor Augen steht, ist das festa di li schetti – im April wird das fast dreißig Jahre her sein –, als er an der Reihe war, auf der Piazza Duomo den Orangenbaum aufzurichten. Er hob ihn hoch über den Kopf und ging damit ganz zu Pasquale Randazzos Haus. Die Menschenmenge folgte ihm unter Anfeuerungsrufen nach, bis er zu Antoninas Fenster taumelte und den Baum schließlich auf die Straße stürzen ließ.

Am 15. November kampieren die Männer in einer kleinen, felsigen Schlucht über der Ebene von Castellammare. Sie müssen bis zur Abenddämmerung des nächsten Tages warten, denn erst dann soll ein Pferdekarren aus Giardinella die Kreuzung von Quattro Vanelle erreichen.

Der Sechzehnte ist da. Die Bergschatten werden um die Mittagszeit kürzer und dann am Novembernachmittag schnell länger. Über den Madonie-Bergen türmen sich Wolken auf. Francesco hofft auf einen Windwechsel, der die Wolken seewärts und den Mond von Castellammare verdecken würde. Um vier Uhr nachmittags beginnen die Männer ihren Abstieg.

Von dem Weg, der sich am Hang des Monte Palmeto hinunterschlängelt, beobachtet der Mönch, wie die Sonne von der Lehmhütte Marias und ihrer Söhne weicht und die Villa des französischen Herzogs in eine bernsteinfarbene Glut taucht.

Am Fuß des Felsens machen die vier eine scharfe Biegung nach Westen und bleiben im Schatten des Monte Palmeto, bis sie rund achthundert Meter hinter Cinisi einen von Mauern gesäumten Feldweg erreichen. In früheren Jahren nahm Francesco diesen Weg von Favarotta zur Casa Badalamenti, wo Zu Piddu 1848 und dann wieder 1860 gegen die Bourbonen Komplotte schmiedete. Er schüttelt den Kopf beim Gedanken an all die Veränderungen, die es seitdem gegeben hat, und an all die Dinge, die sich nicht verändert haben.

Als sie Quattro Vanelle erreichen, nehmen die Männer hinter einer dichten Oleanderhecke ihre Positionen ein. Sie brauchen nur kurz zu warten. Wie auf Verabredung rumpelt ein schwer beladener, von zwei Pferden gezogener Karren auf sie zu. Zwei Männer sitzen rittlings auf dem Kutschbock. Einer von ihnen hat die Zügel in der Hand. Drei andere lümmeln sich auf der Ladung.

»Jetzt«, ruft eine Stimme.

Der Mönch hört zwei Schüsse. Plötzlich bäumt sich ein Pferd auf und wiehert vor Schmerz.

Dieselbe Stimme ruft noch einmal: »Jetzt! Jetzt! Jetzt!«

Francesco rennt plötzlich stürmisch auf das verwundete Pferd zu. Das Letzte, was er erkennt, bevor die Dämmerung zur Nacht wird, ist das Gesicht des Mannes, der die Zügel hält.

DANKSAGUNG

Viele Namen wurden geändert in *Sizilianische Vendetta* aus Gründen, die nicht erläutert werden müssen. Die Menschen Westsiziliens wachsen in einer ehernen Kultur von Diskretion und Schweigen auf. Es hat enormen Mut erfordert, dass sie ihr Wissen mit einem entfernten amerikanischen Vetter teilten.

Mein Kollege Jeremy Stigter und Amy Rennert, meine bemerkenswerte Agentin, waren die aufmerksamsten Leser des Manuskripts. Ich konnte mich immer auf ihre Ermutigung und das klare Urteil ihrer kritischen Bemerkungen verlassen. Ohne sie wäre die Geschichte des Mönchs vielleicht nie veröffentlicht worden. Die geduldige Unterstützung von Chiew Terriere hat den Autor über eine Vielzahl von Zweifeln hinweggeholfen.

Meinen Eltern und Großeltern sowie meinem Bruder Sam und der starken Unterstützung durch unser Familienleben schulde ich unendlichen Dank.

Bei der Niederschrift von *Blut wäscht Blut* haben die folgenden Personen eine wichtige Rolle gespielt: Oliver Johnson, Emily Heckman, Tim Neagle, George Lucas und Judith Curr bei Pocket Books, ferner Steve Faigenbaum, Sharon Silva, Peter Solomon und Alane Mason.

Weiterhin geht mein Dank an Tony Cartano, Martijn David, Johannes Jacob, Bessie Weiss, Stuart Horwitz, Abner Stein, Christina George, AnnaKaisa Danielsson, Susie Nicklin, Paul Marsh, Polly Hutchinson, Brenda Turnnidge, Beth Humphries, Jennifer Lyons, Bonnie Nadell, Luisa, Real und Esme Deprez, Jerry Roberts, Jeffrey Klein, Frank Browning, Richard Van Ham, Paul Giurlanda, Diane Bloomfield, Shirley Viviano, Pater Benedict Viviano, OP, Pauline Viviano, Alfonso Tocco, Pat Cammarata, Mary Viviano, Vince LaMendola, Grace Catania, Lora Fountain, Lisa Greenwald, Anne und Rosa Lechartier, Simone Bocognano, Jacqueline de Harambure, Françoise Mallet und Francis Christophe.

Eine große Hilfe bei meinen Forschungsbemühungen waren mir Familie Salamone, die Biblioteca Regionale della Sicilia, Graziella Moceri, die Biblioteca Communale di Terrasini, die Commune di Terrasini, die Commune di Partinico, die Commune di Cinisi, die New York Public Library, die American Library in Paris, Umberto Santini, Giuseppe Viviano, Salvatore Viviano und Susanna Perna, Familie Giliberti, Damiano Zerilli, Pater Raffaele Speciale und Sergio Loj.

Fünfundzwanzig wundervolle Jahre lang brachte Gus LeMendola meiner Mutter großes Glück und ihren Söhnen Inspiration. Er verstarb eine Woche nachdem dieses Buch vollendet war.